教育部 财政部职业院校教师素质提高计划职教师资培养资源开发项目

国际经济与贸易专业职教师资培养资源开发（VTNE001）

国际经济与贸易专业教学法

GUOJI JINGJI YU MAOYI ZHUANYE JIAOXUEFA

张静 主编

东北财经大学出版社
Dongbei University of Finance & Economics Press
大连

图书在版编目（CIP）数据

国际经济与贸易专业教学法 / 张静主编. —大连 ：东北财经大学出版社，2017.2

（教育部　财政部职业院校教师素质提高计划职教师资培养资源开发项目）

ISBN 978-7-5654-2534-9

Ⅰ.国…　Ⅱ.张…　Ⅲ. ①国际经济法-教学法-高等职业教育 ②国际贸易-教学法-高等职业教育　Ⅳ.①F113 ②F74

中国版本图书馆CIP数据核字（2016）第281275号

东北财经大学出版社出版

（大连市黑石礁尖山街217号　邮政编码　116025）

网　　址：http：//www.dufep.cn

读者信箱：dufep@dufe.edu.cn

大连图腾彩色印刷有限公司印刷　东北财经大学出版社发行

幅面尺寸：185mm×260mm　字数：254千字　印张：11　插页：1

2017年2月第1版　　2017年2月第1次印刷

责任编辑：李　彬　宋雪凌　　责任校对：齐　心

封面设计：张智波　　版式设计：钟福建

定价：24.00元

教学支持　售后服务　　联系电话：（0411）84710309

如有印装质量问题，请联系营销部：（0411）84710711

教育部　财政部职业院校教师素质提高计划成果
系列丛书

项目负责人：姜文学

项目专家指导委员会

出版说明

《国家中长期教育改革和发展规划纲要（2010—2020年）》颁布实施以来，我国职业教育进入到加快构建现代职业教育体系、全面提高技能型人才培养质量的新阶段。加快发展现代职业教育，实现职业教育改革发展新跨越，对职业学校“双师型”教师队伍建设提出了更高的要求。为此，教育部明确提出，要以推动教师专业化为引领，以加强“双师型”教师队伍建设为重点，以创新制度和机制为动力，以完善培养培训体系为保障，以实施素质提高计划为抓手，统筹规划，突出重点，改革创新，狠抓落实，切实提升职业院校教师队伍整体素质和建设水平，加快建成一支师德高尚、素质优良、技艺精湛、结构合理、专兼结合的高素质专业化的“双师型”教师队伍，为建设具有中国特色、世界水平的现代职业教育体系提供强有力的师资保障。

目前，我国共有60余所高校正在开展职教师资培养，但由于教师培养标准的缺失和培养课程资源的匮乏，制约了“双师型”教师培养质量的提高。为完善教师培养标准和课程体系，教育部、财政部在“职业院校教师素质提高计划”框架内专门设置了职教师资培养资源开发项目，中央财政划拨1.5亿元，系统开发用于本科专业职教师资培养标准、培养方案、核心课程和特色教材等系列资源。其中，包括88个专业项目、12个资格考试制度开发等公共项目。该项目由42家开设职业技术师范专业的高等学校牵头，组织近千家科研院所、职业学校、行业企业共同研发，一大批专家学者、优秀校长、一线教师、企业工程技术人员参与其中。

经过三年的努力，培养资源开发项目取得了丰硕成果。一是开发了中等职业学校88个专业（类）职教师资本科培养资源项目，内容包括专业教师标准、专业教师培养标准、评价方案，以及一系列专业课程大纲、主干课程教材及数字化资源；二是取得了6项公共基础研究成果，内容包括职教师资培养模式、国际职教师资培养、教育理论课程、质量保障体系、教学资源中心建设和学习平台开发等；三是完成了18个专业大类职教师资资格标准及认证考试标准开发。上述成果，共计800多本正式出版物。总体来说，培养资源开发项目实现了高效益：形成了一大批资源，填补了相关标准和资源的空白；凝聚了一支研发队伍，强化了教师培养的“校-企-校”协同；引领了一批高校的教学改革，带动了“双师型”教师的专业化培养。职教师资培养资源开发项目是支撑专业化培养的一项系统化、基础性工程，是加强职教教师培养培训一体化建设的关键环节，也是对职教师资培养培训基地教师专业化培养实践、教师教育研究能力的系统检阅。

自2013年项目立项开题以来，各项目承担单位、项目负责人及全体开发人员做了大量深入细致的工作，结合职教教师培养实践，研发出很多填补空白、体现科学性和前瞻性的成果，有力推进了“双师型”教师专门化培养向更深层次发展。同时，专家指导委员会的各位专家以及项目管理办公室的各位同志，克服了许多困难，按照两部对项目开发工作的总体要求，为实施项目管理、研发、检查等投入了大量时间和心血，也为各个项目提供了专业的咨询和指导，有力地保障了项目实施和成果质量。在此，我们一并表示衷心的感谢。

编写委员会

2016年3月

前言

《国际经济与贸易专业教学法》以职业教育专业教学论的视角编写，力求遵循职教师资培养的目标和规律，将理论与实践、专业与教学、高校的培养环境和职业院校专业师资的实际需求有机地结合起来。教学法是指在具体教学思想指导下，对众多成功教学经验的抽象和概括，它包括教师和学生在教学过程中，为达到一定的教学目标，根据特定的教学内容，共同进行的一系列活动的方法、方式、步骤、手段和技术的总和。《国际经济与贸易专业教学法》分为三个部分。第一部分为专业教学论与专业教学法概述；第二部分从中职教育目的和教学内容的重要依据之一——劳动世界出发（职业教育目的的一部分），关注教学方法的几个重要元素，包括内容、教师、学生等；第三部分则基于对教学方法的阐释，在呈现具体的教学设计之后，去分析教师在教学设计过程中对于教学方法的运用技巧。

国际经济与贸易专业师资本科教育主要为中等职业学校国际商务专业及其相关专业培养专业师资。为此，《国际经济与贸易专业教学法》的编写首先从财经商贸类中的国际商务及其相关专业的劳动世界出发，了解国际经贸这一行业及其相关职业，从职业岗位能力的角度分析学生应该具备的职业能力或岗位能力。从中等职业国际商务及其相关专业学生应该具备的能力角度去聚焦中等职业学校国际商务及其相关专业教育，追溯教师应该如何立足岗位，针对学情，在具体教学环境中根据教学思想、教学目标、教学内容去设计如何教的教学组织过程，从而培养国际商务及其相关专业学生具体的职业能力和岗位能力。而以上过程就是国际经济与贸易专业四年制职教师资本科学生学习和模仿、消化和吸收、培养和提升教学方法运用能力的过程，秉承更好的学法才能有更好的教法，国际经济与贸易专业教学法教材的编写过程和学习过程体现为在模仿中学习，在学习中吸收、提升和创新的过程。基于以上思想，国际经济与贸易专业教学法教材各部分安排如下：

第一部分，第1章从国际经贸的现状和发展前景出发，了解国际经贸这一行业及其相关职业，从职业岗位能力的角度阐明中等职业教育面临的专业要求。本章一方面提供一些通过调研获得的关于这一行业和职业的基本信息，另一方面也试图激发大家思考可以通过哪些途径、方法获得何种质量的信息。因为行业、职业的时代特征明显，相关数据变化迅速，掌握方法和了解结果都很重要。

第2章聚焦中等职业学校国际经贸专业教育的特点：中等职业学校的国际经贸教育以秉承什么为目的？教授什么内容？这些内容又有着怎样的特点，对教师的教学造成了怎样的挑战？

第3章关注教育教学过程中重要的对象：学生。为什么要研究学生？如何研究学生？有哪些渠道、方法？还包括熟悉心理学的、社会学的研究结果以及各种有关学生的信息；教师在日常教学中有哪些方式可以了解学生？如何从学科教学的角度来研究学生？中职经贸专业的学生有怎样的特点学习行为、自我认知、学习动机？

第4章涉及教学环境的创设。这部分旨在帮助教师对自己和学生所处的教学环境有更自觉的意识，从而在教学中进行有意识的环境创设。作为一个专业教师，班级学习气氛和教学规则的建立有怎样的意义？如何从物理环境角度增进教学效果，丰富并有效利用各种设备、媒体、学习材料？传统的普通教室与实训教室对于教学的意义及有哪些可以改进的空间？

第二部分则聚焦具体的教学方法和教师的教学设计。首先阐述教学法的内涵、教学法设计秉承的学习理论基础。然后根据国际经贸专业教学实践及专业特点，遴选了以下几种主要的教学方法：任务驱动教学法、案例教学法、模拟教学法、自学辅导教学法（包括学案导学教学法和引导文教学法及讲授法，并从有效实现讨论结果可视化的角度在第10章又重点介绍了心智图和张贴板两个工具性手段。介绍具体的方法之后，从教学法设计思路入手对教师的教学案例进行分析，包括教学案例中涉及的教学内容的主题性质、案例中方法的选择与运用的特点、总体的教学设计思路所体现的教学理念，及其中表现出的典型困难。通过对教师具体教学设计的分析，包括教学目标的确立、内容的选择与阐释、教学方法的选择与设计，分析国际经济与贸易专业教学在方法设计上的典型现象、其中蕴含的特定问题，并尝试指出可能的努力方向。每个方法中的教学应用案例个数有所区别。多个案例之间一般都有一些区别：或是方法适用的内容不同，比如有的是对概念、原理类进行教学，有的则是流程、实务操作类的内容；或是方法本身有更为细致的区别，比如案例教学法中案例的类型不同，有问题分析型案例，有决策性案例；还有的案例是同时采用多种不同的方法，比如既有案例分析，也有角色模拟。

《国际经济与贸易专业教学法》编写采用“学中做，做中学”的思路，即学习具体教学法及其课堂应用，在对每一种方法的应用中具体进行教学评价和反思，在模拟教学中提升运用教学方法的能力。《国际经济与贸易专业教学法》所呈现的教学案例由于来源不同，教师们在教案撰写中遵循了各校自己的习惯，教案在格式上有各自的特点。教师对知识性质的不同理解，个人风格的差异，发展阶段的不同，学生背景的区别，学校环境的不同，地区社会、经济的特点，都会影响教师对教学内容的阐释、对方法的选择以及对过程的组织。我们尝试从方法的选择与应用即学习任务的设计这一角度介入，对这些具体案例中的特色、问题进行细致深入的阐释性剖析，帮助国际经济与贸易专业职教师资本科学生在教学具体场景的支持下理解专业教学设计中的核心原则、内涵特点，明确设计与反思专业教学的价值立场和方法工具。以此提高国际经济与贸易专业职教师资本科学生对同类专业问题在教学过程中的敏感度，养成反思的习惯，并获得反思和评价的工具，从而持续地提高专业化水平。

因为立场不同，经验迥异，主旨有别，而教学设计与实际教学之间常常会有出入，很多时候教案并不能完全反应教学的实际效果，作为教师教育的研究者我们对教学案例、阐释很难面面俱到，对其评价甚至严苛。为此国际经济与贸易专业职教师资本科学生在阅读教学案例的时候，要积极思考这样几个问题：您自己对这一主题的设计与教材所提供的设计有哪些异同？原因是什么？您如何评价这一教学设计？

编者

2016.12

目录

第一部分
国际经济与贸易专业教学特点分析

第1章 国际经济与贸易现状和发展前景

学习目标

- 了解国际经济与贸易专业的行业发展以及职业的现状。
- 了解职校国际经济与贸易专业学生的典型职业工作与岗位能力要求。
- 了解国际经济与贸易专业的行业发展对职校国际经济与贸易专业的影响。

与学术教育更多地面向科学学科不同，职业教育面向劳动世界，它既要关注科学尤其是技术，又要关注技术应用的环境，而这集中体现在行业中的具体职业。对行业及职业的研究是进行职业教育的基础，它对职业教育的专业设置、培养目标的确立、课程内容的选择、培养环境的创设、知识的获得方式都有着深刻影响，从而最终影响着教学的组织与方法的选择。

所谓职业资格，乃是从事一种职业活动时能够应用和通过学习获得的能力或潜力，包括知识、技能和技巧，通常表示为对某一领域的职业活动、学习内容以及与人相联系的能力说明。职业资格作为教育与劳动就业的结合点，这一重要特性使得职业资格研究成为教育科学（如职业教育学、教育社会学等）以及其他许多社会科学（如劳动科学、工业心理学和工业社会学等）重要的跨学科课题。来自不同领域的研究者和众多机构都在从事这一领域的信息收集和分析。研究者包括学科专家、行业专家、劳动科学家、心理学家、教育工作者、统计工作者，相关机构包括劳动部门、教育部门、教育研究机构、行业协会等。

中国对职业资格的研究和实践包含多种类型，包括政府部门组织的以职业标准制定、职业资格开发为主要目标的规范性工作，研究者则多从译介、评析各国职业教育背景中的职业资格研究入手，各地、各个学校则致力于通过本地企业调研、岗位分析、专业研讨等手段开发各个专业的教学标准。

职业教育背景中的职业资格研究内容包括三个层次：行业现状及发展趋势的研究，职业所需资格、能力的要求以及课程层面如何实现职业资格所要求的能力。也可概括为：职业资格内容的研究、实际效用的研究和发展预测的研究。

职业资格研究中具体的研究手段包括文献资料的查阅（各个行业、职业的相关数据）、行业中有代表性企业的调查、行业专家及职业专家的调查，主要有文献研究、专家访谈、问卷调查和专家研讨会，但在调查和分析的方式上有量的数据统计和质性分析的区别。

完整的职业资格研究应按照“行业分析——案例分析——工作过程研究——专家工人

访谈会”的程序展开，它的结果包括典型工作任务、工作关系、任务规格以及在工作中必需的能力。

1.1 国际经济与贸易行业发展特点

行业是职业教育专业设置的先导、基础及依据，是做好职业教育的基础，是职业教育教学方法和培养模式转变的根本动因。专业方向与行业发展及需求密不可分。行业的发展要求和趋势必然要求具备特定技能的劳动者。

国际经济与贸易（以下简称国际经贸），是指世界各国（地区）之间货物、技术和服务的交换，是世界各国（地区）之间分工的表现，它反映了世界各国（地区）在经济上的相互依存关系。国际经贸的本质是“跨国界”，最基本的国际经贸活动是跨国界的经济交易活动。

21世纪是一个国际化、数字化、网络化的社会，国际经贸活动的广泛开展带动和促进了全球经济的发展，全球化的国际经贸背景和环境对国际经贸活动产生着重要影响。我国从1978年至今取得了国际经贸领域的重要成果。随着经济全球化进程的加快，特别是2001年加入WTO以来，我国的国际经贸环境发生了重大变化：从贸易运行的领域来看，货物贸易、服务贸易和知识贸易之间出现了相互渗透和相互融合的趋势；从贸易运行的体制环境来看，对外贸易运行的体制环境开始从单个国家的贸易体制环境向WTO全球多边贸易体制环境拓展；从贸易运行的技术环境来看，现代化信息技术在贸易领域的广泛运用引起了贸易运行方式和手段的革命性变化；从贸易运行的参与主体来看，中小企业日益成为国际经贸活动的积极参与者。具体呈现以下特征：

1.中小企业积极参与国际经贸活动

改革开放以来，中小企业迅速发展，已逐渐成为中国经济发展的一支重要力量。越来越多的中小企业成为国际经贸活动的积极参与者，经济全球化为我国中小企业参与国际经贸合作提供了必要性。在经济全球化趋势越来越明显的今天，无论是被动还是主动，企业都必须参与国际市场的竞争。因此，增强企业在国际市场上的竞争能力成为我国中小企业的重要战略选择。同时积极开展国际经贸合作，为我国中小企业在当前世界性产业结构调整中接受国外先进技术、管理经验和增强获得信息的能力，提供了难得的机遇。一方面，可以缓解中小企业投资需求与资源瓶颈的制约；另一方面，可以通过国外先进的生产技术和工艺手段，加强企业内部的消化和吸收能力，并与技术改造结合起来，改善中小企业的技术条件，提高中小企业的技术水平和管理水平。

2004年7月1日修订施行的《中华人民共和国对外贸易法》(以下简称《对外贸易法》)，相比1994年的《中华人民共和国对外贸易法》有诸多亮点，如放开货物贸易和技术贸易的外贸经营权、加强知识产权保护、增加对外贸易调查的规定、加大对外贸违法行为的处罚力度等。其中一个重要的亮点就是允许我国自然人依法从事对外贸易活动。《对外贸易法》第二章对外贸易经营者第八条规定：“本法所称对外贸易经营者，是指依法办理工商登记或者其他执业手续，依照本法和其他有关法律、行政法规的规定从事对外贸易经营活动的法人、其他组织或者个人。”首次将自然人纳入对外贸易的经营主体。新法的施行，标志着在我国从事外贸活动的门槛降得更低，从事外贸经营的主体会更加多样化。允许个人拥有外贸经营权，降低了国际经贸从业门槛，更深层次地激发广大公民的投资积极性和从事商业活动的热情。它一方面拓展了中职国际经济与贸易专业学生的就业途径，另一方面中小企业对经贸从业人员的要求更为综合、多面，对整个业务流程有全面了解成为对从业人员的核心要求。如今，我国的自然人从事对外贸易经营活动已大量存在，特别是技术贸易、国际服务贸易和边贸活动等。

2. 网络技术和新法规降低国际经贸创业门槛，提高从业人员素质要求

电子经贸的发展和互联网+为全球贡献了一种全新的网络经济模式。企业借助互联网和电子经贸平台实现聚合和高效交流，大幅度地降低了企业间的协同成本，从而创造出可与大企业相比拟的商业集群，即低成本、高效率、大市场。在这样的模式下，包括个人和中小企业在内，越来越多参与者都看到了属于自己的机会，商业的进入门槛和创新门槛几乎达到了人类商业史的最低点。过去由于交易费用的限制，海量的小交易者（如中小企业、中小网站和个人等）、小生意（如个性化的生意）很难进入全球范围的交易网络，也很难在大企业所掌控的世界中获得立足之地。但互联网和电子经贸的发展，却创造了一个“低交易费用的世界”——从B2B模式下的中小企业，到C2C交易中的中小店主，再到个人网站，以及现在规模日益扩大的O2O等交易方式，使得交易成本得到了大幅度降低。电子经贸的技术手段使得海量的小交易者、小生意喷涌而出，经济和企业形态也为之大变。

概括来说，网络经贸模式的典型表现就是：基于电子经贸平台，以最低的门槛扩大网商的数量，通过集成和整合各种经贸服务，构建一个电子经贸生态系统，实现网商之间的大规模的虚拟协作，共同提升其竞争力和整体经济的运行效率。这种在短时间里迅速形成的大规模、高效率、相互协作的虚拟集群，是世界经济史上从未出现过的经济现象。

中小型国际经贸企业的发展和电子经贸平台的利用为国际经济与贸易专业建设和发展提供了发展空间，为国际经济与贸易专业的学生提供了就业和创业机会，国际经贸活动中外贸经营者门槛的降低，也为创业者提供了成就自己梦想的平台，激发了国际经济与贸易专业学生的创业激情。但同时，技术手段的提升、贸易面的拓展、对个性服务的更高需求、中国严峻的就业形势，以及学历的“通货膨胀”现象，使得企业在挑选从业人员时变得更为挑剔。

国际经贸行业的发展在呈现出精细化、规模化的同时，还表现出高度的流动性，即行业的适应性不断得到增强，可以在较短的时间内迅速向其他相近行业转型。这就要求从业的职业院校毕业生具备较强的适应能力和综合素养，因此应当重视受教育者的全面可持续发展。这就要求专业建设不能仅仅强调及时可用的专业技能，还要重视培养学生的发展潜力，塑造就业方向多元化的毕业生，以增强其就业竞争力和从业适应能力。

思考

1. 如何理解当前职业教育中提出的就业导向的内涵？
2. 您是否因此而改变了您的教学思路？

1.2 国际经济与贸易从业者的典型职业与能力要求

国际经贸活动有哪些典型阶段和典型活动？这些活动之间的先后关系、关联程度是什么样的？具体操作和服务流程是什么样的？会用到什么方法和工具？如何安排这些角色和活动？国际经贸从业者到底需要哪些职业素质？而中职校国际经济与贸易专业毕业生又主要在哪种类型的企业和职业及岗位就业？这些职业及岗位具体有哪些资格及能力要求？

中国自1994年根据《中华人民共和国劳动法》规定实施职业资格制度以来，职业资格及职业资格证书对职业教育产生了深刻影响。外贸行业很多岗位都实行了较为严格的资格准入制度，毕业证书与资格证书并重已经成为职业教育实践中的一大特点。

不同企业对毕业生的学历有明显的不同要求：规模大、实力强的大中型企业还是倾向于招收高学历的并有一定实践技能的本科人才，对职校国际经济与贸易专业的毕业生需求量非常少，中小型国际经贸企业对学历有要求但并不过分严格，强调胜任工作的实际能力。

总体而言，国际经贸企业对于人才使用的标准是以够用、适度为原则。各个岗位有不一样的要求，比如对业务员英语要求较高一些，特别是表达能力；而对于跟单员，则要求熟悉工厂管理流程。实际操作中因规模、管理等方面的原因，各个岗位的区分并不一定清晰。很多公司跟单员和业务员的工作内容不太一致：有时业务员只负责邮件沟通以及客户洽谈事宜，订单生产事宜则是跟单员的工作职责，甚至样品整理也是跟单员的工作；而有些公司则是业务员处理单证方面事宜，跟单员只负责跑车间；有的公司因为规模及条件的限制，业务员同时担当上述多个角色。因此，企业尤其是中小型企业要求毕业生最好是多面手，能担当多个职位。

无论何种规模企业、何种岗位，都要求员工在待人处事上有较高能力、有很好的团队精神和吃苦耐劳品质等；要求员工充分了解行业，拥有国际经济与贸易专业全面的知识，有灵性、有闯劲儿，并且有经验。此外，礼仪与计算机知识也是必不可少。

有趣的是，往往学业上成绩平平但比较活络、善于交际同时注重实践积累的毕业学生在外贸业务中会成为出类拔萃的员工。这对我们的教学提出了新的要求，即如何把课本知识和客观实践紧密联系起来，采取何种方式把那些善于钻研或抠书本的勤奋学生转化为强大的生产力。

国际经贸人才职业通用能力：

（1）分析能力。分析客户的特点及产品的价格构成，以利于报价。

（2）预测能力。预测客户的需求、企业的生产能力及物料的供应情况，便于接单、生产及交货的安排。

（3）表达能力。善于用文字和语言与客户沟通。

（4）商品知识。熟悉跟单的产品；了解产品的原材料特点、来源及成分；知道产品的特点、款式、质量，便于和客户及生产人员进行沟通。

（5）人际沟通与合作能力。在公司内部与人共事，与各部门的人员合作，使其自觉完成客户订单；对外的人际关系处理，处理好与客户、上级、同事、外单位人员的关系，通过他们来达成自己的业务目标。

（6）法律知识。了解合同法、票据法、经济法等与跟单工作有关的法律知识。

（7）谈判能力。有口才，有技巧。

（8）管理与推销能力。对外是推销高手，对内是管理行家。

（9）物流知识。了解运输、装卸搬运、保管、配送、报关等知识。

（10）掌握国际经贸中进出口业务的基本环节和具体运作，包括组织货源、签订合同、报关报验、安排运输、制单结算等。

（11）具有较扎实的外语基础，能较好地用外语进行经贸洽谈，能熟练地处理经贸函电、合同和单证。

（12）具有国际汇兑的基本知识和经济核算的基本技能。

（13）具有利用计算机网络获取国际经贸信息及处理相关业务的电子商务能力。

当前的典型职业工作主要分为五个岗位：一是跟单员/制单员；二是报关员；三是外贸公司业务员；四是国际货运代理操作人员；五是外贸公司办公室文员。下面按照具体岗位逐一介绍其具体的职业能力要求。

1.跟单员/制单员

跟单员/制单员的主要工作是在企业业务流程运作过程中，以客户订单为依据，跟踪产品（服务）运作流向并督促订单落实的专业人员，是各企业开展各项业务，特别是外贸业务的基础性人才之一。跟单员/制单员要求工作认真仔细，有责任感，专业水平好，但因工作压力相对较小，所以前途一般。跟单员/制单员往往是业务员的基础。

一名合格的跟单员/制单员需要掌握外销、物流管理、生产管理、单证与报关等综合知识。跟单员/制单员主要负责合同的执行，主要包括（但不限于）备货、租船订舱、报验、报关、制单结汇、收汇核销、退税等。跟单员/制单员的工作内容主要有：外贸业务跟单、物料采购跟单、生产过程跟单、货物运输跟单及客户联络跟踪（客户接待）。跟单员/制单员的具体要求为：

（1）出口货物跟单（外贸业务跟进）：了解基本外贸知识（谈判、报价、接单、签合同等）；基础外语及函电往来。

（2）物料采购跟单（业务跟进）：懂营销，懂产品（物料、性能、使用、保养）。

（3）生产过程跟单（生产进度跟进）：懂生产，懂管理，懂沟通。

（4）货物运输跟单（出货跟进）：货物运输知识（运输工具、方法、配柜）及了解报关知识。

（5）客户联络跟踪（客户接待）：了解对客户的管理，懂国际礼仪知识。

2.报关员

报关员是指通过全国报关员资格考试，依法取得报关从业资格，并在海关注册登记，代表所属企业（单位）向海关办理进出口货物报关业务的人员。我国海关规定，向海关办理进出口报关纳税等海关事务的报关人员不是自由职业者，报关员必须受雇于某一个企业。根据海关规定，只有向海关注册登记的进出口货物收发货人和报关企业才可以向海关办理报关纳税业务，因此，报关员只能受雇于一个从事进出口业务、有对外贸易经营权的企业或者报关企业，并代表该企业办理报关纳税手续。报关员必须熟悉与货物进出口业务有关的法律和对外贸易知识，必须精通海关法规、规章并具备办理海关手续的技能。为此，我国《中华人民共和国海关法》第十一条规定："未依法取得报关从业资格的人员，不得从事报关业务。"以法律形式明确了从事报关员工作的资格制度。

报关员专业岗位的工作内容主要是：按照规定申报出口货物的商品编码、商品名称、规格型号、实际成交价格、原产地及相应优惠贸易协定代码等报关单有关项目，并办理填制报关单、提交报关单证等与申报有关的事项；申请办理缴纳税费和退税、补税；申请办理加工贸易合同备案（变更）、深加工结转、外发加工、内销、放弃核准、余料结转、核销及保税监管等事项；申请办理进出口货物减税、免税等事项；协助海关办理进出口货物的查验、结关等；等待通关。

3.外贸公司业务员

中小型国际经贸企业外贸业务员的具体业务活动包括：准确报价；积极开发客户，了解对外贸易流程，努力下单；及时答复客户疑问，跟踪并确保商品质量；制作整套单据，处理运输事宜；获得有关产品的最新信息并提供给客户；处理好与各部门的关系；处理好交易后相关事宜。

目前外贸公司的业务人员需要的是通才，需要掌握对外业务洽谈、报价（含仓储、运输、保险等相关费用的计算等）、签约、履约等全过程的相关知识。外贸公司业务员主要负责联系客户，签订合同，工作挑战性大，机遇多，工作压力大，对从业水平要求比较高，待遇比较好。中职校毕业生适应性较低，但小部分中职校的毕业生在有人教、有人帮的情况下也在从事这一岗位的工作。

外贸公司业务员的能力要求主要为：

（1）配合公司所需，及时做好翻译工作。

（2）熟悉产品，对产品有所掌握，对产品的规格、质量等都能给客户及时的答复，并能独立分析其组成和给予准确的报价。

（3）熟悉产品在市场上的定位。

（4）能独立开发客户，了解外贸流程。

（5）有随机应变的能力，能处理好客户的疑问，并努力下单。

（6）生产过程应跟踪、验货，保证产品质量。

（7）能够独立制作整套单据和相关的检验证明等，并独立联系货代，将货物安全送入仓库。

（8）及时通知客户和货代有关货物装运的情况。

（9）妥善保管客户的资料和样品，有条理地进行归档。

（10）退税核销要及时，将所需全套资料送给财务办理。

（11）提交季度业务汇总和年度总结。

（12）注意提升自身产品知识、英语和业务能力。

（13）在国外的重要节假日里，需发送电子贺卡以示问候，及时向客户提供最新产品信息和产品目录。

（14）处理好与各部门的关系，并及时地向他们请教有关产品的最新信息和动态。

（15）根据市场的变化，适时地开发新产品。

4.国际货运代理操作人员

国际货运代理操作人员按岗位要求的主要工作是：

（1）业务的审核、运作和跟踪。

（2）运费的核实、确认和输入。

（3）业务的完结、统计和分析。

（4）门点服务/仓储服务的受理、协调和安排。

（5）门点服务/仓储服务的跟踪、反馈和完结。

（6）业务的受理、指派和跟踪。

（7）报价的对外发布、跟踪和核实。

（8）客户日常操作维护。

5.外贸公司办公室文员

外贸公司办公室文员资格要求较低，但由于中国传统求稳定就业观的影响，外贸公司办公室文员岗位也称为典型就业岗位。外贸公司办公室文员主要处理以下具体工作：部门的日常卫生打扫；电话的接听工作，并向电话询问者提供信息，来访人员的接待及安排工作；日常邮件收发，及普通文档管理；相关文件的打印、复印等；部门的费用支出和业绩的管理，部门的费用开支和领样、寄样、业务记录都应有相应的文档管理，并备份，以防丢失。特别要求有责任心、有计划、有沟通能力。

第2章 中职校国际经济与贸易专业的特点

学习目标

- 了解中职校国际经济与贸易专业发展现状。
- 了解中职校国际经济与贸易专业教学内容的特点。

体制、模式、劳动市场状况是影响中等职业教育教学的外部框架条件。学校和教师都是在既定框架内展开组织及实施教学活动。教学设计中的潜力以及限制很大程度上都与这一框架密切相关。因此，有必要了解这一重要的教学基础和背景框架，以深入理解中等职业学校教学中的实际问题。

中职校国际经济与贸易专业培养面向国际贸易、货运代理、报关报检、国际物流等企事业单位，能在生产、服务第一线从事操作性工作，具有职业生涯发展基础的中等应用型技能人才。

调研发现，各类中职校都普遍开设国际商务类专业。学校开展全日制教学，并积极开展校企合作，致力于实施“校企合作、订单式培养、三段式教学”办学模式。主要体现为：一是依据就业市场需求开设专业，依据企业用工需要调整课程设置和教学内容，实行宽基础、活模块教学；二是学校同企业合作办学，建立稳定的就业基地，依据企业用工订单进行定向人才培养，变招生为招工，实现学校办学和企业用人的密切结合；三是实行“一年学基础知识、一年学职业技能、一年到企业顶岗实习”三段式教学，拓宽基础知识，强化职业技能培养，注重企业岗位训练，全面培养学生的就业能力与创业能力。但在校企合作方面实际实施效果不一。多数学校由于与企业合作的长效机制建设缺乏企业的配合而无法开展深度校企合作，只能回归校内模拟企业的课堂实训。老师先去企业进行调研，熟悉和掌握国际商务类企业业务运行过程，再加工梳理后形成实训教案，然后通过一系列的课堂教学完成技能的传授和掌握，教师充当了二传手的角色。

2.1 中职校国际经济与贸易专业教学内容的特点

中等职业学校国际商务类专业教学内容主要可分为以下几类：国际贸易基础类（概念原理类）、国际贸易实务类（规则和操作类）、经贸英语类（包括函电和听说）、电子经贸类（电子经贸与EDI）、技能实训类（包括单证缮制、货物代理业务、报关报检业务等）、国际经贸从业能力类（包括国际经贸礼仪、国际经贸谈判、国际市场营销、跨文化交流与沟通）。

国际贸易基础类教学内容理论性较强，教师在教学过程中难度大，教师面临的首要问题就是要把抽象的概念具体化、形象化、直观化和微观化地展示和教授给学生，这需要教师有高度的提炼和微观化知识的能力。教师在教授过程中选择教学方法有一定的难度。讲授法在这类教学内容中运用最多，但不容易激发学生学习动机，迁移应用的效果不佳。如何利用案例教学或问题性任务提高此类知识的学习效率，是教师教学能力发展中值得关注的领域。

国际贸易实务类教学内容对国际贸易法律、规则和惯例的记忆、理解和应用要求较高。教师在教学过程中面临的问题是如何有效地把国际贸易法律、规则和惯例的规定等运用到具体的经济和经贸环境中，让学生感同身受，置身于设置的教学情境中。教师在教授这类内容过程中较多运用举例教学法和案例教学法，增强学生对规则类知识的理解和运用能力。

经贸英语类教学内容涉及外贸函电、国际商务口语、国际经贸英语和国际经贸写作等具体教学内容。教师在教学过程中面临的主要问题是营造一个轻松的经贸交流教学环境，能让学生积极融入经贸英语的学习和应用训练。这类教学情境的创设，往往准备工作花费的时间和精力较多，对教师的课堂掌控能力要求也较高。实际教学中角色扮演法、情景模拟法等教学方法比较常见。

电子经贸类教学内容主要是在E时代，国际经贸活动的开展很大程度上依赖于电子经贸系统和交易平台，在这类教学内容中强调对电子经贸平台的运用，学生要有利用电子经贸平台查找信息、处理信息及进行交易的能力。这就要求对于这类知识的教授和学习要在实际操作的环境或模拟实际操作的环境下进行。教师对于这类教学内容的教学采用模拟教学法和任务引领法为多。

技能实训类教学内容是针对国际经贸实务操作和特定的专业方向进行的，教学重点在于对学生从事国际经贸行业具体和特定的领域的实际专业业务能力进行培养，所以教师面临的首要问题是教学过程中教学情境的创设要与国际经贸具体实务内容的经营和实操高度仿真。教师在教学过程中对于技能实训类教学内容采用任务驱动教学法、模拟教学法、案例教学法、角色扮演法等具体的教学方法。

国际经贸从业能力类教学内容包括国际经贸礼仪、国际经贸谈判、国际市场营销、跨文化交流与沟通等，这类教学内容要求教师教学情境的创设和展开有很高的水准，教师和学生互动性较高，因为涉及经贸活动中的软知识学习及应用。正因如此，这对教师的性格特征要求比较明显，教授这类课程的教师本身应该是礼仪、沟通和谈判交流的高手，否则难以让学生信服。教师在教学情境的创设、教学内容的组织和教学过程的实施中，既要符合学生的道德思维能力、情感思维能力、认知思维能力和操作思维能力等思维纬度，又要符合经贸活动中具体经贸环境中利益双方的人心、人言、人性和人情，这对教师的从业素质要求较高。所以这类课程的教师采用案例分析法、角色扮演法、项目教学法较多。

2.2 中职校国际经济与贸易专业教师特点

值得欣慰的是，项目组在调研中发现国际经济与贸易专业教师的工作状态良好，稳定性高。根据调研样本统计，其中本科学历占89%，年龄以25至38岁年龄段居多，40岁以下教师占84%。

无论是经济发达地区还是不发达地区，中职国际经济与贸易专业教师来源主要有以下几种：

1.原有教师转岗

这部分教师主要是由原来英语教学的教师经培训转岗组成。这部分教师的特点是年龄偏大，多为20世纪50、60年代出生，在国际经贸领域不仅理论缺失，实践更是不足，且主动性和接受新生事物的能力比起本科或硕士毕业生相对要弱。但教学经验相对丰富，经过多年的教学实践，其在课堂组织与管理以及学生心理方面积累了不少心得，形成了具有个人特点但也相对固化的教学常规及模式。

2.国际经济与贸易专业方向的应届大学本科或硕士毕业生

这部分中职教师年龄小、学历高，理论基础好、实践基础薄弱的情况普遍。在走访的学校中，教授国际经济与贸易专业核心课程的教师基本都在30岁左右，而且普遍具有本科及本科以上学历，硕士比例越来越高。这和国际经济与贸易专业的发展背景紧密相关。国际经济与贸易专业中职教师成长的时代正是改革开放、国际贸易以及高等教育蓬勃发展的时代。更多的人有接受连续正规教育的机会，加之中职学校的鼓励措施，年轻教师纷纷继续深造，硕士学历渐成普遍。可以说，中职教师的纯理论知识方面已达到一定高度，但在教学实践中却不能很好地落实中职教育的教学目标。原因有二：其一是中职国际经济与贸易专业教学实务性很强，而刚出大学校门又进中职校门的教师在知识结构及生活视野上都有不足，缺乏对社会、行业和企业的了解，对专业知识的了解与掌握还未能转化为更高质量的专家知识。其二则是缺乏教学能力，不了解学生学习、行为的心理规律，在课堂组织、教学设计和教学方法运用效果方面不理想。这一类教师常常成为学校教学的普遍力量和后续力量。

3.有一定经贸工作经验后返回学校从事教学工作的教师

这一类教师常常成为学校教学的重点力量。

4.来自企业一线的兼职教师

全日制的教学体制以及师资能力的天然缺陷，使得中职国际经济与贸易专业教育在社会需求和学校供给方面出现难以跨越的鸿沟。这是当前中职学生就业困难的重要原因之一，因而也成为师资建设的重中之重。国际经济与贸易专业作为中职新兴和重点方向，教师培训得到各级重视，学校积极输送老师参与国内外培训。调查表明，国际经济与贸易专业教师比较关注教学法的学习与研究，并能运用于实际教学。大多数老师都主张从事一些与专业相关的社会兼职，以实现教学和实践有机统一。

2.3 中职校国际经济与贸易专业教学中的典型问题

中职校为了培养出社会需要的学生，在培养目标、方式等方面都在进行积极探索和尝试，推进课程和教学改革。经济发达地区，长三角的上海、浙江和江苏，珠三角的广东和环渤海的北京、大连和天津等地的中职教育改革气氛浓厚，成果也较为显著，培养学生的方式和方法更灵活，提倡以任务为导向构建知识体系和训练能力，实训投入大，条件较好。而经济发展水平有待提高的内陆地区，尤其是西北地区、华北的部分地区及西藏、内蒙古、甘肃、宁夏、新疆等少数民族聚居区的中职校教学方式仍然较为单一，学校基础建设方面较为薄弱，这与该地区国际经贸环境及要求的较低发展现状也有一定的内在关联。总体而言，当前中职校国际经济与贸易专业教学中普遍表现出以下典型问题：

1.整体定位不明，目标模糊

中职国际经济与贸易教育的专业名称、课程设置和教材选用基本上和大学没有实质差别，只有内容深浅差别。这种定位不明、高标准、高规格不符合中职校人才培养的目标，不利于中职校国际经济与贸易专业学生的培养。中职国际经济与贸易教育的专业名称、课程设置和教材选用应立足于外经贸行业“蓝领”的应用型人才定位，使得中职国际经济与贸易专业学生在社会分工的细分中获得自己的一席之地，才能适应时代发展的要求。

2.教学与实践应用的关系有矛盾

与行业、职业的关联不够。专业名称与岗位不适应，现有中职的专业设置、专业名称、内涵已不能反映外贸行业岗位需要，也不能适应市场的要求，因此，无论专业名称还是专业的内涵，都应针对外经贸行业变化和需求进行调整，以适应学生未来就业岗位的需要。国际经济与贸易专业课程教学中普遍存在避重就轻的问题，与现实脱钩。

3.课程之间内容分散，“各自为政”

不同专业课程的教师，往往会过于强调自己本门课程的重要性，同时教学内容存在重复、交叉、陈旧的问题，不利于学生融合所学的专业知识。普遍问题是教学任务难以落实，大多数教师没有经过系统的专业教学和专业建设方面的培训，还没有真正形成一支业务精通、分工有序、各展所长的中职校国际经济与贸易专业教师队伍。

4.专业教学中目标维度单一

学生对专业知识的学习结果停留在简单的知识复述性再现上，分析问题、解决问题的教学目标常常落空。对方法能力及社会、人格能力的培养尚未成为教师的自觉选择。学习策略、沟通能力、工作的计划决策、信息的搜集、评估等策略能力因为讲授式的单一教学形式，很少得到培养机会。学生自主学习的地位迄今仍然非常次要，被赋予重要意义的教育目标及能力因此并未得到充分的发展。

5.对理论和实践的概念及教学处理在理解上有偏差、实施上易走极端

一方面是理论性内容偏深、偏多，只注重理论的系统性和完整性，剥离理论与实践之间的内在关联，轻视理论与实践的结合，实践和实训内容相对不足或价值不高，学生的动手能力得不到有效提高。职业教育以岗位技能培训为重点、以实践能力为本位的职教特色

没有得到体现。另一方面是打着改革旗号，但原有的教学处理方式并未发生本质的改变，教师对教学材料的处理仍然不能深入，唯理性的知识观、去问题化的知识呈现方式加上实用至上的价值取向以及方法形式上的求新，导致强调操练简单技能，只教是什么和怎么做，而回避或淡化为什么的教育庸俗化倾向，使得课堂不仅没有能够实现实际技能的培养，还荒废了科学理论的学习，窄化了专业教学的育人价值。

6.教学内容偏出口，弱化进口

一般教材大多是以出口合同的缔结、履行为纲进行编写，很容易使得教师在教学的过程中误导学生认为出口比进口重要。实际上，进口在很大程度上促进了国内企业技术改造，加快了技术进步，对经济增长的作用不可低估。

7.学习形式以被动的、去问题化的接受为主

学习任务形式单一，对任务及知识的处理不够深入，对新型教学方法的应用多用其型，失其神。当然，学校教育中无论是讲授还是学习任务都有其意义和地位，但两者之间的不平衡状态在教学实践中过于突出。教师还是用讲授的方式来思考教学的组织，考虑教学中应该记住的那些关键词句，将这些关键词句作为客观真理让学生全盘接受。课堂中教师的话语霸权现象较为突出，多数教师十分依赖教科书，多数课堂在结构上依然阻碍合作，依然要求学生单独完成任务，而完成这些任务只需要低级水平的技能；多数课堂上，学生的思考不受重视。此外，遵从一个前提观念是：学习者必须逐渐认识这个固定的世界。这些现象在中国中职校国际经济与贸易专业的课堂中也同样普遍存在。

当前，中职教学改革的呼声甚高。任务引领、工作过程导向两个关键概念极为广泛地影响了当前职教界课程和教学改革的讨论和实践，这一课程结构以劳动世界中基于工作流程逻辑的典型任务为基准，为有志改革的学校和教师提供了新的视角和材料，为教师的教学设计带来了可能的新思路。然而这一视角转换并不必然意味着教学方法策略的转变。

当前，在中职校国际经济与贸易专业教学中，视角转换的困难与教学的传统问题相互交织，形成教学实践中的复杂局面：一方面传统的问题继续存在将概念的学习简化为名词解释，未做任何深入处理，对原理和规则强调其工具性和客观合理的一面，忽视其形成背景，对知识的学习仍然以记忆再现的复述层次为主；另一方面对新方法、新形式的追求造成学生展示、小组合作等学习形式出现固化、随意、表演的倾向，教与学的沟通形式仍然多权威命令、少民主协商，教师的报告、演示仍然占据着主导地位，而促进学生自主学习的学习任务较少应用，类型也单一。讲授的逻辑中更多地采用说明、说服或者唤醒回忆等手段。

2.4 中职校国际经济与贸易专业学生就业现状

案例

上海某职校国际经济与贸易专业教师去企业调查发现：大学生不安心一线操作工作，培养两年就跳槽。而安心一线操作工作的职校生上手太慢，适应岗位技能需求的时

间太长。一位在校成绩非常好的该校学生，其带教师傅的评价却是“弃之可惜，留之无味”，因为实习几个月了，还不能独立做业务。他们深入企业的初衷是了解学生所需的专业技能，但却从企业处得到一个一致的回答：学生的人文素质要重于专业技能。

思考

您觉得他们了解到的这个现象有代表性么？您所在地区的企业对中职校国际经济与贸易专业毕业生有怎样的评价？您怎么理解企业所说的“人文素质”这一说法？

随着我国社会主义市场经济的建立、产业结构的调整、科学技术的日新月异，对外开放程度加深，尤其是我国加入了世界贸易组织后，社会对国际经贸人才在结构、学历层次等方面的要求发生了很大的变化。中职校国际经济与贸易专业毕业生的就业去向也发生了重大的变化。

根据项目调研结果，招收中职毕业生的国际经贸企业主要集中于中小型企业。从企业从事的业务看，主要包括进出口企业、国际货运代理企业、报关行、有进出口业务的生产企业。招收中职毕业生的企业主要是私营企业。在专业相关的岗位中，最主要的工作岗位是跟单员/制单员，其次是报关员、进出口业务员、储运员、办公室文员、货运代理人员和船务代理人员等。根据调研，得出企业用人的一些典型特点。

1.国有大中型企业引领“资格上移”潮流

大多数接受调查的国有企业和合资企业虽然有适合中职校毕业生的岗位，但并不接受中职校毕业生，企业在有大量的劳动储备可供选择的情况下，往往在关注专业方面之外还注重素质建设和后发潜力，提高了学历要求。原来由中职校毕业生做的工作，现在由专科和本科毕业生来做，出现文凭、资格等的上移现象。报关员报考资格提升为大专，就是一个典型的例证。

2.人才需求规格要求表现出地区差异，有东高西低之趋势

在人才相对稀缺的地区，以内蒙古为例，国际经贸方面人才稀缺，所以中职毕业学生受重视，公司也肯培养。

3.部分企业表现出不重外在资格、重实际能力的用人倾向

一些处于发达地区观念意识好的公司注重技能，很务实，只要能拿起活来就行，有些岗位不太要求学历。这对于优秀的中职毕业生就业非常有利，也为中职校培养学生提供了第一手的信息和材料，且能为中职校的教学能力提高提供基础性的实务素材。

思考

1.当您了解学生毕业后很难进入相关的行业或岗位工作时，作为教师个体，您如何处理这一问题带来的专业学习兴趣缺乏等问题？

2.您会从什么角度来论证学习的意义？

3.这对您对教学内容和教学方法的选择有怎样的影响？

第3章 中职校国际经济与贸易专业学生特点

学习目标

- 理解学生对于教学的意义。
- 了解更多认识学生的途径并正确评价其信息质量。
- 形成从专业教学角度对学生进行针对性分析与了解的意识。
- 项目目前调研到的学生现状及其对教师和教学的影响和意义。

学生在教学中有着非常重要的意义。它是教学设计的起点，也是教学目标指向的终点。只有知道学生来自何处，处于何种状态，才能更好地引导学生到达希望的目的地。教师作为学生个体发展这一教育旅行的引导者，必须要了解学生的背景，并能预知旅途中的风景和坎坷及其对学生的个人意义，才能达到与学生的共情，才能主动积极地移情。教师如果不了解或不够了解学生，不但无法改善学生的学习质量，对学生的成长产生长期的不良影响，也会造成教师的教学挫败感。

思考

1.从专业教学的设计和实施这一角度，您觉得需要了解学生哪些方面的信息？

2.您通常会通过什么渠道、哪些方法了解学生的哪些信息？

3.您觉得这些信息对您的教学有怎样的意义？

4.您如何评价获得的关于学生的这些信息的质量？

从专业教学设计的角度出发，到底具体要了解学生哪些情况呢？简言之，就是要了解学生的学情：从学生的“已知”“想知”“怎么知”“未知”和“能知”五个方面全面分析学生情况。

1.学生的“已知”

他们有怎样的生活经验？与教学内容相关的知识经验和能力水平有哪些？与教学内容之间是否存在着沟通的桥梁？学生的“已知”决定着学习起点的定位。

2.学生的“想知”

所谓“想知”，即学生的兴趣所在。他们有着怎样的学习动机？他们对于某个专业教学内容有怎样的意义评价？他们对什么内容感兴趣？这些与专业教学内容之间有着怎样的关联和关系？

3.学生的“怎么知”

他们有怎样的学习习惯和学习心理？这些对专业内容的学习会造成哪些特定的困难和

问题？它体现学生的哪些认知风格和学习方法及习惯？

4.学生的“未知”

“未知”是相对“已知”而言的，它包括学习应该达到的终极目标中所包含的未知知识和在实现终极目标之前学生需要但尚未掌握的知识。

5.学生的“能知”

“能知”就是通过课堂的教学，所任教班级的学生能达到的目标，它决定了学习目标的定位，是因材施教的基础。

以上方面意味着我们需要了解学生的社会背景：年龄、经历、家庭背景、求学目的、个人期望；心理学背景：个性特点、发展阶段的特点、思维发展的现状和特点。而了解这些有关信息的常见途径有哪些？其质量、意义又如何呢？

> 思考
>
> 1.您平时一般通过什么渠道了解学生？
>
> 2.您觉得您了解自己的学生吗？

根据途径的不同，对学生的了解可分为以下两种类型：

1.非正式途径

非正式途径包括个人观察、同事交流、学生报告、家访、学生的档案资料、学生作业等，在微观层面上，具体的方法主要是对学生进行课堂跟踪和记录，留意学生平时上课回答课堂问题的表现，在课堂对话中从多元认知层面了解学生得出该答案的原因，而不是仅仅停留在对答案本身进行评价。对学生的答案不仅要进行结果的控制，更要了解其获得这一结果的过程。因此，课堂教学中具有针对性的提问对了解学生问题、深化专业学习有着重要意义。课前教师可以观察一下学生的课前准备情况，课堂上学生的发言、朗诵等，可以考查学生对语言的运用能力，也可表现出学生接受新知识的能力。这就体现了学生的自学能力和学习习惯。教师还可以了解学生管理自己的能力、课后是否进行复习等。这是大部分教师获得关于学生信息的最直接、最具体的渠道。这一渠道提供的信息丰富、细致、富有个人色彩和情境性，微观深入，具体到每一个班级、每一个学生的情况，因而对教师的教学工作有着直接影响。但这些材料主观性极强，其质量因教师的学术修养、反思习惯和个人品质等有较大的差别。

2.正式的文献资料（媒体的报道、学术研究的资料）

> 思考
>
> 1.您平时阅读的专业文献有哪些？请讲述您最近阅读的一篇有关学生的文章。请向您小组的其他教师概述该文章的主要内容，并说明您是在什么情况下读到它的？读过之后您有什么感想？
>
> 2.请描述一下您平时的阅读方式，您会做笔记吗？您会在碰到具体问题的时候去查专门的文献吗？

无论是各种媒体，还是科学研究报告，这一途径都着眼于特定群体的整体观察和宏观把握，即对该年龄段、该群体学生的总体了解，借助社会学、心理学的研究结果及工具，很少有专门针对某一专业学生的分析。它提供的文献与非正式途径获得的信息很多时候是一种相互印证、相互检验、相互补充的关系。正式的文献资料因其选择的研究方法甚至报道的立场、角度及目的等关系，质量也有着显著差异。首先，媒体的报道与科学研究的结果，其质量就有着很大的区别，原因在于目的的区别、研究人员的素养差异、调查范围与方法的差别、立场的倾向等。其次，并不是所有的研究结果都基于丰富、严谨的方法，对数据的解读也因研究者个人的价值取向而受影响。社会学、心理学、教育学等都为教师对学生进行分析与研究提供了丰富的支撑。这一类文献中对学生的描述极其丰富，但是在阅读这些文献资料时，要注意思考其中关于学生的某些结论，其数据基础和推理逻辑具体是什么，是否能支撑这一结论的可信度和有效度？

案例

经常听到教师谈论现在的中职学生质量下降了，难教也难管。上海某机构对62所中职校总计1 694名学生、800名教师和53名校长就“中等职业教育教学状况研究”进行了问卷调查，发现80.7%的教师和52.8%的校长认同“中职生是差生”的观点。“中职学生是不爱学习的群体”这一看法在此次教师问卷中也得到了间接引证。“学生学习习惯差”成为教师认为中职生是差生的首要理由。

但从学生的反馈看，64.6%的学生对语、数、外等文化基础课程感兴趣，74.3%的学生对自己所学的专业课程感兴趣。与此同时，学生对丰富教学内容和方法有着较强的愿望。学生认为“当前进一步提高教学质量是亟待改革或完善的最重要方面”，教学内容和教学方法位列第二。

思考

1. 您觉得这个调查结果中对教师观念与学生学习兴趣现状的描述可信么？为什么？

2. 您认为是什么原因造成教师和学生对自身学习兴趣评价的区别？

3. 您觉得中职教师视中职生为“差生”这一评价会对其实际的教学及学生产生怎样的影响？

中职校教师在了解中职校学生时表现出以下一些典型问题或困难：心理和思维定式造成的移情困难，教师对学生评价片面或偏于消极，传统价值标准的束缚，对成功的理解偏于狭隘等。

教师普遍认为学生知识基础差、学习方法差、学习习惯差、学习态度差（厌学）、学习兴趣差、自主性差、自信心弱、意志力不坚、学习氛围不好、学习效果不佳等。这些困难一方面与教师的个人背景有关，国际经济与贸易专业的中职校教师基本上没有中职校学习的经验，绝大多数是当前“精英选拔”考试模式的成功者，尤其是青年教师，拥有高学历者众多，有着不自觉的“精英”心态，对中职学生的特定心态和学习方式缺乏经验基础。因而在了解和理解学生方面比在普通高等学校任教多了一个障碍，评价学生往往带有传统评价标准的框架。另一方面国际经济与贸易专业中职校教师极少接受系统的教师教育，对教育、教学的理解常以自己的个人经验为准，缺乏对自己教学行为和教学观念进行理论反思的习惯，理论知识及系统工具的运用也存在不足。此外，教师随着年龄的增长，与青春期学生之间的代沟增加，不易理解不同时代背景下成长起来的少年学生的心态。学生思想更多元化，要求也更多，自主性也更差，任性自我，思维活跃，尤其与年长教师的价值观冲突明显。中职学生存在的问题具有普遍性，每一个专业固然有一些差异，但这种差异并不明显。

另一方面，这也与教育评价的价值取向及社会对技能型人才的经济及社会地位评价现状相关。目前的政策因素、文化观念和家庭因素造成中职教育在“生计取向”和“地位取向”的价值衰减，中职学校对个体的吸引力减弱，而个别中职学校为了招到充足的生源，不惜降低门槛，分数要求较低，甚至不要求分数。毋庸讳言，从考试成绩和行为规范来看，中职学校生源质量整体上并不如普通高等学校生源，具体表现为考试分数较低、学习成绩较差、未养成良好学习习惯。但中职学生在学习中也有优点：喜欢接触新鲜事物，有较强的好奇心和求知欲；动手能力强，乐于实践；可塑性强；对感兴趣的事物爱思考。

作为教师，如果能意识到自身立场的局限，并进行有意识地反省，对学生有更为开放、开明的理解，而不是盲目地追随与顺从，这将有助于教师保持开放心态以及对学生形成欣赏、鼓励的心态和积极评价。如果对这一点缺乏有意识地反思，则容易造成与学生沟通交流的障碍，导致对学生心态的不理解和轻视，不利于教学。

思考

有些中职校教师认为中职校国际经济与贸易专业学生大多有一定的英语基础，领会能力相对较好，但偏科比较常见，而且对知识的真正理解有欠缺，不够用功和努力，读书不讲方法，有死读书或干脆不读书的倾向。

1.您同意这一评价么？依据是什么？

2.您认为您对这一问题的看法对您平时选用教学方法组织教学产生了哪些影响？

3.您认为经济与贸易专业的学生有自己的不同特点么？

3.1 学生的认知特点——思维品质和多元智能

中职学生的年龄一般在15~18岁之间，属于青年初期，是身心发展最迅速、最旺盛、最关键的时期，也是人生发展阶段的最佳时期，又称为人生的黄金时代。总体而言，全日制中职学生与普通高等学校学生处在同一身心发展阶段，与普通高等学校学生在心智上并无根本区别。心理发展的优势和各种矛盾相互影响、相互作用，形成了中职学生的思维特点。

心理学则为教师更深入了解学生提供了丰富和系统的可能性，比如这一阶段的学生在身心的发展上表现出哪些显著特点？这些特点有着怎样的形成和发展机制？人的学习到底怎样发生？它的意义不仅在于提供了很多现成的研究结果，而且可以提供很多了解、研究学生的工具、手段和视角，并为教师审视、反思自己的学生观提供了科学理论和工具基础。鉴于此类书籍可谓汗牛充栋，此处就不详述其具体内容了。下面将从思维特点、多元智能两个角度做一些介绍，并提出相关问题，意在启发大家思考。因为了解学生的认知特点有助于理解学生的现状，促使我们对专业教学目的方式的反思，而多元智能的观念则有助于帮助教师突破传统的学生评价框架，加深对学生的了解并尊重学生及学生的选择，关注他们的真实性和自我实现的要求。

3.1.1 中职学生的思维特点

请大家阅读以下研究结果，并思考其后提出的问题。

中职学生思维发展的现状①

湖南省教育科学“十一五”规划课题“中等职业学校学生思维能力培养理论与实践研究”项目组在冷水江、新化、涟源、新邵、安化、娄星区等六个县市区进行中职学生思维能力现状的调查，采用问卷、单独访谈、集体座谈、考察、查阅资料等方式。考虑到思维发展状况体现在平时思考问题、解答作业、待人处世等方面，单靠简单的问卷调查，难以得到全面的信息。因此，调查以访谈、座谈、查阅资料等方式为主。同时，鉴于人的思维发展与年龄、环境有很强的相关性，我们将调查对象分为三个年龄段：15岁及以下段、16岁～17岁段、18岁及以上段。环境分“农村环境”（农民子弟且不在学校寄宿的划入“农村环境”）和“城市环境”两大类。调查组分别对三个年龄段、两个环境进行了6场座谈，走访教师和学生家长35人次，查阅资料100余万字，并向12所职业中学和2所普通中学发放了1 400份问卷，回收1 338份，对比性考察一次，基本取得了所需要的第一手资料。

通过将调查所得资料进行较为科学和严密的加工处理，我们初步得出了如下结论：

（一）思维发展的阶段性特征

中职学生的思维呈现“经验思维”“理论思维”和“辩证思维”交混发展的状态。

首先，他们的思维表现为更多的经验思维成分。与思维的其他发展阶段相比，中职学生的思维具有更多经验思维的成分。如在解答数学或者其他理论问题时，他们更倾向于相信经验，对以前做过的或老师讲过的试题比较自信，而对需自己从理论上去推理的问题则显得信心不足。他们判断自己与某人的关系时，依据的是他们以前的关系状态（即经验）。以前关系好，就认为现在也关系好；以前关系不好，就认为现在也关系不好，而不是根据当前的关系态势来判断。总的来说，中职学生思考问题的主要方法是经验思维。其次，他们的理论思维有一定的发展。中职学生对于课业问题的思考，主要采用理论思维，但具有一定的盲目性，即不是自觉地进行理论思维，而是因为课业问题与实际生活有一段距离，而他们的经验又很有限，不得不采用理论思维。因此，他们的理论思维能力，要略逊于普通高等学校学生。表现为对于那些“绕弯”太多，如有三个“弯”的问题，他们就明显失去兴趣而不去思考。再次，他们的辩证思维开始萌芽。在年龄稍大些（17岁以上）的学生中，他们的辩证思维开始萌芽。他们开始注意事物的即时状态，并有将事物看得很“稳定”的倾向，有时候还有批判形式逻辑的思想，渴望一种更加“准确”的思维方法。对“士别三日，当刮目相看”这句话，约有10%的学生能够看到其中的辩证法因素。

（二）思维能力的结构特征

本文涉及的思维能力，以思维结构和系统为参照，发展的程度则以一个合格的中职学生的应有水平（能够基本适应社会）为标准。因此，思维能力包括四个领域的能力，分别是道德思维能力、情感思维能力、认知思维能力和操作思维能力。同时，每个领域的能力又分为四个层次，即信息收集、储存、加工和运用能力。

第一，情感思维能力、操作思维能力缺失。从调查所得的资料可以看出，中职学生基

① 胡弼成，段炼，陈远位．中等职业学校学生思维能力及发展现状调查与思考［J］．教育与职业，2005（14）．

本没有情感思维能力（这种情况与普通高等学校学生差不多）。主要表现在以下两方面：（1）中职学生认为情感领域“没有思维活动”的占92%，“不能确定”的占8%，也就是说，100%的调查对象没有意识到情感领域有思维活动。这就可以说明，中职学生的思维活动中不可能有自觉的情感思维发生。（2）中职学生情感问题情绪化操作的倾向很强。从调查走访所得的资料来看，情感问题采取情绪化方式处理的，几乎达到100%。而且，这样的处理表现为“行为质量不高”，于人于己都有害。没有明显的事例说明，他们在处理情感问题时有思维能力在起作用。既然主观上没有自觉的情感思维活动，客观上也没有明显的表现，这就可以说明，中职学生存在情感思维能力缺失的问题。在操作思维（谋略）能力的发展状况方面，调查表明，70.4%的学生认为没有“操作思维”存在，“操作就是操作，没有思维”或“操作和思维不相干”。也就是说，如同情感思维一样，相当一部分学生不可能有自觉的操作思维活动，这是其一。其二，除了简单操作，例如，有明确指令的、以四肢为主要器官的操作以外，88%以上的中职学生没有执行过谋略性的操作，也就是说，他们没有进行过谋略思维。以上两点大大降低了发展操作思维能力的可能性。其三，从实际情况来看，他们也没有表现出具体的操作思维能力。如在解答“请一个曾经与你有过过节的人来帮助你”这一问题时，选择“没有办法”的占55.5%。虽然有35.7%的学生想了一些办法，但都是不切实际的。剩下的学生虽然想出了比较可行的办法，但思路也不清晰。这个情况也表明中职学生的操作思维能力缺乏。但是，与普通高等学校学生相比，中职学生的操作兴趣明显强于前者，其兴趣的集中点还是在简单的操作上。如果遇上要自己想办法解决的事情，他们的兴趣就大大降低。

第二，道德思维能力、认知思维能力发展不到位。德育和智育是当前教育的重头戏。但是，德育不同于本文所讲的“道德思维教育”，智育也不同于本文所讲的“认知思维教育”。最根本的一点是前者不讲究发展思维能力，而重于传授知识。

从调查结果来看，一方面，中职学生的道德思维能力发展不到位，主要表现为：虽然积累了一些道德信息，如道德观念、道德原则等，但是，道德感知能力、道德判断（评价）能力、道德运用能力等都发展不到位。道德感知能力发展不到位，表现为道德感不强。如他们不能随时将道德问题作为为人处世的首要思考因素，遇到与自己的利益、兴趣关系较密切的事情时，就会失去或降低对道德问题的感知能力。情感的发展缺少理性的指导，比较脆弱。道德判断（评价）能力发展不到位，主要表现在他们不能够对日常现象进行正确的道德评价和道德判断。在回答“如何评价向在闹市区行乞的残疾人施舍钱和在公共汽车上给残疾人让座两种行为的道德价值”这一问题时，76%的学生表现出没有道德评价的“价值标准”，还有15%的学生找不到这一评价的正确的价值标准。他们不能根据行为所产生的结果来评价行为的道德价值，而是从主观的感受来评价行为的道德价值。他们会根据自己看到在闹市区行乞的残疾人比公共汽车上搭车的残疾人更加可怜，而认为向这些人施舍钱的道德价值大一些。道德运用能力发展不到位，依据是不能自觉地、随时随地按照自己已经接受的道德观念、准则、律令来规范自己的行为。他们在行动时需要一个强有力的监督力量，特别是处理那些介于道德规范与纪律之间的事情，更是如此。

另一方面，中职学生的认知思维能力发展不到位。虽然中职学生的认知思维能力是他们全部思维能力中发展得最好的，但其发展还是不到位。其一，他们的信息收集能力发展不到位。一是基本上没有信息意识。中职学生普遍缺乏信息意识，没有平时收集信息的习惯，更缺少有意识地收集某一方面信息的行为，几乎100%的中职学生都是这样。而信息收集活动是认知思维活动的起点。由于平时不能有意识地收集信息，他们掌握的信息非常有限，以致到了需要处理问题时，不但没有现成的信息可供使用，甚至根本就没有收集信息的途径。二是缺乏收集信息的能力。当解决某一问题需要收集信息时，不能根据解决问题的需要来自主收集信息。学习能力不强，调查能力不强，都是其中的主要表现。其二，信息加工能力发展不到位。这里说信息加工能力不强，不是漫无边际地指那种高深的分析综合、判断推理能力，而仅指作为一个普通人必须拥有的信息加工能力。一方面，他们不懂得信息处理的一般程序和方法，没有处理信息的起码能力。如没有检验信息的可靠性的意识，不懂得对所得信息的信度、时效等重要问题做出判断，更不能进行去伪存真、由表及里的处理。人云亦云，结果是很容易上当受骗。很多学生对附近高水平的职业中学视而不见，却要千里迢迢到外地去上规格相同、专业相同、办学条件要差得多、学费要高得多的学校。另一方面，他们思考问题时缺乏方向感，即不能找到问题的逻辑思路或进行价值取舍，特别对实际生活中的问题更是如此，这是很普遍的现象。不但中职学生如此，普高生中也普遍存在这一问题。他们对待尤其是书本上没有涉及的问题，表现得更加手足无措。

（三）思维品质特征

思维品质是衡量思维能力的重要因素。思维品质发展状况如何，更深刻地反映着思维能力的发展状态。中职学生的思维品质状况如何呢？从我们调查所得的资料中主要反映出以下问题：

首先，思维的恒定性弱于灵活性。中职学生的思维虽然有一定的灵活性，但这种灵活性在学习领域更多地表现为退守型，而不是进取型。比如，解一道题遇到了困难，他们不是积极地想办法把问题解答出来，而是从另一个方向找出路，降低要求或干脆放弃来减轻自己的压力。这样的灵活性虽然对于减轻自己的压力有一定的作用，但毕竟比起那种进取型的灵活性要差许多。而特别重要的思维的恒定性，则显得较弱。如前面所讲的情况，若是恒定性强的话，也许他们能够解答问题，但由于他们的思维恒定性不强，轻易放弃了自己的努力，当然就不能解答问题。长期如此，必然不利于他们自身思维能力的发展。

其次，思维的继承性较强而批判性不足。中职学生的思维能力就其继承性和批判性这一对范畴而言，继承性较强，批判性较弱。从事实来看，中职学生的思维继承性并不是很强，他们学习一项新的知识所花的时间，要比普高生多，而且不能根据自己的实际需要自觉地进行学习。但是，他们思维的批判性则更加弱一些。78%的被调查对象不知道批判性是思维品质的重要因素，他们很少对所获得的信息有过批判的思考，只要不是指责自己的信息（他们对指责自己的信息还是有批判的思考），特别对那些自己感兴趣的信息，基本是通盘接受。最集中的表现是对网络游戏的热衷态度。

再次，思维的创造性缺失。中职学生思维的创造性缺失表现之一是没有创新意识，在他们的思维活动中，“创新”这两个字所处的地位很低，几乎没有任何分量。表现之二是创新能力很弱，他们将创新看得很神秘，不敢轻言“创新”。这样自然也就没有创新能力。学生不愿意创新主要是因为他们把这种所谓的创新看得很神秘，认为进行设计创新是很困难的事情，没有这方面的信心，更不敢进行这样的思考。另外，也是因为他们没有这方面的热情和兴趣，不愿意往这方面想。

思考

1.您觉得该研究中使用的思维能力这一概念与您平时的理解有怎样的差别？

2.您认为这个调查结果的科学性如何？为什么？如果进一步了解该调查中所使用的量表、问卷及访谈的具体指标和问题，是否有助于您判断这一结果的信度和效度？

3.您觉得这一调查结果与您平时对学生的了解是否能够相互印证？与您平时对学生的了解从内容的深度、广度上有怎样的差别？您觉得了解这一现状对您的专业教学有意义吗？

4.您认为中职学生思维能力不足的现状是他们固有的吗？

5.您是否发现文中描述的某些思维能力特点对您的专业教学造成了困扰？如果有，具体表现是什么？

6.您认为中职学生将创新看得很神秘的原因是什么？与我们的教学方式有关系吗？

7.您认为中职学生思维能力发展的这一现状对他们会有怎样的影响？

8.有学者认为，职业学校学生只要发展动手能力就行，至于思维能力，一是不需要发展，二是即使发展也发展不了。您如何看待这一观点？

9.您在专业课教学中是否有意识地培养学生的思维能力？比如情感思维的理智控制、策略思维、信息查找和鉴别能力？请举例说明。

3.1.2 多元智力理论背景下对中职学生的认识和评价

1983年，美国哈佛大学心理系教授加德纳提出了关于智力的新理论——多元智力理论。他认为，智力是一种能力或一组能力，这种能力或这组能力可以使个体顺利地解决有关问题或在特定的文化背景中创造时尚产品。多元智力包括：音乐智力、身体-运动智力、逻辑-数学智力、语言智力、空间智力、人际智力、个人内省智力和自然探索智力。根据加德纳的多元智力理论，每一个体都有相对而言的优势智力领域，如有的人显露出过人的“音乐天才”，有的则表现出超常的“数学天才”，而每一个体不同优势智力领域的充分发展才能使个体的特殊才能得到充分展示、个性得以充分体现，才能保证个体适应并立足于当今这个极具个性化的时代。

加德纳的多元智力理论为我们促进学生特殊才能的充分展示提供了理论上的新借鉴——人的智力特点和表现是不平衡的，我们的教育教学应该充分尊重每个学生的优势智力领域，并努力挖掘每个学生特殊才能的巨大潜力。我们的教师应该欣赏、重视传统教育下所谓“差生”的某一优势智力领域，使每个学生都生活在老师的欣赏与尊重之中，并由此培养起所有学生的自信心和自尊心。根据这一理论我们应该认同每个学生都值得我们花时间和精力去培养，并且坚信每个学生都是会对社会有所贡献，这是教育工作者所应持有的基本教育精神和责任。

首先，多元智力理论有助于形成正确的智力观。真正有效的教育必须认识到智力的广泛性和多样性，并使培养和发展学生的各方面的能力占有同等重要的地位。其次，多元智力理论有助于转变我们的教学观。我国传统的教学基本上以“教师讲，学生听”为主要形式，辅之以枯燥乏味的“题海战术”，而忽视了不同学科或能力之间在认知活动和方式上的差异。多元智力理论认为，每个人都不同程度地拥有相对独立的八种智力，而且每种智力有其独特的认知发展过程和符号系统。因此，教学方法和手段就应该根据教学对象和教学内容而灵活多样，因材施教。再次，多元智力理论有助于形成正确的评价观。多元智力理论对传统的标准化智力测验和学生成绩考查提出了严厉的批评。传统的智力测验过分强调语言和数理逻辑方面的能力，只采用纸笔测试的方式，过分强调死记硬背知识，缺乏对学生理解能力、动手能力、应用能力和创造能力的客观考核。因此，是片面的、有局限的。多元智力理论认为，人的智力不是单一的能力，而是由多种能力构成，因此，学校的评价指标、评价方式也应多元化，并使学校教育从纸笔测试中解放出来，注重对不同人的不同智能的培养。根据多元智力理论，每个人都有其独特的治理结构和学习方法，所以，对每个学生都采取同样的教材和教法是不合理的。多元智力理论为教师们提供了一个积极乐观的学生观，即每个学生都有闪光点和可取之处，教师应从多方面去了解学生的特长，并相应地采取适合其特点的有效方法，使其特长得到充分的发挥。最后，多元智力理论有助于形成正确的发展观。按照加德纳的观点，学校教育的宗旨应该是开发多种智能并帮助学生发现适合其智能特点的职业和业余爱好，应该让学生在接受学校教育的同时，发现自己至少有一个方面的长处，学生就会热切地追求自身内在的兴趣。

3.2 学生的非智力特点

中职校学生这一群体虽然有地区、学校间的差异，但在背景上还是有相当大的共性，社会学、心理学、教育学等学科都能提供众多以职校学生为主题的研究结果。比如从社会学的角度来看：什么样的学生选择读职校？他们来自怎样的家庭和地区？父母有着怎样的职业和教育背景？这些因素对他们的学习目的、学习习惯有着怎样的影响？他们有着怎样的职业理想，实际取向究竟如何？这些与当前的社会背景、时代潮流有着怎样的关系？这些都是构成中职学生非智力特点的重要内容。

根据实证研究的结果，从家庭经济情况来看，30.6%的中职学生家庭经济水平较低，属于社会弱势群体。选择职校求学的主要原因是学习成绩不是十分理想，未被高中录取，家庭经济困难，即使考上大学，也未必负担得起。因此，选择职校求学，希望既可以进一步学习文化知识，为以后的学习打下基础，又能学到技能，及早就业，为家庭减轻压力。45.5%的中职学生家庭经济收入水平较好。上职校主要有两个原因：其一，学习成绩不理想未被高中录取，又想进一步深造，想通过选择竞争不强的职校考大学；其二，来自城市或县城的部分学生家庭经济条件不错，为学习技能和及早就业或是家庭已安排就业渠道而选择职校求学。

从父母职业背景来看，49.8%的中职学生父母务农，学生来自农村，对自己大都没有准确的职业定位，21.3%的中职学生父母为企事业单位负责人或一般人员，多数来自城市或县城，家庭条件较好，其父母有一定的学历水平，他们的求学目的多为关注就业。

根据哈尔滨的调研结果，样本学生中15.16%来自因丧偶、离异、子女长期交由他人抚养等非常态家庭。样本学生的家长73%为工人、农民、个体劳动者、下岗人员；91%没有受过高等教育（其中是初中及初中以下文化程度的占57.65%）；57.29%家庭月收入总额在2 000元以下。

根据我们对辽宁大连、浙江温州、北京地区某些中职校的调查，发现中职校国际经济与贸易专业的学生在社会学背景上表现出以下特点：70%的中职校学生来自较富裕的家庭，父母忙碌，缺乏和孩子的交流和沟通，30%的生源家境不是很富裕，渴望改变现状。近40%的中职校学生来自离异家庭。这一数据因为样本所在地区及专业的关系，跟前文的研究结果有较大的区别。所以，这也再次提醒我们要注意鉴别信息的来源、信息获得的方式，由此判断这些信息对本校、本班教学的意义。

教育是家庭教育、学校教育和社会教育的复合体，教育是遵循教育规律和教育链条的。不完全的家庭教育不仅对孩子的成长极为不利，也会引发学校教育受阻，产生学校教育的时滞，比如，当前很多中职校学生基本的生活习惯养成都很成问题，有人曾戏称中职校是“青年托儿所”。学生对各种教育措施的敏感度较低。

中职校的学生普遍呈现出这样一些现象，学习基础差、学习方法差、学习习惯差、学习态度差（厌学）、学习兴趣差、学习自主性差、学习自信心差、学习意志力差、学习氛围差、学习效果差。这些现象使得每位从事中等职业教育的工作者很有挫败感，并且深深地陷入没有教育成就感的困境中。出现这些问题的根源是什么呢？这是值得思考的问题。

具体分析存在的以下问题：

1.考试分数较低，学习成绩较差

基于目前的社会观念、家长心理，在我国成绩好的学生一般首先选择普高，甚至花钱也要想方设法上普高。总认为上普高是“正途”，有前途。只有在成绩不好时，自认为“考大学”无望时，才无可奈何地选择了中职学校。而个别中职学校为了招到充足的生源，不惜降低门槛，要求分数较低，甚至不要求分数。这样导致中职学校生源整体来说学习成绩较差。

2.学习能力、接受能力较差

中职校学生普遍学习成绩较差。与此相伴的往往是学习态度不认真、形成不良习惯、学习方法不对等问题，再加上基础较差，导致学习能力较差，接受新知识的能力较差。

3.具有失败心理，对前途感到悲观迷惘

很多中职校学生是迫不得已才到中职校上学的。他们接到录取通知书那一刻，心灵受到了有生以来最强烈的震撼。以前的每次失败，无论是老师批评也好，还是考试成绩不好也好，过后老师还是原来的老师，同学还是原来的同学。而中考后的录取，却意味着将进入不同的学校学习。看着同学们纷纷走进了重点高中的大门，而自己却只能上大家不怎么看好的中职校，失败情绪充斥了全身，对前途感到悲观迷惘。有个别家长，让孩子上中职校只是因为孩子太小没法干活，只图有人看着，孩子“长长个”而已。

4.对教育的敏感度较低

很多学生对诸如讲道理、批评、处罚等的教育手段习以为常，他们对老师的这一套方法已经有了充足的心理准备，形成抗体。对付老师的办法相对也较多，有的抗拒，有的漠然，“左耳进，右耳出”；有的当面顺从，背后依然故我。类似这些都反映了中职校学生对教育敏感度低。

了解这些关于学生的年龄、家庭背景、学习行为等信息，对于教师的教学而言到底意味着什么呢？对学生社会背景的了解一方面让我们对学生的了解更立体，教师可以尝试借助其成长环境等信息来剖析其问题的形成，并找到更为有效的解决途径，但也常常导致教师形成“刻板印象”或“贴标签”行为。这是教师在处理学生信息时的一种自然反应。比如调研时就发现教师对这些来自不同背景处于同一学习环境的学生有一些共性的判断，而且偏于负面和消极：比如认为富裕家庭、缺乏父母关爱的孩子抗挫折能力差，比较自大，且缺乏关爱之心，对很多事情都表现出漠不关心，甚至认为他们玩世不恭。而来自较贫困家庭的学生因为班级中的经济条件对比，一部分学生抗干扰能力强，能充分规划自己的目标，约束自己的行为，但这些同学呈现出自尊心过强的特点；还有一部分学生由于不能很好地调整自己的心态，又呈现出自卑的特点。不可否认，这些判断对教师的教学行为会有潜在的影响，但它们是否一定合理、科学，对学生是否公平，则值得深思。如何使这种“自然”反应具有更高的教育教学价值，需要教师从教育学、心理学的研究方法和价值立场反思自己的学生观念，保持对自身偏见和成见的警醒。

思考

1. 您觉得文中提到的一些有关学生社会背景与您的专业教学有着怎样的关系？
2. 这些特点是否会影响您的教学方法？
3. 您的专业教学是否会因为这些特点而有所改变？

第4章 国际经济与贸易专业教学环境的创设

学习目标

- 了解教学环境创设的具体内涵——学习气氛及技术条件。
- 了解中职校国际经济与贸易专业教学软环境创设。
- 了解中职校国际经济与贸易专业教学物理环境创设及教学媒体技术。
- 理解并分析教学环境创设中的典型常见问题和教学环境创设的基本原则。

广义上，教学环境的内容包括两个维度：一个是软环境，包括班级学习气氛的培养、教学规则的建立；一个是实体的物理环境，包括空间、设备和学习材料等。影响教学环境创设这一系统工程的因素可以分为三个层面：从宏观层面来看，整个时代气氛、学校所在社区、教育主管部门、合作企业等都是影响教学环境创设的潜在或明显的力量；从中观层面来看，学校的管理体制、方式、校园文化极大程度上影响着具体班级教学环境的发展可能；从微观层面来看，各门课程的专业教师和负责班级管理的班主任老师一起最终决定着班级教学环境的具体形态。最终，在每堂课中实际的学习环境还是取决于任教的教师个体。下面主要从专业教师这一微观层面看一看教学环境创设的内涵。

思考

1.您认为有利于专业学习的良好环境包含哪些要素，具有哪些特征？

2.您如何评价您现在所教班级的教室环境和班级气氛？

3.您认为您作为专业教师，能够在多大程度上改变班级现有的教学环境？您平常采取了怎样的手段？

4.您如何理解师生关系？您是否同意教师是学生的朋友这个观点？为什么？

案例

请阅读上海市某位职校老师的一个调查结果：我在自己做班主任的班级做过一项比较研究，学生对两位任课老师有截然不同的评价。语文老师对学生有诸多的不满，学生对老师也抱怨连连。第一学期，班级语文成绩平平。第二学期，语文成绩不进反退，学生兴味索然。数学老师对学生赞不绝口，学生对老师是更多的欣赏与佩服。第一学期，班级数学成绩傲视全年级。第二学期，数学成绩再次名列前茅，平均分达91分，数学课成为学生最期待的课。

根据该老师的观察，发现“数学老师诙谐、幽默，讲课生动、具体，充满趣味和吸引力；语文老师照本宣科，毫无趣味可言，动不动就是对学生批评惩罚”。

思考

1. 同样的班级在这两位老师的课上经历着哪些不同？这些不同，对不同课程的教学造成了哪些影响？

2. 您自己或者您的同事有没有过类似的经历？您觉得是什么原因造成这一现象？

学习过程中，学生总是处在一个特定的环境中，不断地与环境进行信息交流。学生与环境间的作用不是单向和被动的，而是双向互动的关系。班级作为学校教育教学的基本单位，是教师和学生开展各项活动的最基本、最重要的环境。对专业教师而言，一个班级的教学氛围创设并不完全在他个人掌控之内。因为，现行的学校组织框架中，班级文化建设通常由班主任主导，并受到学校整体气氛的影响。从这个意义上来讲，班级学习环境的建设是由参与这个班级教学的所有教师共同建构的结果，而这一共同建构可以是有意识的，也可以是无意识的。因为，不关注学习气氛建设的教师态度和教师的不作为也构成整个学习气氛的一部分。但专业教师对自己课程中的学习气氛的形成、学习规则的建立仍然有着至关重要、无可替代的作用，是班级集体文化建设很重要的一方面。

对于专业教师而言，除关注、了解一个班级特有的集体气氛之外，还需在教学的各个阶段特别注意与该班级（学习团体）建立良好的学习气氛、师生关系、工作规则，在了解、关爱学生的基础上实施有效的课堂管理。其中建立明确的规则、并一以贯之地执行，是一个基本的管理原则。

4.1 课堂教学气氛建设

课堂教学气氛又称课堂心理气氛，它通常是指课堂里师生之间占优势的某些相对稳定的态度与情感的综合。它是在课堂这个特定的时空中，教和学的双方在态度和情感体验上相互交流与感染的过程和状态，师生双方的因素都直接影响课堂教学气氛的形成和变化，尤其是师生的心理因素。

课堂气氛具有独特性、多样性和可转化性。不同的课堂、不同的教师、不同的学生，会产生不同的课堂气氛。不仅在不同班级上课可能会产生不同的课堂气氛，在同一班级也会因任课教师的不同而教学气氛各异，即使在同一教师的同一课堂上，也会因学生状态的不同和变化而产生不同的教学气氛区和不同的教学气氛段。比如，由于学生特点的差异和教师刺激影响的差异，同一节课中会出现前排学生学习情绪高涨而后排学生消极冷漠的反差，也会由于种种原因出现前半节课气氛拘谨呆板而后半节课气氛活跃热烈或相反的情况。类似现象涉及课程特点、班级特点等诸多因素，但都反映了教师对课堂学习环境和学习效果的影响。其中，教师的个人风格、采用的教学方法都会影响教学气氛的形成。

在通常情况下，课堂教学气氛可以分为三种基本类型：一是积极健康、生动活泼的课堂教学气氛，又称“支持型气氛”，其基本特点是学生求知欲强烈，思想活跃，学习气氛高涨，师生具有满意、愉快、互谅、互助等积极态度和情感体验，能把热烈和深沉、宽松和严谨在课堂上有机结合起来。二是消极、冷漠、沉闷的课堂教学气氛，又称“防卫型气氛”，其基本特点是学生缺乏求知欲和学习兴趣，态度消极而被动，情绪紧张拘谨，心不在焉，反应迟钝，人际关系不融洽。三是紧张、对立、喧闹的课堂教学气氛，又称“对抗型气氛”，其基本特点是学生在课堂上各行其是，故意捣乱，气氛混乱、紧张、对立、敌视，人际关系恶劣。

研究表明，课堂教学气氛在课堂上影响师生的思想和行为，影响教学的效率和效果，影响学生的个性和创造性的发展，而且也会影响学生的社会化进程。因此，良好的课堂教学气氛是实现有效教学的重要条件。

思考

1.请描述您在专业课堂教学中体验到的课堂气氛。“支持型气氛”“防卫型气氛”“对抗型气氛”，这三种气氛您是否都经历过？

2.请回忆并描述在每一种气氛中学生的表现以及您的感受，并反思这一气氛形成的原因。

影响课堂教学气氛的因素是多方面的，如学校的领导作风、教师的教学方式、班级人际关系状况、教学内容特点、课堂环境的卫生和美化等。下面，主要从内部因素即师生心理因素角度做简单介绍，并特别关注学生这一学习主体。

4.1.1 影响课堂气氛的学生心理因素

虽说课堂教学气氛是师生心理因素共同创造的结果，但教师心理因素对课堂教学气氛的作用主要是通过先对学生心理因素产生影响而得以体现。心理状态是指一个人在一定时间内心理活动的综合表现。学习的心理状态指学生在教学交往中心理运行的机能状态，如注意力、信念、热情、心境、觉醒、创造等。它对课堂教学气氛和学习活动的成效有着直接影响。学生在课堂上处于良好的心理状态时，也就是学生的注意、认知、情感、意志诸因素均处于适宜状态时，课堂上会出现和谐、积极、流畅的心理气氛，而不良的学习心理状态则会导致紧张、混乱、消沉的心理气氛。

1.学生的不良学习心理状态表现

紧张心理，学生学习负担过重，学习压力大，学习过程中的挫折，老师和家长施加的压力等，都是引起学生紧张心理的主要原因。紧张心理状态会抑制大脑皮层的兴奋水平，产生智力麻痹现象，机械、重复、混乱的反应会大大增加。恐惧心理包括对某学科、某教师、课堂提问、考试、批评等多方面的恐惧，甚至是对学校的恐惧，这种恐惧一旦达到一定程度，不仅会对学生心理产生严重伤害，甚至会产生病理性反应，造成学生学习障碍，严重妨碍学生学习。学生的压抑心理往往与教师的态度作风有关，教师过于严厉专制，工作方法简单粗暴，不尊重学生，随意伤害学生自尊心，都会引起学生的压抑、不满和反抗心理。压抑心理是逆反心理的源泉，是形成不良人际关系、破坏教学合作的主要因素。压抑心理主要表现为精神不振、没精打采、闷闷不乐、消极沮丧等。压抑心理在学生中具有普遍性和经常性，既会由主观原因引起，也会由客观原因造成，既会由教师因素引起，也会由其自身因素引起，十分复杂。压抑心理会对学生思维、学习的主动性、学习兴趣和求知欲产生抑制性影响。松散心理主要表现为精力不集中，贪玩好动，坐立不安，交头接耳，自由懒散等，其主观原因在于学生缺乏学习的内驱力和自控力，客观原因往往在于教学内容的枯燥和教学方法的呆板。松散心理在课堂上具有明显的外显性，对课堂教学气氛的影响也比较直接。

2.学生的心理动力因素

学习的心理动力系统是指推动学生学习活动进行和完成的主体心理动力的各个方面，它包括学习动机、目的、兴趣、志向、态度、求知欲、责任感和成就动机等。其中学习动机、兴趣和态度是教学交往中学生心理动力系统的主要成分。学习动机是推动学生进行学习活动的内部动力，是学习需要的体现，表现为学习的意向、愿望和兴趣等。学习兴趣是一个最现实而活跃的心理成分，是学生乐于寻找知识或参与某种学习活动、积极进行教学交往的倾向，表现为好奇、求知、探究、操作、掌握等。学习态度是学生对学习的一种比较稳定的心理倾向性，反映学生在学习认识、情感及学习行为上的特点，它对学习材料有选择效应，并明显影响学习状态，喜欢还是厌倦学习，认真勤奋还是消极应付，都是学习态度的表现。学生的心理动力诸因素是互相影响、紧密联系的，其水平高低直接影响课堂教学气氛和教学交往的成效。

3.学生学习焦虑

学习焦虑是指在学习活动中产生的个体对当前或预计到的对自己的自尊心构成潜在威胁的情境所产生的担忧反应或反应倾向。学习焦虑可以分为高度、适度和低度三种。学生面临一定学习任务时，总是伴随着一定的学习焦虑，而这种学习焦虑对学习活动的影响十分复杂，学习任务复杂性的差异会产生不同水平的学习焦虑，而不同水平的学习焦虑对学习活动的成效也产生不同的影响。

4.1.2 影响课堂气氛的教师心理因素

从教师的角度看，教师的心理因素是构成课堂教学气氛的一个方面，教师在师生关系中所处的优势地位决定了教师的心理因素能够调控学生的心理因素，教师是课堂教学气氛调节和控制的关键和主导者。教师的态度、移情、期待和焦虑影响着课堂教学气氛。

1.教师的态度

教师的态度是指教师对学生和教育所具有的认识、情感、行为特征各个侧面的比较持续性的反应倾向或反应准备状态。一般可分为专制、放任及民主三种态度。持专制态度的教师，往往对学生采取高压控制，习惯运用惩罚措施，师生间缺乏沟通，信任度低，形成的课堂教学气氛不是冷漠就是紧张对立。持放任态度的教师对学生采取自由放任的态度，对学生的需求不加限制，表现在课堂教学气氛上多为松散、混乱，但如果教师把握得好，也会出现轻松热烈的气氛。持民主态度的教师对学生既严格要求，又充分尊重，启发学生自觉自治，与学生和睦相处，表现出的课堂教学气氛轻松、活跃、热烈、理性，学生情绪高涨、思维兴奋。

2.教师的移情

教师的移情是指教师将自身的情绪或情感投射到学生身上，感受到学生的情感体验，并引起与学生相似的情绪性反应。移情使情感的各种功能在教学活动中得以发挥。移情的教师会让学生更多地参与课堂活动，获得较高的成就，形成更高水平的自我意识。教师的移情也会使学生的情感在教师和学习任务之间发生转移，更好地完成学习任务，使教师与学生的意图、观点和情感连接起来，在教学情境中形成暂时的统一体，从而有利于创造良好和谐的课堂教学气氛。

3.教师的期望

教师的期望是指在师生互动过程中产生的教师对学生未来发展潜力的心理定位。教师的期望有积极的期望和消极的期望之分，并表现为不同的期望水平。

现有的研究表明，教师的期望通过四种途径影响课堂教学气氛：一是接受，教师通过接受学生意见的程度，为高期望的学生创造亲切的心理气氛，为低期望的学生制造紧张的心理气氛。二是反馈，教师通过提供不同程度的反馈，使不同期望的学生产生不同的心理气氛。三是输入，教师通过提供难度不同、数量不等的学习材料，使不同期望的学生产生不同的心理气氛。四是耐心，教师通过允许提问和回答问题以及对学生的耐心程度的差异使不同的学生产生不同的心理气氛。

4.教师的焦虑

教师也会因经验、知识储备、心理素质等差异而产生不同水平的教学焦虑。教师的教学焦虑对课堂教学气氛有明显的影响：教学焦虑过低，教师就会缺乏激励力量，对教学、学生容易采取无所谓的态度，师生之间很难引起共鸣，容易形成消极松懈的课堂教学气氛；教学焦虑过高，教师在课堂上总是担心、紧张，唯恐学生失去控制，害怕教学产生失误，担心完不成教学任务，处处放不开，对学生问题行为往往做出不适当的激烈反应，同样会造成消极、紧张的课堂教学气氛；只有当教学焦虑适中时，才会激起教师努力改变课堂现状，避免呆板或恐慌反应，从而推动教师不断努力，以谋求达到积极良好的课堂教学气氛，增强教学效果。

4.1.3 创造良好课堂教学气氛的策略

1.适度唤醒学生学习心理

学习心理包括学生的学习心理状态和心理动力系统，学习心理需要教师施以刺激以适度唤醒。当学生的学习心理处于适度的唤醒状态，此时学生是清醒的、警觉的，其心理状态和动力系统处于激活状态，对于即将出现的刺激有一种积极的准备倾向，这对保证心智活动的效率是非常必要的，也是形成良好课堂教学气氛的前提条件。

耶克斯—多德森（心理学家，Yerkes & Dodson，1908）定律表明，中等程度的心理唤醒水平最佳，心理唤醒水平过高或过低都不利于解决问题，从而也不利于良好课堂教学气氛的形成。心理唤醒水平对课堂教学气氛的影响也与学习任务的性质有关：在完成简单任务的时候，较高的心理唤醒水平有利于良好课堂教学气氛的形成；在完成复杂任务的时候，较低的心理唤醒水平有利于良好课堂教学气氛的形成。

因此，教师应全面了解学生的身心状态，并利用各种因素来控制学生的心理唤醒水平。首先教师可以利用各种环境因素唤醒学生做好学习准备，其次教师可以通过向学生展示需要对象和学习活动间的联系来唤醒学生的学习心理，这其中最重要的是要通过直接唤醒学生对活动本身的好奇心来唤醒其认识的需要，激发学生的学习兴趣和求知欲。

2.控制适度焦虑

焦虑对学习活动和课堂教学气氛的影响与教学任务和活动主体的能力有关，高焦虑与高能力或简单任务的结合，低焦虑与低能力或复杂任务的结合，对教学效果和课堂教学气氛具有促进作用。一般说来，焦虑程度过强或过弱都不利于教学效果和课堂教学气氛，适中的焦虑才是有益的。对于焦虑度偏低的学生，适于采用有较大压力的教学措施与测验类型，以促使其焦虑水平由低趋于中等；对于焦虑度偏高的学生，宜采用压力较低的教学措施与测验类型，以使其焦虑水平由高趋于中等。

有经验和有成效的教师最突出的特点之一是感知班集体“焦虑程度”的能力，并采取措施调节学生的学习焦虑。

3.激发教学中的“情”“趣”因素

这里的“情”指情绪和情感因素，“趣”指兴趣。教学活动充满热烈的情绪和浓厚的兴趣，既是产生良好的课堂教学气氛的重要原因，也是衡量课堂教学气氛的重要标志。

教师本身的情感表达及其对学生的移情，会感染学生，引起共鸣，从而使课堂上出现某种情感状态，形成某种心理气氛。所以在教学过程中，教师要避免自身的消极情感因素，要具有理解学生的敏感性，即善于觉察出学生在课堂上的需要和情绪变化，体会到学生当时的情感状态，并做出恰当的情感表达和移情反应。教师还要善于运用新颖、多样的教学方法，激发学生的求知欲，唤起学生的学习兴趣，形成浓郁而生动的课堂教学气氛。

4.真正确立学生的主体性地位

确立学生的主体性地位，是一个十分重要、亟待转变和落实的教育观念。由于受传统教学观念的影响，在教育教学实践中，尽管我们也强调重视学生的主体性地位，但在实际操作中往往还是停留在理论层面，停留在表面现象上，而没有落到实处。保证学生的主体性地位是激发学生学习积极性的根本保证，也是构建积极健康的课堂教学气氛的根本保证。但是这一观念的转变与确立必然会对师生的教学心理和学习心理产生决定性的影响，如教师的教学态度、教师对学生的期望、学生学习的积极性和主动性等，从而成为影响课堂教学气氛的重要条件和手段。

5.在教学活动中建设班集体学习文化

（1）培养班集体积极的学习价值共识

形成积极的学习价值共识是班集体建设的核心内容。教学活动的目的，不能仅仅停留在学生知识、技能的掌握上，更应致力于形成学生集体和个体积极的学习价值观，所谓积极的学习价值共识，即集体成员对学习的目的、意义抱有积极共同的看法，这种共识是影响每一个学生学习动力的精神力量，是引导学生学习行为的关键。因而，在课堂教学活动中应借助具体学习内容和学习方式，唤起学生集体内在的学习需求，具体揭示学习内容对于自我发展和社会的意义，并让学生集体在学习活动中能真实地体验到学习的意义。

（2）把教学目标任务转化为学生集体和个体的学习目标任务

教学目标对于学生而言，往往是外在的，只有转化为学生集体和个体自觉的学习目标和需要时，才能激发集体和个体的学习动力，使教学活动转化为学生集体自觉的创造性的学习活动。因此，在教学目标、任务设计中，教师要充分考虑学生的学习经验、特点和需要，使教学目标切合学生，具有生成的张力，通过学习内容的设计，巧妙地把教学目标任务融入学生集体和个体的学习情境之中，使学生集体感到的不是被动接受学习，而是自觉参与的有意义的相互支持的学习活动。此外，教师还可以采用与学生集体共同商定课堂学习目标任务等方式，使学生集体成为课堂学习目标任务的制定者。

（3）组织有效的集体性教学活动

所谓集体性教学活动，是基于集体成员合作互助，促进集体与个体互动发展的教学活动方式，即能使教学活动具有集体教育的价值和发挥集体教育潜力的活动。组织有效的集体性教学活动的关键在于：首先，建立相对稳定的班级学习小组，使每一个学生都成为学习小组的成员，并帮助学习小组建立必要的互助制度和合作学习的关系。其次，灵活选择集体性教学活动方式。集体性教学活动方式可以是小组合作式学习，也可以是班级集体的交流分享式学习。小组合作式学习关键在于要有合作学习的共同目标，设置适合合作学习的任务，合作能激发每个学生自主学习的潜力。总之，合作学习不是一种形式，而应具有集体教育的意义和促进有效学习的价值。

（4）营造良好的课堂学习气氛

良好的课堂学习气氛是班集体在学习活动中一项重要的社会心理指标，是集体主动性、人际关系、情绪态度、学习效能的反映，它可以影响每一个集体成员的心理和行为。营造良好的课堂学习心理气氛是教师在教学活动中培养班集体的重要策略。作为教师应努力调整自己的角色心态，通过建立积极平等的师生关系，开展有效的师生、生生互动，并根据学习任务的特点创造相应的集体学习情境，如轻松幽默的情境、紧张探索的情境、真诚交流的情境、体验成功的情境等，从而激活集体心理气氛，使集体获得各种积极的心理体验。

（5）开展集体性学习评价

集体性学习评价包括两方面：其一，学习集体对自己学习过程和结果进行评价；其二，教师对学习集体的评价。通过集体性学习评价，关注集体并利用集体的动力与强化作用有效地影响每一个学生的学习态度，同时发挥评价对班级集体建设的促进作用。具体方式包括：让学生在小组中相互交流学习结果，开展相互评价；教师对各小组集体的评价；引导小组集体之间相互评价、自我评价等。总之，教师应把学习集体作为教学活动评价的对象和手段，通过集体性评价强化集体的反思共识，激活学习小组和班级集体的学习活力，使学生的学习过程具有社会性互动的意义，通过学习集体的自我评价实现班集体的自我教育与发展。

（6）教师应成为集体学习活动的设计者和促进者

在教学活动中建设班集体，关键在教师。教师作为集体学习活动的设计者，应当改变传统的以知识“教授—掌握”为线索的教学活动设计模式，而把集体学习情境作为设计的重点，把课堂教学视为是师生学习共同体建构的过程。把教学目标、任务、内容、方式等整合在一个个动态的集体性学习情境之中。在教学活动中，教师应通过积极互动成为集体学习活动的促进者。除此之外，班级的所有任课教师都要以促进班集体建设为共识，摒弃急功近利的教学思维方式，积极改革教学活动，才能使班集体建设和提高教学质量获得双赢的局面。

4.2 教室物理环境创设及媒体技术

思考

1. 回想您目前上课的教室，您觉得这个环境给您什么感觉？如果有可能，您希望可以改变哪些设施、布局？

2. 请描述您心目中的理想教室。

3. 您学习的学校有经济与贸易专业的实训室吗？您使用实训室的频率大致是每学期多少次？您如何评价该实训室的设施和教学效果？

当前中职国际经济与贸易专业教学的物理环境根据地点可以分为校内和校外企业实训基地两类，鉴于教师和学校对校外实训基地的影响力有限，因此重点聚焦于校内。根据当前现状，校内教学的物理环境通常都清楚地划分为教室和实训室，其实也反映了课程和教学中的一种根深蒂固的观念：将教学内容中的概念、原理等理论知识的学习与技能的训练截然分离。对职业行动能力的关注以及校企合作的匮乏，使得实训室建设成为中等职业教育的关注和发展重点。然而，两种教室的融合也许是值得教师在教学设计中考虑的设计方向。

4.2.1 传统教室——不可忽视，但须改造，突出特色

教学过程的实施场地离不开教室，教室作为学生学习活动的主要场所，其环境布置应该有利于促进学生的积极思维、积极行动。一讲到教室，人们脑海中往往想到的是黑板、讲台、一排排课桌。设施条件虽然有地区间、校际的差异，但基本格局变化不大，通常都是高讲台、低课桌，配有黑板、粉笔。针对特定的教学内容和特定的教学方法，还可以准备挂图和张贴板。

部分学校、教师逐渐加配多媒体投影仪或者实物投影仪。这已成为学校当前在教学环境建设中的重要潮流。丰富的教学设施当然有助于实施各种教学方法，提高教学效果，比如电脑白板（展示学生和教师的课件）、实物投影仪（直接展示学生课业结果）、几台可供学生上网查询资料的电脑、大型白纸（展示课业成果）、裁刀等。如果每间教室都配备与局域网及互联网相接的计算机和先进的投影设备，则可以方便、高效地播放课件、展示动画、虚拟情景、查阅资料等，充分利用技术手段提供更丰富的学习环境，培养学生使用技术媒介的能力，便于师生共同查找资料，有效地提高每节课的工作量和效率，有助于激发学生兴趣，为教师的教学设计创造更好的技术支持条件，以改善学习效果。

当然资金问题常常会限制教室的设备条件。但有些创设工作并不需要多大的资金投入，而是需要观念和意识的改变。学校与学校的差别、班级与班级的差别在教室环境的布置缺少非常明显的体现。部分学校教室环境常常不够美、学生对教室的布置少有主动权和参与的机会，环境布置多注重教化及单纯的美化，比如张贴各种名言警句、各种图片，对教学的方便考虑得不够，比如对墙壁的利用还有相当大的余地，完全可以考虑利用简单的

工具，比如钉、线、透明胶纸等为教学提供更便捷、实际的展示机会。

教学内容不同和教学方法不同，所需的教学教具也不相同。国际经济与贸易专业教学中，常利用情境或采用角色扮演等模拟教学法，因此，教室的桌椅最好是便于重新设计、组合的活动桌椅，以便于教师根据教学的实际需要进行转换和调整，比如组合成各种小型的合作学习环境，如六角形、正方形等，便于学生分组讨论。

4.2.2 实训教室——科学投入，物尽其用，方案开发为先

全日制职业教育中，实训室提供了模拟工作环境，为学生的技能训练、职业角色意识的培养提供了重要的物质基础，成为学校环境建设中必不可少的重要元素。然而实训室环境建设比教室环境建设更为复杂，一方面是资金投入大，另一方面方案设计要有总体的理念和方案指导，建设的困难很大。

调查结果显示，从投资规模上分，实训室建设分两类：一类是学校自投建设的小型实训室；一类是政府支持的大型综合实训中心，比如，上海市在政府的支持下，建设了五所国际经济与贸易开放实训中心。

不论哪一类，实训室建设都着眼于三个方面：一是环境布局，二是功能布局，三是实训模式。环境布局是希望提供一个与一线工作环境相匹配的实训环境，包括实训设备与一线相匹配，这部分主要是硬件建设。功能布局是实训室提供哪些技能训练，这部分主要是教学软件和实训软件的开发与建设。实训模式实际上就是课程建设即课程方案。

以东北某职业学校为例，国际经济与贸易专业实验室配有1台服务器、100台终端电脑、1套安装外贸操作平台软件。实验室建有国际经贸综合仿真实训中心，采用职场化的场景设置，模拟外贸业务操作的实际，共包括功能相对独立的三个区域，分别为办公操作区、业务洽谈区、政府监管和公共服务区。在办公操作区，设置出口、进口业务部门，共20多个工位，每个工位设1套办公桌椅、必要的办公用具以及1台连通网络服务器的办公计算机。在业务洽谈区，放置了供正式谈判的桌椅一套及样品陈列柜。在政府监管和公共服务区，设计了柜台式的布局，涉及为外贸业务监管及服务的各个相关部门，包括银行、海关、商检、保险、外汇管理以及货代等各个服务窗口，在每个办公操作柜台配备了必要的设备，包括连通网络服务器的终端电脑、数码相机、传真机、打印机、电话机等；在公共服务区设置等候区，放置了连排椅。除此之外，学校还开辟校园网教学网站，建成国际经济与贸易专业课程的精品课网站，开辟网上答疑系统，每天都安排教师在线答疑。

从上海市实训中心建设情况看：环境越是仿真，资金投入越大，学生训练的兴趣也越浓。在与上海市国际经贸实训中心建设单位交流中发现，实训中心建设不仅提高了学生的职业技能，提高了学生的学习的兴趣，还促进了教师积极进行课改，推动了教师下企业实习的意愿，使教师摆脱了只知知识不知实践的局面，知识应用性教学大大加强。由于知识的目的性及情境性增强，学生学习的兴趣也有所增加。

但是，实训投入及学习效率这一函数关系也面临边际效用，即达到一定峰值后逐步降低的困扰。再真实的场景和设备，也会面临兴趣和效率下降的风险，根据德国最近的调查结果，双元制企业真实环境下的学徒工因真实职业活动和职业环境引发的学习兴趣也会经

历从一开始的高涨到中间逐渐低落的一个发展过程①。最终教学或者培训的内容、方式和方案还是关键的影响因素。根据一线教师的体会，妨碍实训室利用的因素有以下几点：(1) 教师的一线经验不足；(2) 师资数量有限；(3) 实训案例开发不到位；(4) 实训教学经验不足。国际经贸实训在近几年刚刚开始进行，教师对模拟环境中的教学缺乏经验和反思，教学模式还需锤炼。其中最缺乏的是学习材料，教师囿于自身经验，在实训教学设计中表现出的最大困难是涉及模拟的学习任务，提供相应的价格、流程、文件等方面的业务数据。

国际经贸实训中特别要注意企业版软件与教学版软件的区别。企业版软件关注的是信息流动的及时性、准确性，但教学中学生掌握的重点则是业务流。两种软件有着目的上的区别。企业版软件中很多需要学生学习的专业过程都已由后台完成，而这正是教学的重点与难点。因此，实际教学中，要注意企业版软件的教学化。此外，被调查学校反映：尽管业务是真实的，使用的也是企业版的真实软件，但由于教师一线经验不足，对很多工作细节不了解，还是无法达到仿真训练。

实训模式是提高实训效果的关键所在。研究发现，实训模式基本可归纳为两类：

(1) 单一训练模式。单一训练模式是指一个人独立完成一笔业务。单一训练模式既可以用在每个单元的训练，也可以用在一门课结束后的综合训练。这种训练模式效率高，但是，学生训练的兴趣相对低一些。这要求教师有较好的管理手段。目前，有一些软件带有评分系统，尽管不准确，但是，还是可以分级测定学生的成绩，而且学生对这个成绩非常感兴趣。这在一定程度上提高了学生训练的主动性。

(2) 综合协作模式。综合协作模式又称为模拟和竞赛模式。它采用的是分组角色扮演的方式，完成一笔业务，看哪组完成得快、结果好。实践发现，它比较适合有多角色参与的业务。现实教学发现这是学生最感兴趣的一种模式。它比较适合一门课程结束后进行综合训练，也适合一笔进出口业务的综合实训。

一笔业务从签订合同开始到通关出境直至外汇核销，会涉及多门课程，如进出口贸易实务、国际货运代理、报关与报检。如果实训室就一个教师，即使教师对这几门课都很熟悉，也很难招架，因此，这样的实训最好有教师团队的合作教学。

4.2.3 校外实训基地——不可或缺、形式多样、加强建设

安排学生到校外实训基地学习作为提高学习兴趣、改善学习效果的良好途径，在职业教育中一直受到极大推崇。其中，学生可以获得企业行家指导，参与企业外贸业务操作。如参与租船订舱、保险、企业制单结汇等工作；有报关员及报检员资格证书的同学协助企业报关、报检工作。如果这一过程不是仅仅集中到最后一年，而是在整个学习中做到工学结合、工学交替，学校为企业经验提供反思性的深化，这样的实训才会有事半功倍的效果。还可以不定期邀请实习基地有经验的相关领导、技术员到学院进行指导、开展讲座。

有些地区的某些职校利用校办企业为学生提供实习实训机会，充分发挥生产型学校的特色，比如开办自己的旅行社、饭店、电脑技术服务公司等。但在国际经贸领域比较少见。如若管理得当，理念合理，切实对学生的经验加以专业的反思与辅导，这一真实的经

① 徐涵. 学习领域课程方案在德国的实施效果-基于最新职业能力测试结果的比较 [J]. 中国职业技术教育. 2010 (6).

营环境确实有利于学生能力的培养。

最好的实训基地应是在某种程度上起着人才孵化器的角色，即学生通过实训基地的学习和训练可以直接进入到工作岗位担当起自己的职责，而不需要再到工作岗位上重新摸索。但这种理想的实训基地在今天中职学校大多不是企业办学的情况下很难真正找到，这种理想的实训基地的打造也是今天加大力度加强校企合作的初衷与努力方向。

第二部分
国际经济与贸易专业教学法及其应用

学习目标

- 在了解重要学习理论的基础上，审慎选择和灵活运用特定教学方法。
- 了解并批判性地审视不同教学内容的教学法设计思路。
- 思考学习任务在教学中的作用。

职业教育的课堂应该是焕发师生生命活力的地方。然而，毋庸讳言，当前中职校的课堂教学低效、无效现象颇为常见。教师教得辛苦，学生学得痛苦的现象不在少数。目标单一的教师讲授式的知识传递和演示—模仿的技能训练，乃是比较常见的教学法思路。这些教学法在调动中职校学生学习积极性、深化学生学习质量等方面有着比较明显的困难。

教师对师生角色和目标的定位、对知识价值的理解等观念在很大程度上决定了他们对教学法的选择，是他们教育教学理念的具体体现。通俗地说，有人认为帮助学生通过考试、掌握知识乃是教师的最高责任，认为要应用现实成人世界的习俗、规范去塑造年轻人；有的教师则选择在知识学习的过程中培养学生求真的意识与求知的方法，将学生个性与德行的发展置于重要的位置。相应地，在课堂中也会出现不同的教学方式及教学取向：强调课堂教学的管理，专注于通过有效的教学活动以帮助学生对知识的娴熟掌握，注重绩效，但也忽视了个体的本性和兴趣、不同学科的特殊性、学生的不同需求等也很重要的东西，教师更多的是一个管理者；或强调对知识进行开放、深入地讨论与探究，注重学生在学习过程中的自主发展之可能，教师更多的是一个促进者，在充分了解学生的前提下促进学生在能力与人格上的全面发展。在某些学者看来，这些教学理念之间不可调和，也有研究者从教师实践的立场出发，认为理论层面互不相容的东西在实践中未必如此，实践中教师可能不会同时使用这些方法，而是相继使用，同一个教师在不同时候、不同情境下依次甚至是配合使用几种体现不同理念的教学法。教师必须根据教学实践和环境的特殊性汲取各种教学法的优势。对于处在不同发展阶段、不同教学风格的教师而言，这一折中的观点对于他们无疑是一种支持，有助于他们在理想与现实的矛盾中找到平衡。作为教师的您，秉承的是哪一种理念，在实际教学中又是怎样的一种教学法取向呢？

总体而言，不同教学取向及教育理念必然会影响教师对具体方法手段的选择与阐释。比如，案例研究必然会比讲授允许更多的学生参与及发表不同意见，但教师对案例研究教学法的个人阐释又必然会影响着学生参与及发表不同意见的开放度。教学方法是教育者将受教育者的各种知识质素、行为规范内化为其主观世界的一部分，以及培养其特定行为能力的各种手段和途径的综合。

这些方法作为达成目标的途径，从形式、工作步骤、呈现方式等方面“对内容进行包装”，使教学活动对学生更具吸引力，促进学生对内容的理解。每个教学方法其实都体现了某种特定的教育教学理念，而这些理念又通过它的社会交流形式、活动类型、工作步骤彰显出来。

社会交流形式包括教师的单向讲授、学生的个体工作、结对子、小组等合作学习形式。社会交往形式往往直接体现了教师对学生在学习活动中地位和作用的评价。

工作过程则可能是导入、演示、巩固练习、评估；或者是导入、问题描述、起草解决方案、演讲、评估、巩固学习。这两种过程体现了不同的教学思路。与各个工作过程相对应的则是师生的具体活动，包括学生的报告、争论性的谈话、卡片的展示、多元影像媒体的展示、教师的指示、学生的自学、角色的扮演、计划的演练、案例的分析、示范等。可以发现，具体活动与教学法之间有着非常密切的关联。很多教学法直接得名于其中蕴含的主要活动，比如案例分析、角色扮演。

最后，也是最为重要的一点则是：这些具体的师生活动是否有一个具体的任务背景？教师通过特定教学法形式组织学生完成的学习任务到底是何种类型？是让学生复述教材中的概念定义、原理内容，还是在教师演示后模仿，抑或提出一个问题性的任务，由学生自己尝试解决？

最终，学习任务的设计与实施在最大限度上决定了教学法的工作步骤、学生活动形式、内容及最终质量。一个并不具备探究和思维挑战的任务，不需要合作的社会形式，也不会出现争论的学生活动，而作为学习任务的案例分析，如果大部分由教师承担，则仍然是教师讲授的教学法思路。

为了更好地理解教学法的应用背景，有必要简要回顾当代关于学习机制的一些观点。学校教育的目的一方面在于理解并掌握人类已有文化与文明的知识传承，另一方面更在于学习和解决问题的能力培养，以及形成健全人格，并积极地参与社会生活，规划个人生活的教育目标，即专业能力、方法能力、社会能力和人格能力的培养。这四个维度也是对教育学中“成熟”状态的具体描述；各个具体学科、专业或职业的学习都是达成这些目标维度的内容载体。这一点虽然已成为现代教育界的共识，并成为课程和教学改革的目标，然而，很多时候，现代教学环境下的学校教育机制常常将教学目的异化为通过考试、获得证书。作为教师，有必要时时提醒自己，学生的学习并不只是在学校和课堂中发生，更不仅仅是为了应对学校生活，而是培养学生专业能力的同时要培养学生终身的学习能力，这也是中职教育知识目标、技能目标和素质目标的体现和努力方向。

而要使课堂教学这种人为的学习方式提高效率，改善效果，了解人的学习机制是必由之路。各种学习理论都从特定角度尝试做了丰富的解释，比如行为主义、认知心理学、建构主义、人本主义、社会学习、系统理论、行动导向等理论分别从不同角度解释了各种学习形式。各位教师可以从很多地方了解到这些理论的基本立场、发展渊源及其在教学中的应用。但也请注意，要仔细分辨资源和信息的质量。有很多文章对某种理论常常做断章取义的阐释，因此，读原作并多方印证永远是最值得推荐的方式。

根据认知心理学的解释，学习是认知结构的发展，是认知结构在质与量上的丰富与深化。从教学视角转换的角度而言，人本主义和建构主义有着非常重要的意义。人本主义肯定了人类天生的学习愿望和潜能，指出这些愿望和潜能可以在合适的条件下释放；当学生了解到学习内容与自身需要相关时，学习的积极性最容易被激发，而在一种具有心理安全感的环境下可以更好地学习。这一点对于教师在具体教学方法设计中对动机的激发环节设计至关重要。建构主义学习理论是20世纪90年代以来对教育教学研究影响重要的思潮。它从哲学和神经科学的角度探讨知识的形成，重新定义学习。比如Fosnot认为，学习并不意味着有更多发现，而是通过一种不同的方式或结构去解释。它凸显了学生在学习活动中的主体作用、学习主体与外部环境之间的相互关联与互动、学习中社会合作的意义。认为学习是一种能动的活动，知识不是通过教师传授得到，而是学习者在一定的情境（如社会文化背景或真实的场景）下，借助他人（包括教师和学习伙伴）的帮助，利用必要的学习资料，通过协作与会话，进行意义建构而获得。而这一知识的建构既不是来自主体，也不是来自客体，而是来自两者的结合及互动。而富有问题性、能够促发学生认知矛盾的学习任务正是在教学环境中辅助这一认知建构的重要诱因。

20世纪70年代在德国兴起的行动导向教学方案因指向行动能力在职业教育的理论和实践中得到特别的重视。它从系统科学和认知心理学的角度强调完整的行动及其流程对于学习的意义：定义问题、查找信息、做出决策、制订计划、付诸实施、检查总结。这一套程序实际上是任何一个指向问题解决行动的共同特点。它将教学目标与社会的需要、职业的要求结合起来，将教学内容与工作内容紧密结合，基于特定的工作任务设计学习任务，在职业教学的教学中促生完整职业行动过程的再现，让学生在“行动中”通过对行动的计划、执行与反思理解相关专业知识，并获得与未来职业相关的综合职业能力及更为广泛的社会交往及方法能力。行动导向因而成为长期以来主导职业教育改革讨论的关键词，而促发行动的问题性任务也成为教学改革中的关键主题。

国际经济与贸易专业教学的实践中，基于专业内容的特点，教学方法的运用是有不同选择的（这在2.1中职校国际经济与贸易专业教学内容的特点这一节中已有详尽阐述）。为此，鉴于国际经济与贸易专业应用性的特点，国际经济与贸易专业教学法及其应用部分加强了对国际经济与贸易专业核心知识和技能的遴选，以具体教学内容为背景，探讨具体教学方法的运用。

第5章 任务驱动教学法

学习目标

- 了解任务驱动教学法的内涵与目的。
- 了解学习任务的类型与设计。
- 了解学习任务的特征与可能的设计思路。
- 理解可能的课堂演进、教师任务及典型困难。
- 理解学习任务与工作任务的异同及转化的典型困难。
- 学习任务驱动教学法及其课堂应用，在对任务驱动教学法的应用中进行教学评价和反思，在模拟教学中提升运用任务驱动教学法进行教学的能力。

5.1 方法介绍

5.1.1 任务驱动教学法的内涵与目的

任务驱动的教学法模式可以说是当前职业教育实践中的一个重要特点。然而，学习任务到底是什么？有哪些类型？可以从哪些维度促进并反思学习任务的设计？可能的课堂演进过程是怎样的？教师在这种教学策略中的典型困难有哪些？基于工作过程的课程中的工作任务与它的关系又是如何？下面尝试从这些角度展开，分析教学实践中的典型困难，提出可能的改善思路。

思考

1.学习任务是什么？

2.设计任务是为了达到什么目的？

3.任务与教学主题如何建立联系？

4.如何对任务进行教学处理：何时引入、如何呈现、如何提问、如何总结？

5.师生各自的角色是什么？具体表现为怎样的活动？

6.如何组织讨论？该任务可能会促进哪些技能的认知、实践和情感能力的发展？

7.每个任务的教学组织中相应可能会出现怎样的场景（教师行为、学生行为）？

课堂上，学生学习什么来源于教师提供的学习材料或任务（Learning tasks）。所谓学习任务，指使学生集中于特定任务而进行的课堂活动。真正有意义的学习任务可以为学生提供更多思考和自主探索的机会，从而加深学生对概念的深层理解和提高学生自主解决问题的能力。

什么是任务驱动教学法呢？概述之，它意味着教师着眼于学生行动能力的培养目标，借助学生生活经验、预备知识或相关职业情境，根据学生认知水平，设计不同类型的学习任务，为课堂教学提供最重要的输入信息，以完成具体的“任务”为线索，将教学内容巧妙地隐含在“任务”之中，学生受强烈的问题动机的驱动引发积极思维和行动，并使课堂教学形成非标准化的任务解决程式，在师生、生生民主、平等、多维度的协商交流中以互动的方式，进行自主探索和互动协作，通过对学习资源的积极主动应用，促进学生对职业相关的科学原理、概念、规则、工艺流程等的深入理解与掌握，暨对专业关联知识的有意义的深度学习。

提倡通过智性学习任务促进学生对专业内在关联的理解其实早有传统：德国的Martin Wagenschein和提倡发现式学习的Jerome Bruner都是代表人物。而20世纪90年代以来的建构主义思潮则使得这一主张成为共识：有意义的学习被视为由认知干扰诱发的认知结构的扩展和重组（同化和顺化）；所谓干扰，则是外界提供的信息无法由主题通过原有的知识结构得到有意义的阐释，而个体所处的社会环境既为他的这一学习过程提供体验、材料，也提供检验。学习任务的教学策略就是倡导教师通过对学生的分析、对专业内容的深刻领悟，设计并以合适的方式提供学习任务，通过这种有计划的干扰构成促发学生的学习动机，使个体进行有意义的个体深入学习及团体间的社会交流（建构）成为可能。

之所以要在教学中采用学习任务，是因为它为在学校环境中促进自主学习提供了可能：

（1）促进学生终身有效的学习，并对学习方法进行检验（过程维度）。

（2）促进学生学习的动机、兴趣和方式（建模、控制、投入维度）的启发和养成。

（3）促进对所学内容的有意义的深度理解及对专业关联知识的理解，并拓展将所学应用于实践的能力。

（4）促进对学生个体不同背景（前经验、预备知识、发展的可能性、学习困难程度）的关注，促进学习过程的个性化诊断，提供教学辅导的个性化切入角度（个性维度）。

智性学习任务教学策略的两大特点：其一是任务的性质：提出一个能对学生当前认知造成挑战及干扰的任务；其二是学习的过程中强调学生的自主思考（建模）和交流。

任务驱动教学法强调，建立教学内容与学生的日常生活以及今后工作活动的联系，帮助学生意识到学习对于生活和工作的实际意义，要求“任务”的目标性和教学情境的创建，使学生带着任务在探索中学习。在这个过程中，学生可以通过探究及自主学习获得成就感，更大地激发他们的求知欲望，逐步形成一个感知心智活动的良性循环，从而培养出勤于思考、善于思考、主动学习的意识及能力。

这一教学模式并没有给定一种具体的教学方法，只是与直接讲授模式相对，旨在促进学生的自主学习。

5.1.2 学习任务的类型与设计

谈到学习任务，容易想到练习或者教师的工作指令：对已经习得（主要是通过讲授）的内容进行应用或者练习（练习题、应用任务、考试任务），运用已经熟知的图式来处理教师的工作指令，以之作为下步讲授的基础（说明性、计算性任务）。其实学习任务还可以有很多其他类型，而且从促进认知发展及理解专业关联知识的角度来讲，这两种还算不上真正意义上的智性学习任务。然而，即使是具有智性问题性的任务，仍然可以依据任务提出时对现实的反映方式进行以下区分：

其一是简单的模式化任务，条理清晰，现实情形已经过典型化的处理。通常描述一个简单的情景，主题单一，比如销售合同中的一个小小的问题，企业的一个投资决策。通常问题解决所需的所有相关要素都已列出，学生自己要做的不过是在任务或教材中寻找答案。

其二是复杂的模式化任务，主要是学习环境的复杂性得到提高。这可以说是当今教学实践中常见的潮流：比如设立虚拟企业、利用沙盘演习、学生自己经营商店等背景来提出任务。这些任务中提供的很多信息和条件在问题解决中只用得上一部分。学生需要辨认任务中所提供的相关信息，才能解决问题。

第三种类型的任务则通常充分保留现实的模糊、复杂状态，旨在通过一些饶有趣味的认知干扰促使学生对某个概念、事物的理解进行更为精细的加工，发现特定的相关联系。学生要在教师的帮助下才能理清其中的脉络。

这三类学习任务的智性挑战呈上升趋势，主要体现在学生需要进行独立自主的思考，常常会有程度及难度不同的学生建模过程。所谓学生建模，是指学生从一个给定的或自由选择或商定的角度，在学习环境中通过已有的（或者还可以另行提供的）信息进行选择、相互关联，考察这样产生的建构物是否合乎逻辑，是否完整，并对它进行阐释，依照选定的指标进行深入思考。学生提出自己的模型，并阐释性地将其与人类文化中已经存在的他人建模进行有机的关联。并非要学生通过几分钟的活动就“重新发现”人类文明几千年的成果，而要学生最后真正理解他人的模型，教师也不应该在学生建模的时候给予或多或少的诱导。对学生而言，理解科学模型或者专家知识的一个前提就是他们在自己建模的时候发现了其中的难处。学生自我建模的价值也就在于此，因此不应该“消灭”学生的这些模型。由于学生通常不具备开发“专业解决方案”的能力，因此，应该将他们的做法与解决方案或专业标准做一个对照和有机联系，否则课堂就容易流于随意。而这一现象在项目活动的某些阶段特别常见。

这种智性的学习任务可以是对文本的阅读，可以是解决模拟的工作任务，可以是某个案例中的问题，也可以是这些相互交错构成的更复杂任务。文本阅读的学习任务关键在于提出独立于文本的问题，这样才能促进对文本的主动、积极、选择性、批判性和反诘性的阅读（深层策略的应用），而不至于让学生成为被动复制文本内容的牺牲品（表面策略的应用），而后者在教学实践中是常见的现象。案例问题解决式任务中则要避免它过于个体、唯一和特质化的“情境性”，需要对结果以及解决路径进行推广、抽象层面的反思，才能发生真正的学习。

5.1.3 学习任务的特征与可能的设计思路

那么，在设计并反思智性的学习任务时，值得关注的因素包括哪些呢？或者，它的特点是什么呢？

学习者的学习动机：衡量的标准有很多，比如任务的问题性、情境性、与职业的相关性、自主的程度。

任务的开放度：这个开放度可以是要处理的问题，也可以指问题发生的背景、寻找问题答案的过程、行动和解决方案的多寡，这些都与教师的干预极度相关。

学生自主的程度：自主学习意味着可以自己设定目标和内容并选择、应用相应的策略、方法，而且能够自我激励，在学习过程之中和之后检查并修正目标实现的情况，必要时修正学习策略。因此，整个学习过程中学生有必要持续得到来自教师的回馈。

学生之间交流的程度：对一个课堂来说，学生在学习过程中积极参与、热情交流，是非常重要的。这个交流贯穿课堂的所有阶段。

问题性：封闭型的任务通常是按照已有的逻辑原理整理给出的信息。与之相对，问题型的学习任务则在目标和解决问题的手段方面都比较模糊、条理性较差。学生们必须积极主动才能确认目标和手段。

复杂性：包括两个方面：在引入课堂实施之前，一个任务就有一种客观上的复杂性。这个复杂性包括它所含要素、决策情形、涉及的各种评价规则。要让这种复杂性成功发展终成正果，既取决于教师的建设性干预，也取决于学生的不同建模。

情境性：如果所学知识和要解决的问题出现在对学生主体有意义的某个场景和背景中，学习会更有效果。学生在学习的过程中就开始反思自身生活中的某些现象。

处理过程的完整性：根据OECD的界定，一个完整的问题处理过程包括：定义问题、找出相关的信息和可能的限制条件、说明可能的解决方法、选择相应策略、对模型进行反思、对结果进行评估。

可以发现，这些因素相互之间有着深刻的内在联系甚至制约关系，相互交织形成一个蛛网。一个问题性不当又缺乏情境烘托的任务难以激发学生的学习动机，任务的复杂性在一开始就从任务提出的角度影响了任务的开放度，而教师对任务开放度的处理必然影响学生之间交流的程度。一个任务如果没有定义问题的过程，所有已知条件都很明确，那它的开放度和复杂性自然会降低，而学生之间的交流维度也不够深刻、丰富，甚至多余，学生自主学习的质和量都会降低。一个学习任务的设计关键在于这些因素之间相互协调，适应学生的当前发展，促进学生的可能发展。

设计学习任务的可能思路包括：间离、比喻、寻找出乎意料的相关性；提出矛盾，动摇、质疑原来的认知、日常经验；回顾历史：比如某些特定的经济政策、形式出现的历史背景，当初它要解决什么问题？比较不同时期的经济政策；鼓励提出假设，证明或推翻假设；关注当前的争论热点等。

5.1.4 可能的课堂演进、教师任务及典型困难

基于智性学习任务的教学策略，其具体的课堂演进过程可归纳为：任务的引入；师生就任务主题及工作方式进行协商；学生对任务的自主处理；学生处理结果的呈现交流；教

师在学生提供的资源的基础上进行的总结、深化和拓展。对应着每一个课堂演进阶段，教师也承担着不同的任务：任务的引入，对学生任务处理过程的诊断，最后则是任务的总结、深化和拓展，即呈现任务——明确任务——完成任务——任务评价。在任务驱动教学法的课堂教学实践中所重点关注的方面主要有：

1.任务引入阶段的动机激发、问题提出

任务引入阶段教师特别要注意对学生兴趣进行激发，与学生就任务主题和工作方式进行沟通。任务设计要从学生实际出发，充分考虑学生现有的文化知识，符合学生的特点，难易要适当，考虑认知能力、年龄、兴趣等特点，遵循由浅入深、由表及里、循序渐进的原则。考虑到中职学生的水平差距很大，因此任务的设计要有弹性，“不能让学生吃得太饱，也不能让其饿着”。这就是教学设计中对任务的扩展和细化，即对完成得好的学生应提出扩展的意见，对有难度的学生应给出细化的要求。

2.学生自主工作阶段的诊断与支持

学生对任务进行自主处理时，教师的核心任务是对学生的学习过程及困难进行诊断，并在必要的时候提供有针对性的辅导，特别要注意坚持让学生独立完成“任务”。学生在没有任何心理准备的情况下遇到任务往往有一个时间差，对任务的理解也有一个过程。如何在有效的时间内使学生完成任务而少走弯路，教师的辅导、提示如何既能有效又能不降低任务的认识水平，这对教师的教学智慧、对学科知识的深入理解都提出了很高要求。

思考

有建议说教师在学生处理任务时，可以说出首尾而忽略过程，并不固化步骤，以免禁锢学生的思维。您怎么评价这一说法？

任务设计中考虑学生可能遇到的难点，所以教师要针对重点、难点进行必要的分析，提供必要的支架，为学生提供必要而充分的条件，包括资源、环境，对干扰性的问题要引导学生学、练、研相结合，探索知识规律和奥秘，寻求获取知识、掌握科学规律的方法。对学生的尝试，教师应给予充分的肯定。

学生自主工作阶段，教师要注意从完整的行动过程这一角度提高学生解决任务的能力，培养学生形成信息的查找、计划、执行、检查等具体步骤的工作方式。

3.结果呈现阶段的总结与深化

任务的完成不等于学习的结束。学生的处理结果在质量上通常总体上欠缺，个体之间也有差异，但的确是教师应该用心加以利用的宝贵资源。在学生自主体验、探究的基础上，教师的引导对学生所获得经验的精细化、学生认识水平的提高、具体体验转化为抽象概念、零散的概念联结为相互关联的知识网络，都起着决定性的作用。教师要采用合适的方式促进学生对自身及其他学生学习过程和结果的呈现与交流，并能根据学生的结果引导学生理解专业关联知识的内涵特点。教师设计任务时对学生的结果可做一些基本的预测，这样在教学的检验与评价时就不会出现自己预想不到的结果，以免仓促之间没法解释或离题太远。要鼓励学生自主思考，从多角度发觉学生思考结果的价值，进行具体的鼓励。

教师的典型困难在不同阶段各不相同：其一是任务设计中创造力和编制的困难，其二则是课堂实施中的困难。创造力的困难一方面缘于教师缺乏对学科的深刻理解和批判式思维，无法挖掘和拓展专业关联知识的育人价值，因而很难跳出教材的逻辑，无法对教材进行深度加工，于是将教材逻辑直接设定为课堂教学逻辑；另一方面也缺乏对学生总体学习行为和专业学习上的特点、困难的了解与分析，很难从学生的角度审视专业知识的理解与习得，编制的困难通常体现在对合适材料的获得与收集，选择适当的任务呈现方式，比如任务的语言风格、问题的提出等。实施中教师则出于传统的计划控制心态，无法真正实现民主和充分的交流，有意无意地限制了学生自主学习的程度与范围，不能很好地利用任务的开放度，降低了任务的认知水平，对学生自主学习中生成的资源视而不见，选择忽视与压制的做法，剥离了其后的专业总结、深化与学生自主学习结果及过程之间的关联。

5.1.5 学习任务与工作任务的异同及转化的典型困难

2004年以来，中职课程改革中提出工作过程导向这一理念，强调面向职业世界，提倡以职业典型的、情境性的工作任务为学习内容的载体，希望借此打破学科和科目界限，基于工作过程的逻辑实现科目之间的有机融合，培养职业行动能力。任务驱动教学法就是在这一背景下在中职校尤其是上海地区的中职校得到推广：教师围绕特定的教学目标，根据职业活动的相关性和典型性，设计具体的、可操作的学习任务，学生通过讨论、沟通、实操、询问、探究、总结等各种形式及完整的行动阶段（咨询、计划、执行、检测）完成任务，以达到学习目的。其中，特别重视职业技能的培养，注意教学目标与企业需求暨社会需求的结合，通过教学内容与工作内容紧密结合，获得与将来职业相关的综合职业能力。

这一教学法通过典型的职业情境和典型的工作任务激发学生的学习动机。典型性、行动导向等是任务驱动教学法的中心原则，主要任务是依据典型工作任务基础上发展而来的学习任务。学生在“任务”的驱动下，展开协作学习活动，教师引导并帮助学生由简到繁，由易到难地完成一系列“任务”。学生完成任务所需的知识包括已经学过的知识和要求学习的新知识，因而合作学习是任务驱动教学法的一个典型的社会形式。

课堂教学过程通常是提出任务、实践、检验、总结与反思，即一个完整的行动过程。其中的核心步骤乃是让学生自主完成教师设置的任务。学生完成任务的过程既是应用已有知识的过程，也是自主学习新知识的过程，而且在完成任务的过程中培养学生分析问题、解决问题、查找信息、评价信息等方法能力，分工合作、相互沟通的社会能力，使用信息技术的意识和创新能力。

这一教学法的推行代表着职业教育课程与教学从学科世界向劳动世界的转向，这可能会有助于激发教师从问题性和复杂性的维度反思学科专业知识的教学价值，从企业的工作逻辑出发，深化教师对专业知识的理解，并为实现学习任务的情境性提供材料上的支持，从职业相关性的方面增强学生的学习动机。

然而，工作任务不等于学习任务，工作任务的处理必须基于对专业关联知识的理解与掌握，而不是简单的技能习得，比如简单的单证填写、对流程的记忆等，而工作情境也常常很难在学校课堂中简单再现。因此，教师必须将工作任务（劳动世界）与专业科学知识（科学世界）进行相互联系，借助工作任务这一材料背景，通过专业关联知识拓展并实现工作任务的教育教学价值，将其转化为学习任务。

在将工作任务转化为学习任务时，教师有一些常见的困难：

（1）材料上的困难：教师常因缺乏实际经验，缺乏对工作现场的了解，缺乏对工作任务直观、丰富的认识，从而缺乏相关的教学材料。

（2）转化上的困难：学习任务是否应该在每个程序上保持与工作任务的一致？学习任务是否就只能是对工作任务的全盘模拟？任务驱动的教学中，其目的到底是旨在完全再现操练工作过程，还是在演练中促发学生思考各个工作程序间的内在逻辑关联，并帮助其理解？就研究者对当前教学实践的观察，教师在将工作任务转化为学习任务时，常见的是简单的照搬和操练思路，很少就工作任务提出问题性的学习任务，再加上此处学习任务对工作任务毕竟是一种模拟，复杂性与情境性都降低，因而容易导致学生学习动机缺乏，教学价值降低，成为枯燥的“重复操练”。

（3）内容上的困难：工作任务是基于职业生活中具体问题的解决，内容跨度常常较大，综合性较强，与教材中的知识逻辑并不匹配，如何在保留工作任务中知识综合性特点的同时，实现知识的系统、有效的学习，而不是知识点的简单重复、零碎堆积，对教师而言是一个较大的挑战。

（4）情境创设的困难：教室的环境、师生的角色从物质和意识层面都不可避免地降低了基于工作任务的学习任务的情境性。再加上任务问题性的缺失，更难以从思维层面激发学生设身处地解决任务问题的意识。如何通过任务的提出、叙述等增强其情境性，是当前教学实践中广大教师都很关注的问题。很多教师或是借助现代媒体，通过提供多媒体影像材料、图片，或是分配角色，设置模拟岗位，成立模拟公司等加强其情境性。以下的课例中就有类似的尝试，这是值得肯定的积极的一面。

5.2 教学案例及应用分析——尝试性任务

5.2.1 教学设计呈现——运费计算——代理整箱运输

【课　　程】海运代理实务

【教学内容】运费计算

【课　　型】新课

【教学目标】

1.知识目标

掌握集装箱运费的结构及结构要素的内涵。

2.能力目标

站在货代公司的角度计算不同贸易术语下的运费。

培养学生自主学习的能力。

3.情感目标

在教学过程中对学生进行自信教育，帮助学生建立自信。

【教学重点】集装箱整箱运费的结构；不同贸易术语下运费的计算。

【教学难点】运费结构及结构要素的理解。

【解决难点的手段】首先，通过货运图直观形象地展示运费结构。其次，通过提问回答层层递进的方式明确核算运费的主体是谁，这样学生就会清楚不同贸易术语下运费的组成。最后，再通过训练加强不同对术语下运费组成的理解。

【教学方法】问题导向教学法，任务引领教学法，仿真训练法。

【教学工具】企业真实使用的运价表、货物明细单复印件。

【教学方法】

1.问题导向教学法：其目的是激发学生思考，提高探索新知的兴趣。本次课所设置的问题层层递进，只要学生跟着问题走，不仅可以培养学生发现问题、分析问题、解决问题的能力。久而久之还可以培养学生的逻辑思维能力。

2.任务引领教学法：问题导向教学方法是设疑激思。问题是：学生对于老师提出的问题愿意思考吗？以往我们的学生不愿意思考，是因为他们不知道学习这些知识有何用。任务引领教学法是让学生扮演未来可能就业岗位的员工，承担他未来工作所面临的任务。实践证明：任务引领教学方法下，知识的目的性、训练的实用性很强，比传统仅仅知识的讲授更能引起学生的兴趣。当然，教师的人格魅力、教学风采是不可或缺的要素。

3.仿真训练法：仿真程度越高，培养学生实践能力的效果越好。本次课设置了真实的工作背景，从单据到操作手段都接近企业真实情况，见表5-1。

表5-1 **仿真案例1**

教学步骤	教学内容	教师支持性活动	学生活动	设计意图
课前准备	1.CIF和FOB风险与费用的划分。 2.试着解读运价表（每一栏目中文解释、英文缩写的含义）	布置学生预习的内容并下发预习资料	分组完成教师布置的预习作业	做好准备，提高课堂效率
温故而知新	货代工作流程：揽货接单到运费结算。 货代工作的第一步：揽货接单。 接到一笔单子的关键：合适的报价	教师提问并启发学生	学生回答	提问的问题是理解本次课内容的基础，也是导入任务的引子
布置任务情境体验	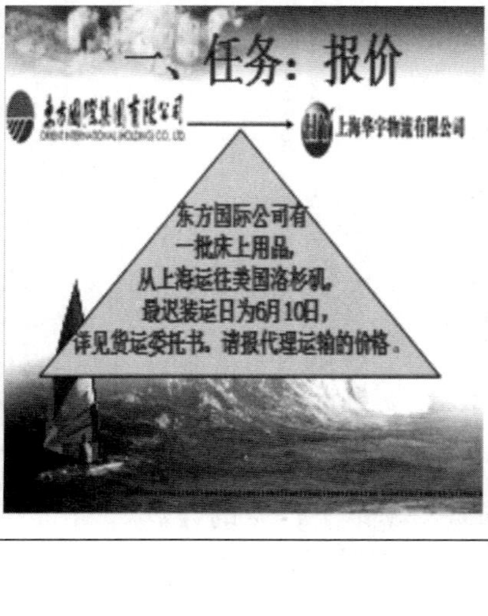	布置任务	学生解读任务内容	任务引领教学法是让学生扮演未来可能就业岗位的员工，承担他未来工作所面临的任务。实践证明：任务引领教学法下，知识的目的性、训练的实用性很强，比传统仅仅知识的讲授更能引起学生的兴趣

续表

教学步骤	教学内容	教师支持性活动	学生活动	设计意图
问题与思考	货代公司给货主报价时，都考虑哪些费用支出？ 1.为了提高利润可以无限制抬高价格吗？ 2.为了揽到货物可以无限制降低价格吗？ 3.如何定价呢	针对本次任务，教师提出一系列问题	学生思考，并为回答做准备	教师有指向地提出问题，可以在最短时间内达到教学的目的，提高课堂效率。设置的问题，正是本次课的核心内容
实战演练尝试报价	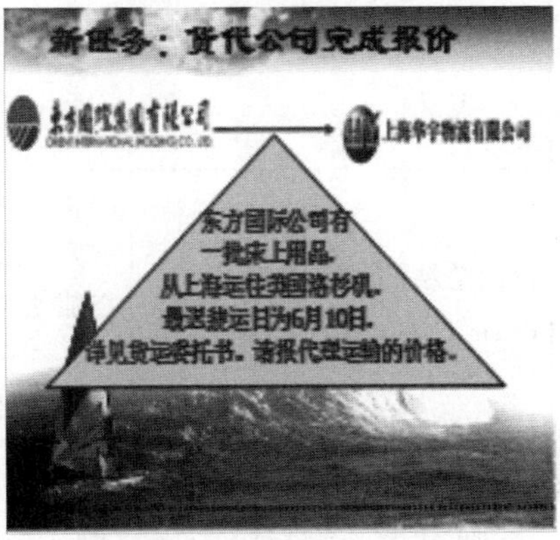	发运价表等支撑材料，同时，材料中暗藏玄机，比如：运费贸易术语的结合；附加费的不确定因素如何考虑	分小组讨论开始核算运费	学生利用已有知识完成工作任务，这一过程不仅培养学生岗位操作能力，还培养了学生分析问题、解决问题的能力。当然也培养了学生自主学习的能力
分享成果并讨论没有解决的问题	分享成果及演练过程中面临的困惑和解决办法： 成果：CIF术语下运费结构：海运费+本地费用 FOB术语下运费结构：本地费用。 讨论： 1.如何防止附加费的变动性带来的损失？ 2.收取哪些服务费？收费的标准如何定？（回答开始的问题） 3.内陆运输费用如何估算？ 4.货代公司的利润从哪里来	预估学生可能存在的问题及思考的问题，并做好回答的准备	学生展示报价结果，提出遇到的问题并讨论	根据心理学研究：人都有表现的欲望。因此，给学生展示的机会，进一步激发其学习的兴趣，同时解决学生训练中存在的困惑
实战演练确认报价	根据上一过程分享与讨论，修改报价，并确认最终报价	教师巡视答疑	学生修改	学生经讨论解决心中的疑问后，进一步明晰报价的可依性。这是尝试教学法必有的过程

续表

教学步骤	教学内容	教师支持性活动	学生活动	设计意图
巩固训练	请大家帮我看一下客户指定货代收费是不是偏高（义乌隔壁-宁波） 请大家帮我看一下客户指定货代收费是不是偏高 1*20'FCL 浦江（义乌隔壁-宁波） 定舱费：420RMB 船公司单证费：150RMB 卡车费：1800RMB 报关费：115RMB 单证费：100RMB 杂费：150RMB 码头操作费：475RMB 场站费，箱单费：50RMB 合计：3260RMB 尤其卡车费我觉得偏高，杂费是否巧立名目，望大家帮我看看！	教师展示案例，并为学生答疑解惑	分析并解答新手提出的问题	现实中真实的案例，激发学生探究的兴趣。进一步巩固知识与技能
小结	1.运输费用构成。 2.费用性质（支付还是垫付）。 3.根据运价表核算运费。 4.运费不能脱离贸易术语而存在	提出总结的内容	学生总结	深化本次课的教学重点，加强记忆。技能必以知识为基础，加强知识的理解与记忆必不可少

新任务：运输费用的计算（1分）

1.分析：通过教师提问，学生回答的方式，教师引导学生总结出运费的结构

教师活动：提问，引导学生答出所问的问题。

学生活动：回答老师的问题。

（1）运输过程产生哪些费用？运输过程产生的费用，如图5-1所示。

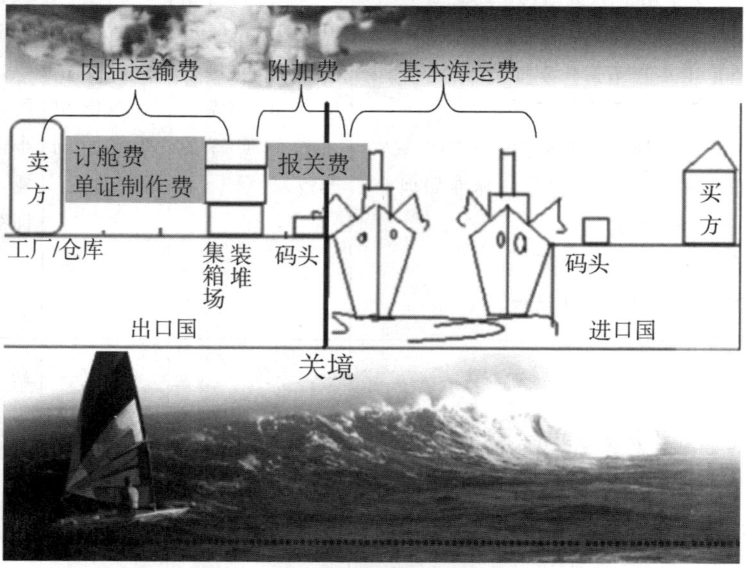

图5-1　运输过程产生的费用

（2）代理的责任是什么？为出口商代理运输相关事宜（产生人力和物力费）；垫付相关费用（代为向船公司支付运费及基本附加费）。

（3）本文运费的含义是什么？代理运输过程产生的相关人力和物力费以及垫付相关费用。

2.基本知识：教师通过图示引导学生总结出不同术语下的运费具体表达

运费由这些费用构成：基本海运费；附加费；内陆运输费；服务费。

通过风险与费用划分写出下列运费：

CIF术语下：运费=基本海运费+附加费+内陆运输费用+服务费

FOB术语下：运费=0+附加费+内陆运输费+服务费

3.实战演练：目标是学生能够计算出该票货物的运费

教师活动：查看学生计算情况，找出计算中典型错误。

学生活动：一个学生在黑板上计算，其他学生在笔记本上计算。

运价表解读：一个组解读，其他组补充。

根据运价表及货运委托书，计算代理东方国际公司这票货物的运费。

小结：

运费含义：

运费结构：

注意：FOB术语下，基本海运费为0。

拓展学习：

应用新知识，试着为案例分析中这位新手解释疑惑，如图5-2所示：

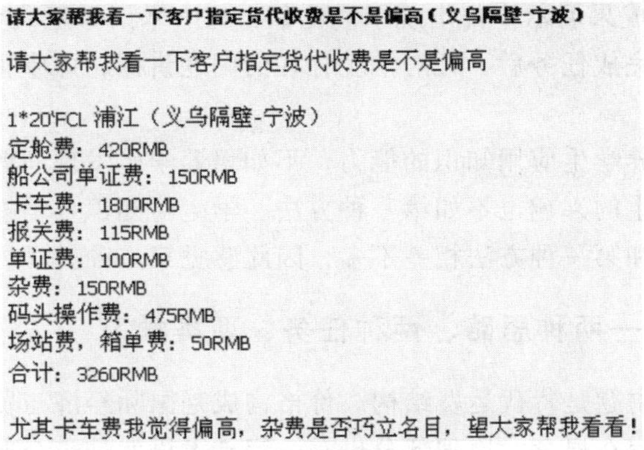
请大家帮我看一下客户指定货代收费是不是偏高（义乌隔壁-宁波）

请大家帮我看一下客户指定货代收费是不是偏高

1*20'FCL 浦江（义乌隔壁-宁波）
定舱费：420RMB
船公司单证费：150RMB
卡车费：1800RMB
报关费：115RMB
单证费：100RMB
杂费：150RMB
码头操作费：475RMB
场站费，箱单费：50RMB
合计：3260RMB

尤其卡车费我觉得偏高，杂费是否巧立名目，望大家帮我看看！

图5-2 案例分析

5.2.2 教师感受

本次课教学内容安排2学时，利用两种方法上课的感觉大不一样。

第一种方法上课时间：周五5~6节，不是教学秩序安排的上课时间。

第二种方法上课时间：周一1~2节，教学秩序安排的上课时间。

感受之一：学生学习兴奋点的调动

第一种方法：先不讲知识点，让学生直接进入任务，学生学习的兴奋点立刻被调动起来了。

第二种方法：学生先学习基本知识，然后进入任务训练，课堂感觉学生的兴奋点不如第一种方法。除了方法的原因，经和班主任交流，认为还有以下几个原因：第一，学生基础不如上个班；第二，第二次上课是周一，正常秩序上课，学生重视程度不够。根据往常经验，周一的1~2节学生状态是一周最松散的。

感受之二：学生能力的培养

第一种方法：能够培养学生分析问题、解决问题的能力，学生在解决问题的过程中逐步去寻找所需的知识。从课堂状态看：学生在积极思考怎样完成任务，在这个过程中，不断寻找完成任务所需的支撑材料。整个课堂处于一个高速运转状态。

第二种方法：培养学生应用知识的能力，其前提是学生必须对所需知识非常清晰。但仅靠课堂时间，学生能否非常清晰地掌握知识脉络呢？从经验看，仅靠课堂学习，学生很难清晰掌握知识脉络。这样，课堂效率就要打折扣了。事实证明也是如此，整体感觉课堂效率不高。

感受之三：教学设计与实施方面的缺陷

第一次课是学生第一次进行这种方式的学习，还有些不适应，由于时间关系，教师布置的准备工作学生完成不到位，教师来不及督导学生做好预先的准备工作，导致占用课堂较长时间，挤压了结尾总结与回顾的时间，使总结与回顾有些匆忙。按照教学设计应该是学生完成总结，这样学生会印象更为深刻。但因为时间关系，草草收尾。还有一种改进就是本次课安排3学时，评价与总结计划用1学时。

感受之四：不同的教学设计理念，不同的教学效果

第一种方法：学生积极性非常高。90分钟课堂一直在高速运转。而且，事先准备重点讲的问题，在学生成果展示中都出现了。比如：FOB术语海运费为0，附加费是附加在海运费上等。在学生完成任务后，针对学生存在的问题讲课，课堂很鲜活生动，学生也感兴趣。

第二种方法：培养学生应用知识的能力，不如培养学生发现问题、分析问题、解决问题的能力，想象中学生的兴趣也不如第一种方法。学生对知识点掌握得不是很清晰，应用知识完成任务的效率和第一种方法相差不多，因此感觉第二种教学方法很低效。

5.2.3 应用分析——两种思路、两种任务、两类学习

本课教学内容的主题是货代运费结构。价格构成是国际经济与贸易专业教学中的一个重要内容。这部分内容在概念、原理部分也有，贸易术语就是一个典型的有关价格构成的概念，而在贸易实务中，比如国际结算、货代实务等，也都会涉及各种运费价格构成和计算，既包括概念的理解，也包括基本的计算能力，还涉及一些相关文件比如委托书、合同、装箱单等的识读。这样一个综合的学习内容，抽象、烦琐，到底如何可以更好地调动学生学习的积极性，降低他们理解概念的难度，提高他们对计算过程的兴趣，是教师们经常必须面对的问题。此外，这样的教学内容，最终能否促成通过知识学习促进学生专业思维方式、学习能力的发展，也成为教学实践中值得关注的探索目标。本案例是项目组设计并实施的教学对比实验，用同一个教案不同思路做了教学效果的对比：同样的主题，同样的内容，同一个教师，不同类型的任务暨教学法思路，不同的学生。第一次课是学生先尝试、教师再讲解，第二次课则是先讲后练。学生同属一个班级，共70人，由于人数较

多，因此分成两组，并且选择了6名同学参与了两次课，以做抽样比较。每次课都有现场录像，教学结束时都做了即时的学生反馈。两次课的课堂效果、师生对两次课的体会和评价有一些非常有意义、值得深思的区别。

教师选择了任务驱动教学法，这在两次课中都是如此，而且两次课的社会交流形式都突出了合作学习的特点，包括小组合作交流、学生展示、教师的点评讲授、师生问答型的对话。两次课的关键区别在于教学进程即任务提出时机的调整，学习任务的性质由此发生了关键性变化。

教师最初的教学设计思路是：教师借助图片讲授货代运费构成——学生应用所学进行模拟报价——分析问题案例进行知识的再次应用。另外的思路则是：直接抛出报价任务——学生尝试解决——教师以学生结果为基础总结货代运费构成——分析问题案例进行知识的再应用。前一教学进程及思路决定了这一学习任务是应用性的任务，是在运用所学知识解决问题。后一思路则决定了报价任务是一种尝试性任务，改变了任务的作用，任务类型因此得到丰富，改变了学生获取知识的方式，从而也可能改变知识对于学生的意义。学生获得了更大的自主学习的空间，有了建构知识的可能性。教学前的研讨中，教师对尝试性任务思路持怀疑态度，教师担心如果不讲，学生能做出来吗？大家对这一典型忧虑都不陌生。按照最初的教学法工作思路，教师准备带领学生对任务做小步骤的、详尽的分析。两种方法的核心区别在于改变了第一个任务出现的时间，这一改变虽然只是一个表面步骤的调整，但其实涉及教师的知识观暨对教学目标的不同阐释。这一点将在下文详细阐述。

教师在教学法的设计与实施中有几个特点：

（1）对该主题的教材内容有比较丰富的拓展、重新组合和调整。

对重点、难点分析到位、清楚，教师非常明确学生容易混淆的地方：不同价格术语下的运费报价的构成不同，哪些报价是垫付，哪些是自己的成本，哪些成本会变动，如何报价才能避免风险。教学研讨中教师从经营意识的角度谈到报价的技巧和复杂，对专业内容非常熟悉，了解得非常仔细。针对学生的心理现状，将培养学生的自信列为一个重要的学习目标，并通过适当的具体任务，为这一目标的实现提供了具体的手段。学习内容：尽管两次课都是针对同一主题，且任务的内容也相同，但因教学步骤和情境的区别，实际的教学内容还是呈现出细微的区别：教师在第二次课上对各种费用名目讲解得更加详细，而且大部分同学都用了费用的中文名称，还有同学应用了FOB和CIF之外的价格术语CFR。

（2）对知识的表征采用了直观的图形表示运费结构。

这一信息呈现方式考虑了信息传播中的视觉作用，以简练明晰的图表再现了货代运费结构中的各个组成部分，对辅助学生理解有着很好的效果。这一点，在两次的教学中都得到了学生的认可。课件整体上都很漂亮、清楚，还用了师生自己的照片来说明货主和货代公司职员两种角色，颇为亲切。

在这一基础上，教师准备了丰富的辅助学习材料，包括各种附加费的清单。教师对行业的了解比较深入。而且在实际教学中，并不是所有的材料都在一开始就发给学生，而是在学生提出疑问、要求后再给出，使得学生获得更大的自主思考的空间，并能得到材料和信息的支撑。

（3）围绕货代报价这一典型性职业任务提出了丰富的学习任务。

第一个任务是模拟报价，以具体的货运代理委托书的形式引发，内容是让学生了解货代运费的总体结构。第二个任务则是一个真实的案例分析，以网友求助评价货代报价是否合理的问题案例作为分析材料，内容重点是进一步深化学生对各种价格细目的了解。

两次课总体而言都有可圈可点之处：教师在两次课中都表现出相当熟练的课堂掌控能力，显示了丰富的教学经验，极富感染力和亲和力，能针对学生的临场表现及时调整自己的教学节奏。两次课也因为不同的教学法思路，导致现场教学气氛、实际教学内容、教师体验和学生反馈出现了一些细致、意义深远的差别，具体总结为如下几点：

1.课堂气氛及师生现场表现

两次课的气氛有比较明显的差别。第一次课明显活跃、积极，同学从一开始就很投入。第二次课中，教师讲解阶段学生比较闷，回答问题不踊跃。形成这一差别的原因相当多，比如教师的状态、学生的背景，但整体的思路、任务提出的时机是相当重要的因素，甚至可能是决定性的因素。在第二次课中，教师结束讲解、提出任务之后，学生的反应明显积极一些。尤其在学生上讲台板演、教师评点期间，学生更为活跃。从教学现场及录像来看，明显可见第一次课中师生的情绪有着更好的良性互动，师生之间相互感染，教师积极鼓励、亲切随和，学生踊跃主动。第二次课则明显沉闷得多，学生的情绪很难调动，调动之后在总结阶段又不能集中注意。影响这一状况形成的因素当然与学生背景也有一定关系，第一组学生中的中等学生居多，第二组学生中则是最好的和较差的都有：10位优秀生因参加技能竞赛训练只能参与第二次课，这也为我们更好地对比两堂课的效果排除了一些因学生背景带来的干扰，使得两节课的效果有更好的可比性。

教师在两次课中都表现出训练有素的专业素质。对媒体的选择和运用非常恰当，有效促进了学习。运费结构图成为教师对知识重组的亮点。漂亮干净的PPT给学生留下了深刻印象，教学中现代媒体（电脑和投影仪）和传统媒体（黑板）的交替运用、相互补充很有效率。操作的简便、错误的呈现、改正和变化过程的生动再现都是其优点。教师对整个学习过程的辅导细致，分寸把握得很好，多点拨、鼓励，但并不直接告知。评点阶段对学生颇多具体、正面的鼓励。

第一次课中，教师根据课堂现场的情形，及时调整原设计中的思路，在点评阶段结合同学们报价中的问题将问题案例分析巧妙地融合了进来。说明教师对学生问题的原因有着深入的洞察。

教师刚上完第一次课时，没有想到效果会这么好，而且也没有那么累。虽然有的学生一开始完全没有思路，但都能逐步提出问题，找老师要了各种资料，各种典型的错误也切合了教学的重难点。第二次课教师明显觉得自己在学生开始处理任务前的知识讲授效果不好，并没明显改善学生的表现，学生仍然犯同样的错误，影响了学习效率。

2.学生学习效果和反馈的差别

第一次课有29名学生参与，第二次课有34名学生参与，其中包括参与了第一次课的6名学生。我们通过4个相同的问题调查学生的学习效果和课堂评价，并要求参与了两次课的6名同学比较区别。4个问题是：

（1）CIF和FOB货代运费的区别是什么？

（2）今天学到了什么？

（3）印象最深的是什么？

（4）如何评价今天这堂课？

反馈说明：第一次课，学生对FOB和CIF两种术语条件下货代运费的结构差别都能够正确回答，显示基本教学目标有效达成。第二次课，学生对附加费的名目明显有更多的了解，这也与两次课在内容上的差别相互印证。

学生对两次课的评价都相当积极，都认为比平时生动、有趣、好懂。但对第一次课的总体评价更为积极，29位学生中有24位学生对这堂课的评价用了“很、非常、十分”这类最高级修饰语，评价都是“很生动，很喜欢，非常好，很有趣，很满意”等，很多人都明确表示希望还能继续这样上课。其余4位学生的评价也是生动、有趣等积极评价，只有1位学生认为“这次课知识点不多，内容也不密集”，但认为“比较容易接受与弄懂”。而第二次课的学生评价从用语的数量、风格上来看，都不如第一次课那么热烈、丰富。

两次课中，学生印象最深刻的事物中排在第一位的都是同学或者自己的表现：比如同学对讨论的热烈投入、认真的态度、积极的提问，合作解决问题的气氛，以及同学对任务的处理答案或者自己的错误。尤其是第一次课中对同学积极投入印象深刻的反馈最多。对同学这种投入的惊讶一方面从侧面说明这两次课尤其是第一次课对学生积极性的调动很成功，另一方面也说明学生对自身学习活动有着浓厚兴趣，而平日里这种学习形式也很缺乏。学生对讨论的效果、气氛评价颇高，有多处表现出同学之间相互学习的可能性因为这种生生交流得到拓展。

6名参与了两次课的学生意见如下：

- 从学习内容来看，有4名学生表示两次课学到的知识是一样的。1名学生则表示经过两次课堂，不但有了比较，而且对知识的了解也更深入，更有意义。因为“今天印象最深的是有人做了CFR，在上堂课是没有的，让我觉得有意义的是经过两次课堂不但有了比较，对知识的理解也更深一步了”。
- 3名学生明确表示喜欢第一次课：“先让我们自己讨论学习，最后再出来这张让我记忆深刻的图”，“第一次课人少一些，讨论比较激烈”，“第二次课感觉没有第一次课好”。
- 1名学生表示喜欢第二次课：因为小组成员不同，感觉与上次不一样，每个人的想法都不一样，而且组长想到了获利；因为是先了解了知识点再做题，因此觉得“不会云里雾里，不清不楚的”。
- 2名学生只讲了区别，没有做评价：提到感觉不同，比如第一次课较模糊，第二次课详细，老师很多地方都“着重说了”。但又认为两次课都比较详细。都提到第一次课讨论很热烈，而第二次课则没有达到这样的效果。

3.师生的共同学习

这两次实验课，对师生而言都是一次印象深刻的体验学习。学生通过处理基于典型工作任务的学习任务，了解了货代运费的结构、不同价格术语下货代运费的区别。两次课中，学生都有机会自己尝试解决一个模拟的典型工作任务。实践说明，任务驱动的教学法思路对改善学生学习动机有着明显的优势。

而学习任务提出时间的改变则影响了两次课的开放度，更从根本上改变了学生习得知识的方式。教师则通过这一对比，亲身体验到开放课堂与否对学生学习动机、学习气氛和学习效果的影响，了解到教师讲与学生学之间的内在联系到底是何种状态、有着怎样的联系。

正如上文所说，这一微妙的时间调整体现的其实是知识观的差别。比如，知识是如何获得的？学习知识的意义何在？我们的教学目标到底是什么？第一种方法先尝试后总结的思路其实是基于这样一种认识：学生是学习过程的主体，教师作为学习过程的专业促进者应该关注他们的经验，利用资源帮他们创造特定经验，关注他们的思考，以他们在发现问题、解决问题中的体验作为教学过程的起点和重点。而教师则通过提出对他们而言有意义、有问题的认知困扰也就是指问题性的任务这一行为促发、支持主动思考和体验，并总结、深化和拓展他们的体验。从教师角度而言，以学生自己的体验和尝试为基础的讲解会更有针对性、更有效率，更容易发现学生的学习难点，学生的处理结果及其后的思考，尤其是错误的处理方式，成为教师教学的重要资源。从学生角度而言，学生的主动思考使得他们对信息的加工更为深入，所使用的学习策略也更深入，不再停留为单纯的记忆这类表面策略，自己的尝试也使得他们对报价规则、报价技巧的理解更容易，有利于形成报价中所需的经营和服务意识。这一点在学生反馈中得到了印证。学生的解决方案有着明显的风格和质量差异，远比教师想象的丰富，比如第二节课中甚至有学生想到总价打折的技巧。

但是，无论对于教师还是学生，这样的一步从工作方式上而言都是一个跨越，都会不习惯。比如，第一次课中，学生进入角色、处理任务的时间偏长，师生可以通过更多次的尝试和经验，以及更有针对性的课前预习提高这一步的工作效率。另外，一些师生活动还明显有着不紧凑、忙乱、不够深入等弱点。学生在呈现答案时还不清楚自己的组别，呈现结果的整个过程有些不太紧凑，过程组织上还有可以改进之处。

总体而言，这次对比试验中，教师和学生都表现出了相当的潜力，也都颇有收获。以成功的实践证实了学习任务的类型对改善学习动机、改善学习效果有着明显的作用。

第6章 案例教学法

学习目标

- 了解案例教学法的起源与发展。
- 掌握案例教学法的知识基础。
- 理解案例的设计维度。
- 掌握案例教学法的学习阶段。
- 学习案例教学法及其课堂应用，在对案例教学法的应用中具体进行教学评价和反思，在模拟教学中提升运用案例教学法进行教学的能力。

6.1 方法介绍

6.1.1 案例教学法的起源与发展

调查中发现，国际经济与贸易专业任课教师在授课的过程中都非常注重案例教学，在实施案例教学的过程中，案例的选择围绕着专业课程相关知识点。下面将从案例教学的理论基础入手，介绍这一方法的特点。

案例研究发端于医学与法学教育领域，后在经济管理教育中得到广泛应用。该方法主要用于社会科学领域，但也可应用于自然科学、技术、法律及其他领域。案例研究通过报告或者故事的形式来传递信息。为继续深入学习，报告的内容还可以附上专业资料。人们关注的中心是案例的过程、事件、行动和情境，它们凝聚了所有的信息。其中常常以各种困难、事务性的问题、社会和道德冲突，不得不为之决策等为主题。因此，故事的核心总是某些人或者机构，故事讲述的是这个人的事或者从这个人的视角来讲述。以故事为出发点，也就是说：按照时间发展顺序来讲述，通常设置一个开放的故事结尾。

案例研究教学法鼓励学生为案例中介绍的问题寻找可行的解决方法，分析其可行性并解释、证明原因。学生只有在搜寻更多新信息或者利用现有资料获取更多信息的情况下，才会成功。学生必须全面考虑这些信息，并跟案例紧密联系起来。利用案例研究进行学习的目的有二：一是让学生认识到某些问题的解决方法，二是从个案的步骤和关系出发可以推断出某些普遍的现象。案例研究因此是一种典型的归纳式教与学的策略：它由单个的案例出发，尝试探寻具有普遍性的东西，并使其易于理解。

案例教学法是一个复杂的引导过程，其中首要任务是发展解决问题的理念以及介绍、阐释和说明在实践中最可能发现问题的各种情况。要求学习者必须借助于已经形成的认知结构和知识体系独立地分析问题所处的环境，并且在个体工作或团队工作中寻找解决方案。根据设计的不同，学习者行为的自主程度各不相同，复杂性和问题性也不相同；案例研究是一种“有弹性”的方法，在学习者和学习对象与事物之间架起沟通的桥梁。根据不同的教学设计，案例研究教学法可涉及认知、实践及情感等不同方面。

教师在案例教学的实践中表现出以下典型困难：

1.案例的类型、作用单一，多用于说明。

2.案例的叙述风格单一，多倾向于简约、客观的语言风格，叙事性较弱，也因此制约了案例类型的发展，降低了案例的复杂性，削弱了案例对不同背景、不同特点学生的吸引力，从源头上削减了帮助学生进入案例问题情境的途径。

3.如何从案例的具体描述到理论的抽象，这一深化过程如何实现也是典型困难。

6.1.2 案例教学法的知识基础

要想理解案例教学法的优势及其使用条件，有必要了解：人类知识的结构根据其产生以及应用的情境有着不同的建构方式。

人的知识中很大的一部分是日常生活知识，即经验，观察、模仿、尝试和反思形成的知识。除了跟我们息息相关的日常知识概念，以所谓脚本形式存在的认知图式很重要。人们可以将这个脚本理解为“典型行动和活动过程”的场景脚本。脚本是认知的图式，是用场景表征独特情景下的事件序列和行动顺序。在同一文化中，这些事件序列（去餐馆、坐电车、在超市里购物、去看病）在场景顺序和安排上多多少少都已同化。除了场景顺序以外，脚本还提供了将出现的人物（角色）、必要物品、开场和结尾的条件、行动者的目标等信息。因此，每个脚本都包含了很多信息。脚本的另一个优势在于：信息量虽大，但是很容易操作处理：被激活的知识仅仅是场景里需要的知识。如到超市购物的人找到了一个停车位，他不会多考虑收银台的情况，尽管关于超市收银台的知识已经存在于他脑子的图式里。脚本是丰富的，是基于经验的，是针对具体情况的，并且在应用上有经济性，对每一个事件都有很多合适的想法，即在某些情况下会发生什么事情或者怎么做可以成功。在这个程度上，脚本是高要求的行动计划。人的习惯和常规，都是以脚本为基础的。

我们可以看到，案例研究往往跟脚本关系紧密。这首先是因为，这两者的过程发展都是以时间为序，并且行动和叙事的角度很容易达成一致。从这个意义上讲，案例研究叙事性强，以脚本为基础。脚本自身甚至可以成为教学和案例研究的材料，例如，尝试鼓励人们某个更有环保意识的主观消费行为。让人发生改变的论据和知识内容通常并不主要来源于日常知识，而是或多或少来源于科学知识。同样也存在这样的情况，行动计划要求很高，而且知识的一个重要组成部分，即知识结构和应用都必需的部分，不（只是）来源于日常生活知识和现存脚本，而是主要来源于科学知识和专家知识。我们所说的能力导向的职业教育，主要就是指学生掌握了这样的一种行动计划能力：在变化频繁的情境条件下或遇到情境障碍时，通过反思并借助解释性的认知方案来确认具体的行动，采取实现目标的相应行动。

显然，这并不是“培植”熟悉的脚本。在这里，能力主要源于对认知方案的反思，这些认知方案只有一小部分来源于日常知识，大部分源于科学知识。要建构这样的能力，就要求将不同领域的不同认知概念进行理智的相互联系。案例研究能够为发展这种能力提供源源不断的支持。有些情况下，职业教育的目标并不在于让学生获得非常具体的行动计划，而是满足于让学生大致理解某些领域的流程和行动步骤。这些我们称之为流程计划，或者检查步骤图。更多地着眼于全局，而不是精准地执行具体步骤。例如，了解某类出口业务的物流及法律结构，商品供应中收货的行动步骤，查明违反合同的法律后果的检察步骤等。这都可能需要填写一些表格。这个层面上学生的理解和活动还远未达到先前描述的能力结构的水平。

设立学校本质上是为了学生能学到一些日常思考中没有独立出现，因而在日常生活学习不到的知识，即科学知识。科学知识通过特别的方法产生，使用特别的概念术语，来表述之前未知的事物联系。科学知识由很多观点组成，由这些观点能够推导出结论，实现特殊的应用（产品、技术、通信、预测和分析等）。在这个意义上，所谓的“现代性”都是基于科学知识的发展和应用。在学校里获取科学知识的必要性和重要性显而易见，但是也带来了很多问题。对于学生们来说，很难将在学校里学到的知识跟日常生活情境联系起来，即运用读写能力。我们也不能简单地从科学知识得出行动计划，就像科学知识与其他知识类型（尤其是脚本）的关系之间根本就没有“逻辑上的必然过渡”一样；我们能做的是尽可能富有创造性地将各种类型的知识以相互“培植”的形式联系起来，案例研究可以很好地做到这一点。

在学校里学习科学知识的另一个问题在于：学校里教授的科学知识通常已经不完整（“教学简化”）。学生因而无法从根本上理解，而只能是通过记忆学习。相比之下，如果人们认为学习并不是仅仅接受已经简化了的知识，而是从建构主义的角度在主观上继续发展已有的认知结构，那么案例研究也为大量获取科学知识提供了可能性。在这里要简单提一下专家知识。这是一个特殊的混合体，由脚本、科学知识与思考组成。这里的脚本是在特定的职业情境里获取的，受到科学知识应用的很大影响。此外，这些脚本因很多情境变量和成功的反思加工而变得非常细致丰富。从形式上说，是非常个人化的知识，因为其应用领域与在产生和应用中的显著突出的（科学外的）反思性既不属于日常知识，也不属于科学知识。这种认知结构虽然不能由案例研究产生，但是案例研究可以帮助理解部分专家知识，并将其与个人的知识建立联系。最后还应该提一下与行动关系重大的一些主观结构，也就是价值观和态度。这里指的是理念，部分理念在生活中很早就得到，已经广泛渗透于主体的实践活动，因此后来的（教育意义上的）改变尝试很难奏效。主观结构的成功改变，并不会对实际的行动产生作用，因为它们之间不存在“直接的翻译”。而案例研究则提供了大量获得这种结果的机会。不过案例提供的情况要特别注重叙事性，这一点很重要：日常情境、脚本以及对比之下特殊的事件、行动者及他们的关系、道德困境、可行的解决问题的角度等非常直观地出现。所以，近年来在哲学领域，出现“叙事伦理”这一工作领域并不是偶然。

6.1.3 案例的设计维度

1.叙述与信息经济性

能够创建叙事的学习情境是案例教学法的显著特征，可以帮助学生贴近生活情境，集中注意力，并融入前知识。叙事性给学生的自主学习传递了细节饱满的情境，介绍了多样的问题和处理方法，允许有不同的解决方案，为学生的自主学习提供了基础。因为叙事这种方法与一些教师的教学观念有冲突，有些教师认为，叙事性与科学性偏离较远，而且费时，所以很多案例用逻辑性更强的实情报告来代替讲述，极端情况下还会给出关键词，以及非常精简的、符合专业习惯的数据描述，只是做出一种试图反映日常生活世界的假象。与之相应的则是封闭的工作任务和学习策略，这种学习策略更强调记忆而不是理解。

2.问题范围与复杂性

案例中包含的问题很广泛，从非常棘手的专业问题到简单的工作任务都有，简单工作任务的问题就是找出隐含的、并非可以立即察觉的逻辑关系。因此，原则上可以很好地根据学生、学习对象、要求和框架条件调整案例研究中的问题。案例的复杂性同样也可以有很多变化：由相关元素的类型和数量构成的内在结构以及这些元素之间的联系都可以有所变化。基本上，复杂性与问题性两者有着紧密的相互联系。如果能够将学生的前知识与案例中的信息进行很好的整合，那么案例的复杂性还会增加，因为其中蕴含了更多的相互关联。同时，对这一复杂问题的把握也会更容易，因为很多内容“都可以经由前经验得以洞察”。

3.讲述内容的虚构/事实

案例研究以真实发生的事件为基础。但是案例的报告中也有虚构的成分，这是因为出于教学目的对该故事进行了“教学处理”。很多情况下，人们会采用完全虚构的故事，叙述越简洁，虚构性越大。但是虚假的故事很容易让人觉得没意思，因为学生知道，故事自身并没有价值，只是出于教学设计的需要或者只是作为学习任务的“衣架子”出现。

4.封闭性/开放性

封闭性指的是：案例中已经给出全部相关的信息。开放性指的是，学生也可以根据需要（通过互联网或者企业）引入或筛选相关信息。开放的学习环境非常符合学生在日常生活中解决问题的真实情境。

对文本的阅读与理解是学生与文本之间的一个互动过程，其中学生和他的前知识扮演着重要的角色：他建构出对故事的理解，从自己的生平经历出发，发现那些对他来说重要的、他关心的关系和问题。因此，不同的学生对于同一个案例可能会有不同的理解。如果想要激发学生参与案例的研究，并在学习过程中对很多信息进行精细化的处理，就要让学生参与问题的定义以及处理方法的确定。于是，在案例研究的一开始，就要集体讨论这个案例中蕴含的问题并就主题和工作方式进行协调商讨。如果要鼓励学生尝试并使用不同的学习策略，如精细化和深入处理的认知策略、元认知策略、情感（动机、兴趣、注意力等）、资源管理等，就必须设计开放性的任务。随着复杂性和现实性的增加，必然会出现多样化的解决途径和解决方案。这反过来也促进了学习策略图式的多样化。这也符合我们的日常生活情境。

5.学习的自主/处理问题的程度

长期以来，人们一直在讨论自主学习对学生和学习内容的意义。在这里不再深入讨论。

6.1.4 案例教学法的学习阶段

在案例教学法的学习中，参与者在某种标准下对不同的方案进行严格的比较和选择。案例教学法的学习可以分为三个阶段。

第一阶段参与者应该分析问题并且全身心投入到这个问题中去，以便为未来的工作打好基础。

第二阶段被称为问题解决方案阶段。学习者应该搜寻不同的解决途径并且决定哪种方案、途径最为合适。

第三阶段主要是评判解决方案。在小组中，比较、讨论不同的方案，并且与其相似的实际解决方案做比较。这种比较过程有助于我们更接近实际，并且有助于执行真实的评估，以便在未来的实际计划中去运用它。

案例教学法的学习阶段步骤可以概括为：介绍—信息—研讨—决策—辩论—评判。

然而，案例教学法的学习在方法上并没有受到限制，教师可以在各种变化中进行选择以安排自己的课程，见表6–1。

表6–1 案例教学法学习的不同方法

方法	辨析问题	获得信息	解决问题	评判解决方案
案例–问题–方法	明确地阐述问题	提供信息	发现不同解决方案，并且制定决策	解决方案与现实的决策比较
案例–事件–方法	分段地描述案例	先决条件：必须独立获得信息	发现不同解决方案，并且制定决策	解决方案与现实的决策比较
陈述–问题–方法	提出问题	提供信息	提供解决方案，寻找其他途径	先决条件：评判提供的解决方案

6.2 教学案例1及应用分析——决策型案例

6.2.1 教学设计呈现——汇票

表6–2为汇票的教学设计呈现。

表6-2　**教学设计呈现——汇票**

<table>
<tr><td colspan="2">课时</td><td>2</td><td rowspan="2">执行日期</td><td>班级</td><td>高二国贸</td></tr>
<tr><td colspan="2">课型</td><td>专业课</td><td>日期</td><td>2009.11.5</td></tr>
<tr><td>课题</td><td colspan="5">汇票</td></tr>
<tr><td>教材分析</td><td colspan="5">进出口贸易货款的结算大多为非现金结算，通过使用代替现金作为流通手段和支付手段的信用工具来结算买卖双方的债权债务。汇票就是一种基本的支付工具，广泛用于进出口贸易的结算中，通过本课的学习对学生今后从事外贸事业有很大的帮助</td></tr>
<tr><td>学生分析</td><td colspan="5">学生为2008届高二国际经济与贸易专业的学生，学生的现状是初中刚刚毕业，学习基础较差，学习兴趣不浓，并且对该专业的业务知识很陌生，经过上学期专业课的学习，学生成绩有所提高，但学生理论联系实际的能力较差</td></tr>
<tr><td>教学目标</td><td colspan="5">知识目标：1.了解什么是支付工具
2.了解什么是汇票
3.了解汇票的种类和用法
能力目标：1.学会填写汇票
2.学会使用汇票
德育目标：1.培养学生融入集体活动，发扬团队合作精神
2.锻炼学生的思维</td></tr>
<tr><td rowspan="2">重点与难点</td><td>重点</td><td colspan="4">汇票的填制</td></tr>
<tr><td>难点</td><td colspan="4">汇票的使用</td></tr>
<tr><td>教学方法设计</td><td colspan="2">讲授法、案例法、任务驱动法、小组讨论法</td><td>教学资源</td><td colspan="2">多媒体课件；打印的资料（包括汇票的样本）</td></tr>
</table>

教学设计呈现——汇票的具体实施过程，见表6-3。

表6-3　**教学设计呈现——汇票具体实施过程**

教学环节	教学内容	学生学习活动安排	教师支持性活动安排	设计意图
创设情景营造氛围	教师：如果一个澳大利亚商人向一个中国商人购买总价值为80万美元的青花瓷器，请同学想想这个澳大利亚商人可以用什么来付款？ 学生可能的回答：用现金支付，或者转账支付的方式等。 （由于学生的回答是基于他们平时的知识水平，未涉及汇票之类的支付工具，教师就可以将话题转到本课要学的内容上，让他们了解一下平常没有见到过的支付工具）	要求学生根据自有的知识回答案例中的问题	观看大屏幕，教师根据学生的回答引入本课要讲的内容	以一个非常简单的案例导入，激发学生的思考，引起学生的学习兴趣

续表

教学环节	教学内容	学生学习活动安排	教师支持性活动安排	设计意图
引出本课主要内容	1.汇票的概念（什么是汇票） 2.汇票的种类（有哪几类汇票） 3.汇票的使用（汇票怎么用） 4.本票的概念和种类（什么是本票） 5.支票的概念（什么是支票）	观看大屏幕，了解本课要学的内容	给出本课学习的框架	让学生对本课的教学内容有一个全局的掌握
合作学习探究新知	大屏幕显示汇票的概念：汇票是由出票人签发的，要求付款人在见票时或在一定期限内，向收款人或持票人无条件支付一定金额的书面支付命令	要求学生根据刚才的开篇案例，并结合汇票的概念进行填空。 此案中汇票是由______签发的，要求_____在见票时或在一定期限内，向_____无条件支付一定金额的书面支付命令	教师请学生起立回答，并给予适当的评价和赞赏	让学生自主学习，提炼概念中的关键词，并根据原案例填空，让学生初步掌握自学的能力
实践演练学用相统	教师：请同学再根据汇票的概念，找出有哪些相关当事人，并说明他们之间有什么样的关系	由于前面的铺垫和基础，学生应该很容易就找出汇票的当事人有：出票人、付款人、收款人。 并要求学生将当事人的行为关系用图形和箭头形式表现出来（请学生在黑板上画出来）	在此过程中，教师还可以以开篇的案例为导引，指出：在上述案例中，我们发现出票人和收款人是同一人。大家能不能思考一下，举另外一个案例说明出票人、付款人、收款人都是不同的人？	让学生开动脑筋，发散思维，考虑多种情况，有利于对知识的掌握和深入

续表

<table>
<tr><th>教学环节</th><th>教学内容</th><th>学生学习活动安排</th><th>教师支持性活动安排</th><th>设计意图</th></tr>
<tr><td rowspan="3">实践演练
学用相统</td><td>教师：根据你们手头现有的资料，也可以上网查询，完成下列表格中的信息
<table><tr><th>划分角度</th><th colspan="2">种类</th></tr><tr><td>出票人不同</td><td>银行汇票</td><td>商业汇票</td></tr><tr><td>有无随附商业单据</td><td>光票</td><td>跟单汇票</td></tr><tr><td>汇款时间不同</td><td>即期汇票</td><td>远期汇票</td></tr><tr><td>承兑人不同</td><td>商业承兑汇票</td><td>银行承兑汇票</td></tr></table></td><td>要求学生找出汇票的不同种类，并解释各种汇票的含义</td><td>教师提供打印的资料，或者提供搜索网址，学生可以上网查询，也可根据相关资料查询</td><td>通过小组接龙回答的方式激发学生的热情；归纳汇票的种类，以表格的形式直观表现</td></tr>
<tr><td>教师：大家学习了汇票的种类，那么根据刚才对汇票种类的了解，我们一起来看一个案例。
假设中方（LAS company）向澳方（ABC company）开了一张见票即付的汇票，连同发票、提单等一系列单据，要求澳方在中方向其出示这张汇票时付款。
（此汇票总金额为80万美元，汇票的号码是00062，开票依据是凭2006年9月9日开出的No.24754的L/C）
请问：这是一张什么种类的汇票</td><td>要求学生能够根据此案例，及上面总结的汇票的种类，分析本案例中的汇票是哪一种类。
基于上面内容的学习和归纳，学生应该能容易回答出来，教师引出接下来要讲的内容</td><td>教师请学生起来回答，并给予适当的评价和赞赏</td><td>通过开篇案例的讲解，学生了解汇票的种类；理论联系实际</td></tr>
<tr><td>教师：下面我们一起来看看这张即期汇票怎样使用
出票 ➡ （付款）提示 ➡ 付款
（汇票注销）
教师：出票就是出票人根据相关信息来填制汇票。首先我们来看一张汇票的样本。
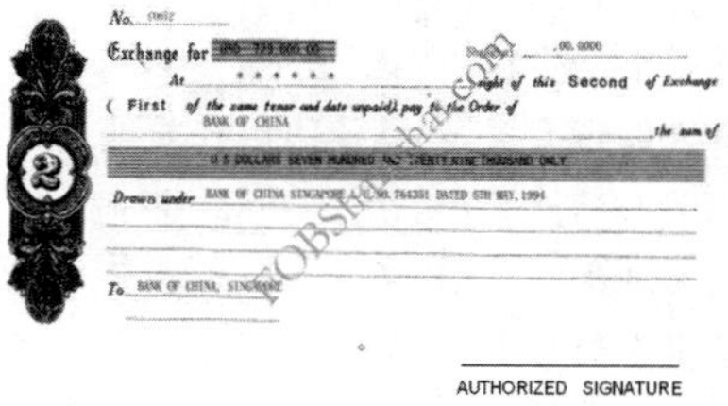

（教师解释汇票的内容及英文，并在黑板上列出）</td><td>要求学生深入了解汇票的使用，汇票的使用也是本课的难点。
要求学生掌握汇票中的英文解释和填制汇票的技巧</td><td>此环节主要是教师讲授</td><td>讲授新内容，即期汇票的使用展示样本，让学生对汇票有直观的了解</td></tr>
</table>

续表

教学环节	教学内容	学生学习活动安排	教师支持性活动安排	设计意图
	教师：那么根据刚才案例中的汇票信息，请同学们在下面自己练练，完成填制汇票的任务，并请一位同学在黑板上板演 NO.______ Date____________ Exchange for____________ At ________days after sight of this FIRST of Exchange (Second of exchange being unpaid) Pay to the Order of ____________ The sum of ____________ Drawn under L/C No.__________Dated____________ To____________ ____________ AUTHORIZED SIGNATURE	要求学生根据刚才学习的内容和汇票填制中应注意的事项，实战演练	转换教师唱"独角戏"的角色，让学生参与；理论联系实际；在练习的过程中，教师及时指导纠正学生常犯的错误	检验学生对以上知识的掌握程度；让学生自己动手完成，激发学生的兴趣
实践演练 学用相统	教师：上面我们已经了解了即期汇票的使用方法，但在国际贸易的交易过程中，有的时候进口方一时资金周转不灵，需要出口方宽限几天再付款，那就需要用到远期汇票。 一起来看下面的案例： 中方向澳方开了一张远期汇票，要求澳方在见票后7天付款。 教师：我们就一起来看看这张远期汇票怎样使用 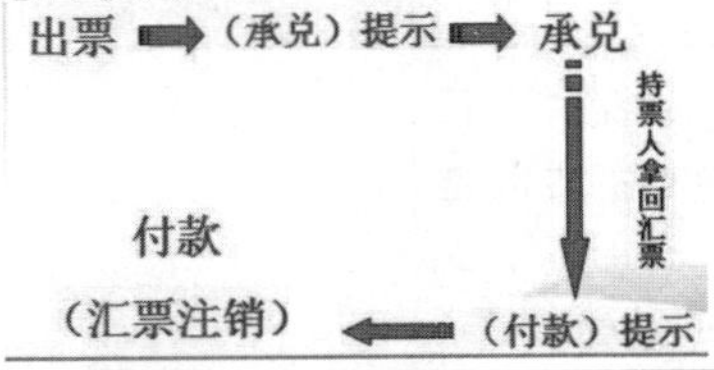 	要求学生联系前面讲的即期汇票的用法，联系实际案例，学习远期汇票的用法	此环节主要以教师讲授，学生提问，教师点拨为主	通过相关案例的承接和前面学生对即期汇票使用方法的了解来学习新内容；理论联系实际
层层深入 突破难点	教师：案情深入： 澳方对这张远期汇票已承兑，中方拿回汇票，中方由于业务往来关系欠蓝鸟公司80万美元的原材料费，由于蓝鸟公司资金紧张催中方提前偿还，中方无现金，但有一张澳方已承兑的远期汇票，那么中方该怎么办？ 学生通过查找资料和相关信息，分析讨论后，认为中方可以有两种解决方法：背书转让或者贴现。 接下来，教师请学生自己当小老师，上台来解释一下什么叫"背书转让"；什么叫"贴现"？ 背书转让 指在汇票背面记载有关事项经签章后交付给受让人的行为。 1.汇票可以经过背书不断地转让下去(除非汇票上记载"不得转让"字样或限制性抬头的汇票) 2.对于受让人来说，所有在他以前的背书人以及原出票人都是他的"前手"；而对于出让人来说，所有在他以后的受让人都是他的"后手"。 3."前手"对"后手"负有保证汇票必须会被承兑或付款的担保责任，"后手"对"前手"有追索权。 贴现 指远期汇票承兑后，尚未到期，由银行或贴现公司从票面金额中扣减按一定贴现率计算的贴现息后，将余款付给持票人的行为	提出疑问，激发学生对问题的探索精神。 锻炼学生解决问题的能力。 要求学生通过查找相关资料，进行小组讨论，解决问题。 在学生讲解的过程中，教师加以引导和补充，力求将知识点讲完整，讲到位。 在这个过程中教师对学生要充分的肯定和赞赏	按照"组间同质，组内异质"的原则分组。采取马蹄形座位安排方式。小组成员有明确分工，分别是1人负责记录，1人负责计时，1人负责发言或上台演示，1人负责信息加工，1人负责学习检查；当然小组中学生角色的扮演要经常互换，使每个学生都在不同角色中得到锻炼和提高	让学生思考(可以通过4人小组讨论；也可以查阅书本等相关资料)所学知识并转换角色，让学生当老师，充分发挥以学生为主体的作用，提高学生的自我表达能力和自学能力

续表

教学环节	教学内容	学生学习活动安排	教师支持性活动安排	设计意图
总结拓展巩固内化	教师：中方将已承兑的远期汇票背书转让给了蓝鸟公司，蓝鸟公司在远期汇票到期时向澳商提示要求付款，澳商居然已破产了，那么蓝鸟公司是不是就只能自认倒霉了呢？ 学生：蓝鸟公司有权向中方追索票款。但在行使追索权时，应及时做出拒付证书。 (拒付证书是付款地的法定公证机构做出的证明拒付事实存在的文件) 教师：有哪些情况属于拒付？ 学生：拒绝承兑；拒绝付款；付款人拒不见票；付款人死亡；付款人破产等	通过案例的层层递进，要求学生回答相关问题	此环节主要以教师提问，学生回答，教师讲授为主	提出疑问，激发学生对问题的探索精神，锻炼学生解决问题的能力
小结	汇票的概念 汇票的种类 汇票的使用：汇票的操作流程；汇票的填制	培养学生自己归纳总结的能力，巩固本课所学的知识		
课外作业	大家学习了汇票后，了解到汇票最大的优点是可以流通转让，但事物都有两面性，有优点当然也就有弊端，请同学们课后通过网络查找有关汇票在使用中会出现哪些弊端或者漏洞	课后拓展		
教学反思	本节课基本完成教学目标，教学过程基本按照计划进行。学生反应热烈，整节课都积极思考发言，学习氛围强烈。 课后部里老师和外校专家的评课使我受益良多，使我在教育教学方面也有了新的认识，同时也发现了自身在教育教学方面的缺点和不足，在以后的工作中我要不断向老教师、先进教师学习，练好基本功，在教学方面多下功夫。 进出口贸易是一门应用性很强的学科，传统的课堂教学方式已不能满足学生的需要，要以课堂教学为基础，案例教学为辅助，实际操作为目标，多种教学方法灵活应用，互相协调，提高整体教学效果，使知识传授、能力培养和情感目标都得以实现。 在跟资深教师的沟通后，我发现自己在控制课堂方面还不十分熟练，对知识的细节掌握得不够透彻。今后要在这几方面下功夫，多跟老教师、先进教师交流，钻研知识、把握细节，提高自己的专业水平			

6.2.2 应用分析——概念、流程

支付工具作为国际经贸结算中重要的技术手段，是中职教育中非常重要的一节。这部分内容远离学生日常生活，对这群既没有实践机会又缺少生活经验的学生而言，理解这些便于流通、预防风险、促进融通的经济生活的重要工具确实是一个颇具挑战性的问题。该课例选择用具体的贸易情境及案例的不断推进、变化串起围绕汇票的相关知识，包括票据内容、出票行为、背书转让、种类。该课例用的是中职教育国家规划教材，对汇票的票据处理，涉及票据种类、票据的填制、即期与远期汇票的区别、汇票的背书与转让，教材的影响对教师的上课内容选择影响明显。

该课例的教学设计虽然将“了解什么是支付工具“作为第一个教学目标，但是在教学设计思路中并未体现这一点，而是直接进入汇票这一种票据即支付工具的学习。可以考虑用支付工具承载的功能这一角度来统领各种具体票据的学习。对知识的处理可以跨度更大一些，用核心概念帮助学生理解零散知识点之间的内在关联，从总体上把握支付工具这一概念。因此，本次课中对支付工具这一概念要有一个深入的学习，可以考虑用支付工具这个核心概念贯穿各种票据的区别、比较。

从思路上而言，课例主要借助案例情境来凸显问题，以促进理解，激发兴趣，情境的利用突出比较有利于激发学生学习动机和改善学习效果。

课例中教师尝试用一个案例串起有关汇票的很多概念，利用案例情境的演变逐步引入各种类型的汇票以及围绕汇票发生的支付和融资行为，对这一票据的处理颇深入，思路颇有创意，可以想象对学生学习兴趣激发的效果也不错。教师教学反思中的描述也证实了这一猜想。

这个课例中采用多种形式对概念进行加工，比如联系案例情境，定义的填空，画图说明票据当事人之间的行为关系。任务形式多种多样，对概念的处理有一个从具体到抽象、从浅表到深入的推进过程。

不过，根据教案中的表述，有可能在这一阶段对案例情境的联系不是很紧密，汇票概念及其中蕴含的经贸行为的引出有脱离案例情境、直接搬出定义的嫌疑。此外，整个教学进程的连贯性被此后的表格整理打断。表格整理这一步本身的意图很好，但更适合在了解某一种汇票的填制和票据行为之后作为知识的整理和深入提出，建议可放在案例学习结束之后。其实，这一中断反映的正是讲授思路对案例研究这一教学方法的干扰。

教师在前面填空的基础上对概念进行更深层次加工的策略，有利于学生更好把握概念。教师在引入概念定义时，要结合开头引入的情境，询问学生，该情形中是哪位给哪位开汇票？谁付款，谁收款？可以看出，这一系列的措施由具体到抽象，由定义表层到更深入一些，对概念的处理考虑了学生认知的特点，易于接受，而且逐步深入。但可以与情境的联系再紧密一些，比如分析这一情境中的具体出票人、付款人、收款人。

导入中让学生回答具体国际贸易案例中“用什么来支付”，这里有一个关键是教师要考虑此处学生在自己的生活经验和阅读教材的基础上会提出哪些答案，而教师又如何在学生的回答基础上自然创建与下面教学内容之间的有意义的联系。否则要么造成这一导入目标指向过于明显，问题太过刻意、显得多余，要么教师直接提出这些方式都不可行，要用汇票，就会给学生造成一种印象：那就是他们的答案完全没有意义。而所谓的学生主体这

一教学信念在一开始就打了折扣。因此，可以考虑就同学们提出的各种支付手段来思考为什么它们未在这一外贸情境中运用的原因：比如为什么不用现金支付？为什么不用银行转账？它与支付宝有什么区别？而要回答这一系列为什么的问题就必然会引出各种票据：汇票这种支付手段的优点和缺点，即它能满足贸易尤其是国际贸易所需的哪些特定功能，又蕴含着哪些风险，以及本票、汇票、支票的区别。此外，还可以在这一基础上深入探讨汇票这一支付手段在现实经济生活中有了怎样的变化？这些支付工具在国际贸易中及中国实际经济生活中的应用状况如何？是不是可以考虑提出这样真正具有认知挑战的问题，给予学生思考和探究的可能性，而不是“来，我告诉你，是这样的”的一种静态的信息传递呢？是否可以考虑从汇票产生的历史背景来分析汇票的功能、构成要件？这样，就可以用一条红线将国际贸易中的支付工具都串起来，将其与其他支付工具进行相互的联系，让学生领会这些专业知识点之间的内在关联。

而且，最重要的一点也是国际经贸教学中的难点：支付工具和支付方式的区别到底是什么？学生的回答是否有可能涉及的是支付方式，而不是支付工具？第一个课例中案例情境中80万美元货款用汇票的方式一次付清，这种情形在经贸实践中是否合理、真实？是否可以考虑在学习具体支付工具的时候就通过从支付时间、支付额度等角度对工具本身进行分析，帮助学生构建资金风险、资金利用效率等专业思维方式。

并非要在一节课的容量中解决所有的问题，但如果教师能从这个角度对专业知识之间的联系进行思索，那么在对学生的问题进行总结、深化时才能达到一定高度，才能真正促进学生专业思维方式的形成，而不是停留在了解票据填制这一个层次，而且对这一工具要解决的问题、能解决的问题有了洞察，也会促进对内容的记忆。所谓知其然，更要知其所以然的道理与意义即在此。

6.3 教学案例2及应用分析——决策型案例

6.3.1 教学设计呈现——倾销与反倾销

【教学目标】

1.了解反倾销的概念；

2.理解倾销形成的原因；

3.理解应对反倾销的必要性和重要性；

4.掌握倾销定义、种类和构成要件。

【教学重点】

1.掌握倾销定义、种类和构成要件；

2.理解倾销形成的原因。

【教学难点】

1.中国经常被诉倾销的原因分析；

2.如何正确应对反倾销指控。

【学情分析】

本课程授课对象为国际经济与贸易专业一年级学生，对经济现象的认知能力和理解能力均较为薄弱，国际贸易理论知识本身又是比较枯燥的，学生理解起来困难度也比较大，所以对于知识的引入和讲解不能过于深奥，应该由浅入深，循序渐进。但这个班的大多数学生上进心强，思维活跃，学习态度端正，有良好的学习习惯，也是有一定的探索问题的能力，具体教学过程见表6-4。

表6-4 **具体教学过程**

教学步骤	教师活动	学生活动	设计意图
设疑激思 探索新知	1.视频“反倾销反补贴”。 2.复习反补贴内容。 3.引入新知：倾销与反倾销	学生答题： 1.视频中讲了哪些概念？ 2.反补贴税征收的目的是什么	利用真实的视频，起到复习、导入作用
情景体验 体会新知	1.给出彩电市场价格相关情景，要求每个小组出价。 2.指出有部分组将被告倾销。请大家判断哪个团队在竞价中可能会被告倾销。 3.给出倾销的定义。 4.归纳倾销的构成要件。 5.引入倾销的种类	1.小组讨论，标出价格。 2.学生答题： （1）倾销是什么？ （2）是不是只要低价，大量输入国外市场就构成倾销呢？ （3）倾销构成的要件是什么呢	通过自我的参与，学生能对“倾销”有一个感性的认识。为揭晓“倾销的构成要件”打好基础；揭晓定价结果，引出“倾销种类”，并且为学生在以下环节寻找应对方案打下基础
活动体验 掌握新知	1.给出三种倾销实例。 2.对完成的倾销种类表格加以解释。 3.引入并解释反倾销概念	1.组员抢答，得到机会的同学回答。 2.完成表格	通过完成抢答活动掌握各种倾销类型的目的、危害和进口国反应。同时，揭示反倾销概念
数据展示 揭示新知	1.展示PPT（中国被告倾销的数量）。 2.归纳遭受反倾销的原因。 3.引出是否应对反倾销的指控	小组讨论作答： 1.说说自己所知道的倾销案例。 2.分析中国遭受反倾销的原因	通过数据的展示，揭示反倾销的成因
案例分析 领会新知	1.给出相关案例。 2.给出彩电案的初终裁并揭晓答案。 3.由此得出我们要积极应对反倾销指控	同学们站在自己的立场上阐述自己的观点： 如果你是中国的彩电厂商，你会怎样处理	由此得出我们要积极应对反倾销指控
总结归纳 拓展新知	1.小结。 2.布置作业	学生回顾	通过学生回顾、教师总结来归纳本节课的学习内容。通过布置作业达到拓展学生知识面的目的

课堂教学环节，见表6-5。

表6-5　　课堂教学环节

学校	上海市贸易旅游学校	班级	09级国商2班	课 程	国际贸易概论
时间	2009.12.24 第2节课	地点	观摩厅	任课老师	严春锋老师
教学内容及主题	倾销与反倾销				
教学环境（设备）	多媒体设备等				
教学环节	教师活动	学生活动	备注		
视频导入，引出新知，复习旧知	播放关于美国对我国无缝钢管的反倾销反补贴指控的新闻视频。 随后，就新闻中的关键字提问：视频中讲了哪些概念？ 反补贴税征收的目的是什么	观看视频，回答问题，并回忆之前学习的反补贴税	一上课，教师就直接播放了新闻视频，让学生看。问题出现在新闻下方，但是没有明确提给学生。观看完视频后，开始提问		
情景体验，定价活动	将学生分组，给出情境：中国某彩电厂商为打入美国的销售市场，现要对某规格的彩电进行定价，并给出了该款彩电的成本，在中国的售价，以及该规格美国制造的彩电在美国的售价	分组讨论，每个小组给出一个价格	学生讨论活跃，每组都给出了自己的定价		
定价活动总结	汇总学生结果后，指出有部分组将被告倾销，让学生判断哪个团队在竞价中可能会被告倾销。 总结倾销构成的要件	回答倾销是什么？ 是不是只要低价，大量输入国外市场就构成倾销呢？ 倾销构成的要件是什么	先由学生思考，回答问题，老师再揭示答案		
阐述定义	结合学生讨论，给出倾销的定义，归纳倾销构成的要件	结合定价活动体会定义			
活动体验，介绍倾销种类	给出三个小案例，分别属于掠夺性、长期性、偶然性倾销，让学生连线	分别判断三个小案例属于三种倾销中的哪一种	采用学生抢答方式，激发学生积极性		
引出反倾销定义	通过上述三个小案例中总结的各种倾销类型的目的、危害和进口国反应，揭示反倾销概念	分清楚三种倾销类型的同时，掌握反倾销概念			

续表

教学环节	教师活动	学生活动	备注
数据展示，揭示遭受反倾销的原因	课前布置作业，让学生查找中国被告倾销的案例，归纳总结，PPT展示。 根据小组讨论结果归纳中国遭受反倾销的主要原因	课前完成查找案例的作业。 小组讨论中国遭受反倾销的原因	
案例分析，体会应对反倾销的态度	给出彩电案的初终裁并揭晓答案 由此得出我们应对反倾销的态度：积极应对	熟悉案例后，小组讨论，如果你是中国的彩电厂商，你会怎样处理？应对还是不应对	让学生换位思考后，教师再给出答案
总结归纳	教师在学生回顾后，再进行总结归纳这节课所学习的内容	学生回顾这节课所学到的内容	
布置作业，推荐优秀网站	布置作业： 让学生继续关注美国对我国无缝钢管的反倾销反补贴指控。 教师推荐了一些相关方面的优秀网站，将练习册案例进行了缩减	记下优秀网站 课后完成作业	练习册案例较长，教师进行了缩减，以减轻学生负担

6.3.2 教师反思

作为一名教师，只有充分地感悟、反思自己的教学，才能促使自己把零星的教学经验上升到一定的理论高度，对自己的教学生涯产生更积极的影响。下面就专业能力评估公开课《倾销与反倾销》，浅谈自己的几点看法。

首先，根据教材的内容，做好相应的教学准备。

本节课的教材内容较为单薄，但是，“倾销与反倾销”这一命题是国际贸易中广受关注的问题，而且在当前世界金融危机和贸易保护主义形势下，具有较强的理论和现实意义，故对教材内容进行了拓展，并搜集整理了较多的案例和相关资料，以学生较为感兴趣的形式层层展现在学生面前。

其次，根据学生的认知特点，制定相应的教学步骤和教学方法。

本课程授课对象为国际经济与贸易专业一年级学生，对经济现象的认知能力和理解能力较为薄弱，国际贸易理论知识本身又比较枯燥，学生理解起来难度比较大。所以，针对学生的认知特点，制定了“设疑激思—情景体验—活动体验—数据展示—案例分析—总结归纳”的教学步骤。以最新的“我国钢材遭受美国反倾销反补贴指控”的视频导入，起到让学生完成复习旧知、导入新课和理解“正确应对反倾销”必要性和重要性的作用；通过

“彩电定价”的体验式教学，让学生在课堂上就能经历“倾销”，获得感性知识，同时引入“倾销的种类”；通过完成“倾销种类”表格填写后的小组抢答，活跃了课堂气氛，通过小组讨论法，锻炼学生独立解决问题的能力，并且引入“反倾销的概念”；展示学生和本人搜集的2009年的“中国遭遇反倾销案例”的PPT数据表格，引导学生归纳出“中国遭遇反倾销的原因”；用实际的“彩电反倾销”案例，小组讨论得出“积极应对反倾销指控”的态度；让学生自己归纳所学内容，起到复习巩固本节课内容的作用。

再次，根据教学效果，有待进一步完善的方面：

1.教学深度不够，对学生预估不足

本节课仅仅停留在“倾销与反倾销”理论的表层，对“倾销与反倾销的成因、对策”没有很好地展开与深入，只是“点到即可”。本以为学生对这个问题不会想得很深刻，而这个问题是一个难点，所以本人备课时就把深层次的问题避开了。但是，在课堂上，的确有个别学生提到该问题，说明基础好的学生也能关注到这个难点，所以有必要把“成因和对策”深入下去。

2.个别理论概念梳理不够清晰，影响学生对概念的理解

对于“倾销种类”的归纳，本人从“倾销的时间和目的”两个维度上进行，分为“偶然性”“掠夺性”“长期性”。但是，学生在归纳该知识点时，显然有点概念上的混淆。针对学生的认知情况，应重新梳理这个概念，让学生更清楚地理解和表达。

3.专业知识上没有很好地进行横向与纵向的联系

如“倾销”定价未与“市场营销”专业的“国际定价策略”联系起来；又如“倾销与反倾销成因”没有与本课程“比较优势”这一内容联系起来。

4.学生小组活动优势体现不足

本节课以小组为单位，如“定价体验”“小组抢答”“案例讨论”等。但是，小组的优势未体现出来。在揭示新知、领会新知时完全可以让学生讨论、学生归纳，但在这些环节教师参与过多。

总而言之，在今后的教育教学工作中，针对这些不足多思考、多尝试，获得新的教育教学经验，不断充实自己、提升自己。

6.3.3 应用分析——概念、原理

该课例教学内容“倾销与反倾销”是国际经济与贸易专业课程中理论性较强的知识点，教师在组织此类教学时通常感觉难度较大。概念和原理的学习一直是国际经贸教学中的难点。教师对此类专业内容的这一评价也常常透露消极的信息，比如认为这类知识枯燥。教师如果未能体会到“抽象理论”的魅力和趣味，将很难激发学生的动机和兴趣。常见的教材中，对概念和原理都是采取介绍的方式呈现，也就是我们大家都非常熟悉的定义格式。这也极大地影响了教师的教学方式：对概念采取呈现定义的直接处理方式，多要求学生采取背诵等浅层学习策略，常见的进一步深化方式则是举例说明。这种从教学时间角度来看效率较高的讲授方式常常带来的问题是：不容易理解，难以调动学生积极性，学生对概念和原理的理解偏于僵化。有什么方法可以改进这一局面？教师在尝试改进中又有着哪些典型困难呢？

通过制定模拟任务，尝试让学生自主建构概念。由于倾销与反倾销是国际经贸中常见

的国际经贸摩擦，该内容又常常成为国际政治、经济生活的热点，并会对国际贸易实务产生实际的影响。对于学生而言，判断倾销构成的基本要件、理解倾销与反倾销的复杂背景是教学内容的重点。

该课例结合教学内容和学情制定教学目标，将教学目标定为四点：了解反倾销的概念；掌握倾销定义、种类和构成要件，理解倾销形成的原因；理解应对反倾销的必要性和重要性。这些教学目标有一定层级区别，关注需要了解、理解和掌握的知识内容，有重点。但教学目标对知识目标强调得多，对技能目标和素质目标强调得少，而且在目标的确定上有一些偏差：学生能判断什么是倾销并能简单分析其成因应该是本次教学内容最重要的技能目标，而这一点在教学设计者的教学目标中没有得到体现，偏向于强调要积极应对倾销指控，虽然学习目的上有着眼于解决企业经营问题的一面，但应用应以概念的深入理解和策略的思考为基础，心态的改变还未触及专业应对方式。

教学材料的选取关注经济热点问题，教学方式上采用了提供任务，创造主体参与建构的概念学习方式。这都有利于提高学生兴趣，对学习的过程和结果都有着更高的质量追求：现实问题本身具有复杂性，教学设计中既考虑概念生成时的学生主体作用，也考虑了概念生成后对企业实践的应用指向，这些都意味着对概念的处理有可能更为深入。

总体而言，该课例对平时概念学习的模式有所突破，没有拘泥于教师讲解、学生记忆和复述这样一种常见的浅层策略，而是尝试提出中国彩电在美国市场定价这一任务，让学生获得亲身体验，为新概念的引入和建立提供了可利用的经验基础。建构的教学思想在其中隐约可辨。

从课堂的现场效果来看，正是这一尊重学生主体作用的设计思路使得学生课堂反应超出教师原来的预计，教师发现部分学生原来有兴趣也有能力可以理解得更深入，凸显了平时课堂中教师低估学生、未能赋予学生深入学习机会的典型问题。这也揭示了教学中教师和学生的相互评价是一个互动相关的反馈循环。缺乏问题性、缺乏主体参与、缺乏挑战的教学方式在某种程度上也会“造就”被动、不愿意思考、不积极参与的学生。此外，也说明学生中有明显的层次区别，这也提醒教师要在任务设计中针对不同学力的学生提供不同层次的任务，以相对满足教学的个性化需求。

该设计还有相当大的提升、改善空间。

其一，材料的主题可以考虑更为集中，相应地教学过程的设计可以更为简练，可以精简一些活动。

该课例从钢管主题的新闻的视频导入，以中国彩电在美国市场定价的任务帮助同学构建概念构成核心内容，最后以中国电视厂商对美国倾销指控的应对策略差别及后果的案例分析结束。商品涉及两种。如果材料收集不是太困难，可以考虑聚焦某一种产品，比如彩电，而不是从钢管直接过渡到彩电。从问题的引入到问题的分析可以更迅速、深入，问题性也会更加强烈。视频中钢管主题的新闻刚刚引发学生兴趣，又变换主题，不利于继续深入探讨。对这一问题广度的拓展，可以作为课后练习，让学生再选择另一种商品或另一个市场进行分析。

教师将整个课例的教学步骤总结为“设疑激思—情景体验—活动体验—数据展示—案例分析—总结归纳”。其中有几个问题可以探讨。第一环节的设疑是否达到了设计的效果？钢管遭反倾销控诉的新闻视频中本身并不包含什么疑问，教师随后就这一新闻提出的几个问题并不是由该新闻自然推理而来，对学生而言并不会形成真正的困扰和疑虑。其中提到的反补贴税问题后来整节课都未提及。因此，这一设疑阶段问题较明显。此外，中国电视厂商在美国遭倾销控诉及应对倾销的不同态度和结果的数据展示暨案例分析这一部分，从活动的次序、目的而言，是否适合在此处作为另外一个单独的活动即案例分析呢？它是不是更适合作为设疑的背景材料呢？其次，倾销之种类的连线活动因分类标准交叉，造成学生的理解困难。而且这一内容从主题上而言讲的是为达到目的而根据市场不同情形采取的不同策略，与本课前后活动的主题亦即本课的主要内容：倾销的构成要件及反倾销，似乎没有直接联系。是否可以考虑作为深化的内容在更为靠后的环节出现呢？

其二，需为定价体验任务中的学生提供更丰富的资料支撑及检验框架，以提高建构过程的意义。

这一教学案例虽然体现了让学生主动建构概念的意识，但对倾销这一概念的建构过程的支持、辅导与深化还值得思考。学生对中国彩电在美国市场定价的过程过于随意，没有引入真实的市场价格作为对比、监控的依据，也没有考虑中国彩电在美国的销售成本，学生定价缺乏一些专业依据。教师对贸易专业内容做了过多的简化。教师可考虑提供中国彩电在美国市场的真实售价这一数据。这样再来分析倾销的构成要件以及中国遭遇大量倾销指控的原因才有真实、可靠和充分的事实基础，也会改善其后对中国遭受反倾销指控的原因分析，帮助同学以真实经济事件为基础，理解比较优势这一贸易原理，发现并理性分析中国劳动力的比较优势以及出口退税这一重要的外贸政策调控手段，而不是将经济问题简单地政治化，将中国遭遇反倾销的主因归结为别国的误解与敌意。这样才能既有积极应对反倾销指控的心态，也能找到有效应对的策略。

所以，从这个意义上来讲，学生主动定价这一过程其实并没有真正完成学生主体对概念的建构，如果能够提供更真实、充分、详细的中国电视厂商在美国遭遇反倾销指控的详细案例故事作为背景，通过叙述的节奏和语言风格凸显中美双方的利益冲突，再启发学生对案例进行分析，分析方式既可以是本课例中的形式，也可以做其他形式的开放尝试，比如将学生分为中、美两方，赋予各自在倾销与反倾销诉讼中的具体角色，让他们以辩论的形式在为各自利益辩护的过程中澄清、理解倾销构成的要件，在具体的活动实践中体验应对反倾销指控的必要性以及策略，将态度与技能的培养融于概念的理解学习过程之中。教师则需要提供更为丰富的数据、背景材料作为支撑，并在学生辩论后进行更好的总结。

6.4 教学案例3及应用分析——问题分析型案例

6.4.1 教学设计呈现——贸易磋商

教学设计呈现——贸易磋商见表6-6。

表6-6　　教学设计呈现——贸易磋商

《进出口贸易实务》授课教案	
课题	第七章　进出口交易的磋商与合同的签订 第一节　进出口交易磋商的程序
课题分析	进出口交易磋商是买卖双方为了买卖某种商品，通过一定程序就交易的各项条件进行洽谈。交易磋商一般要经过询盘、发盘、还盘和接受四个阶段。其中，从法律角度讲，发盘和接受是达成交易、签订合同必不可少的两个基本环节和法律步骤
教学目标	1.掌握进出口交易磋商的程序。 2.掌握有关国际公约、国际惯例和不同国家法律对发盘和接受的规定。 3.按照法律规定和购销意图进行进出口交易磋商
重点	1.进出口交易磋商的程序。 2.发盘的失效
难点	国际公约、国际惯例和不同国家法律对发盘和接受的规定
方法	提问法、讨论教学法，讲授教学法、课堂演示、案例教学法
时数	二课时
教学过程 授课过程	新课导入： 〔教师〕：日常生活中常见的商品买卖的过程是怎样的? 〔学生〕：首先确定要买卖的商品，之后通过双方多次的沟通最终确定商品交易的价格、数量、质量及包装等重要条款。 〔教师〕：新课引入：交易磋商可以通过口头、书面两种形式。口头磋商主要是指通过参加各种博览会、交易洽谈会、随团出访、邀请外商等形式面对面地谈判。书面磋商是指通过信件、传真或者电子邮件等形式进行谈判。国际贸易磋商各环节必须遵守国际公约和国际管理并按照国际磋商的一般法律规定展开。 新课讲解： 第一节　进出口交易磋商的程序 〔学生讨论〕：案例讨论：1990年，阿根廷某公司应中国某公司的请求，报出镁矿石初级产品200公吨，每公吨2 150美元，即期装运的实盘。但中方接到阿方报盘，未作还盘，而是一再请求阿方增加数量，降低价格，并延长有效期，阿方公司将数量增到350公吨，每公吨价格为CIF上海价2 100美元，有效期经3次延长，最后延长至9月25日，中方公司于9月20日来电表示接受该盘。阿方接到该电报时，得知国际市场镁矿石价格上涨，因此决定拒绝成交，于是向中方发电，称："由于国际市场镁矿石价格发生变化，货物已于接到你方电报时售出。"而中方对此拒绝接受，认为中方是在发盘有效期内接受了阿方发盘，坚持要求按发盘的条件执行合同，阿方如不执行合同，则要赔偿中方的损失，即差价25万美元。 问题：中方公司9月20日来电表示接受的发盘是实盘还是虚盘?此时合同是否成立? 〔教师分析〕：在本案中，卖方在发盘后，经3次延长有效期后，合同中的实质性条款完整、肯定、明确，而且规定了有效期为9月25日，由此看出卖方发出的是有确定意义的发盘，因此，此发盘为有效发盘，而非虚盘。按照约定必须信守原则，阿方发出的实盘，受盘

续表

教学过程 授课过程	人在有效期限内做出接受的意思表示，即承诺后，双方合同关系即告成立，就应履行各自的权利和义务。本案中，发盘方向受盘方提出有效期是9月25日，而受盘方9月20日就发电表示接受，发盘方也于9月20日接到受盘方的电函，因此，在9月20日，此货物销售合同已经成立，在双方当事人之间形成了合同约定的权利和义务关系，一方违反合同规定的条款，即构成违约，应当承担违约责任。 〔教师讲解〕： 一、询 盘： （一）定义：又称询价，是指在对外贸易洽谈中，由买卖双方中的一方就某项商品的有关交易条件向另一方发出的询问。 （二）特点：1.一般由买方向卖方发出，也可由卖方向买方提出；2.询盘在法律上不具有约束性。 （三）举例练习：Please offer……请发盘;Please quote……请报价。 二、发 盘： （一） 定义:又称报价，即民法上所称的"要约"，是指一方当事人向一个以上特定的当事人提出的订立合同的建议。 （二） 特点:1.可由卖方提出，也可由买方提出；2.发盘具有四个必要条件后即将生效，在法律上开始有约束力。 （三）发盘构成的条件：1.向一个或一个以上特定的人发出。2.内容中必须十分明确、肯定。一经对方接受，合同即告成立。明确即需要写明货物名称并明示或默示地规定数量和价格或规定如何确定数量和价格。如果要约中伴随着要约人的保留条件，就不算是有效的要约，而只能是要约邀请，即使对方表示了承诺，合同仍然不能成立。3.发盘要表明发盘人在得到接收时承受约束的意旨。4.发盘必须送达受盘人。 （四）发盘的有效期：指发盘中规定受盘人做出接收的期限，进出口贸易过程中，发盘一旦超过有效期，发盘人就不再受该发盘的约束。 （五）发盘的失效情况：1.发盘过期；2.发盘被拒绝或还盘；3.发盘的撤回或者撤销。 （六）课堂演练：教师模拟场景，演示发盘失效的情况。 三、还 盘： （一）定义：又称还价，法律上称为"反要约"，是指受盘人不同意或不完全同意发盘中的交易条件而提出的修改或者增加条件的意思表示。 （二）1.由受盘人还盘；2.构成新发盘，具有法律约束力；3.不是必须阶段。 （三）课堂演示：教师课堂演示一个交易磋商的案例，让学生判断还盘环节。 四、接 受： （一）定义：又称"承诺"，是指受盘人（受要约人）愿意根据报价人所列的条件订立合同的意思表示。 （二）特点：1.由受盘人接受；2.具有法律约束力。 （三）接受具备的条件：1.承诺要由受要约人做出才发生效力；2.与要约的条件保持一致；3.承诺应在要约的有效期间内做出；4.承诺必须通知要约人才发生效力。 （四）逾期接受：接受迟到。 （五）接受地撤回：接受发盘地通知于送达发盘时候生效。 （六）课堂演示：学生4人一组就某一种商品进行模拟谈判

续表

小结	本节课学习掌握：进出口交易磋商的询盘、还盘、发盘和接受四个环节的法律特点和各个环节的相关要求，使学生可以更专业、更熟练地将贸易磋商知识运用到进出口贸易交易磋商过程中
思考	交易磋商的中各环节都具有法律约束力吗？为什么

6.4.2 应用分析——概念、流程

国际贸易磋商中发盘、还盘程序表面看似乎是流程类的知识，而且流程看似简单，但在实际中判断要约成立的时间、形式要件等却是非常棘手而且后果严重的重要问题，属于基于国际惯例与法则的复杂的专业概念。

该课例基于对教学内容难点与重点的正确判断，选择了企业在国际贸易磋商中一个富含问题、冲突的典型案例，作为整个学习展开的背景，从案例分析的角度做了思路上的设计，这一切入点非常不错。但教学的总体进程设计也反映了教师在案例教学法中的典型困难与问题。而此前的导入环节注意了学生的日常经验，但是这一提法并不具备实质的情境意义，所以可能会导致这一导入过于抽象，学生的答案非常不完整，最后演变为教师自说自话。考虑到下面的案例，建议可取消这一导入，在简单说明本课主题之后，直接呈现案例。

案例的分析是为了达到什么目的？由于这一定位问题，本课例中案例的问题与之后的概念学习之间分为明显的独立两节。应该考虑利用学生对案例中具体行为的描述为基础，来提炼询盘、发盘、还盘、接受或拒绝这几个概念，而不要割裂和分离。这样案例和概念的学习才能有机结合，相互支持。而后面那么多的演示模拟也就可以省略。案例不在多，而在于选择得当，处理深入。由于案例分析任务进行得不够深入，所以教师在本次课中又设计了多种教师演练、学生模拟活动。课堂教学中的任务数量不少，任务与任务之间的关联不明显。

案例分析谁来做？怎么做？是教师还是学生？从教案的设计来看，教师虽然呈现了富有问题的案例，针对案例提出了颇有挑战性的问题，也计划让学生讨论，但是对如何组织学生进行讨论、如何让学生呈现讨论结果完全没有计划，这说明教师对这部分缺乏思考。这种外显于程序操作上的缺失反映的其实是教师习以为常的话语主权意识，以及对学生在学习活动中主体地位的不自觉的忽视。学生会获得这样的错觉：教师其实根本不在乎学生对这一案例会有怎样的分析结果！教师不认为这一讨论结果对下面的学习会有什么意义。不难推想，因缺乏计划和思考，容易造成学生对案例的讨论流于形式，缺乏方向。学生的主体参与受到抑制，再加上案例分析与概念学习之间的隔离，就使得这一本来指向学生之间和师生之间互动合作、归纳学习的探究式案例分析法实质上可能会变为教师自导自演、旨在举例说明的独白。教师应该安排适当的时间，对学生进行分析提供机会。在学生分析的基础上，针对学生分析中的典型困难，进行针对性的辅导，并对学生通过自主学习建构的知识进行质量上的深化。因此，案例研究教学法中，教师和学生是一对相互促进、互为基础、缺一不可的两个主体，他们以案例材料为互动的基础和媒介，真正有质量、有深度的学习常发生在师生间的探讨中。

因此，案例作为重要的学习材料应该包含足够丰富的信息，让学生有可供捕捉和思考的素材，而案例陈述在语言风格上要注意案例特有的情境性，要注意配合学生的认知水平和背景经验。如果这节课是要开始学习询盘、还盘这些概念，那么案例讲述中就不应该出现这些术语，而是以叙述的风格描写具体的行为，让学生根据教材中的定义确认发盘、换盘的行为、程序，并说明这些具体行为在这一整体过程中的意义或作用。此外，还应考虑补充更具体的细节，比如双方沟通的时间、形式甚至文件，以帮助学生做具体的分析。为了让案例具有更丰富的信息，便于学生总结磋商的具体程序和手段，有必要说明中国公司的请求方式、次数。比如，案例中谈及中方一再向阿方说明，也就是说，案例在此处的陈述应考虑更具体、详细，包含更多叙述的细节。用何种形式联系？文本还是电话？具体日期是哪一天？此处可详细描述，最好能提供相应的文本资料。

在这样的基础上，针对案例应该提出什么样的问题才能更好地激发学生的自主分析？本课例中提出的问题是一个颇具认知挑战的任务，颇令人赞赏。但鉴于这是新知学习，如果要真正激发案例研究教学法中学生的主体积极性，教师要考虑提供辅助学生分析的框架。建议教师考虑将这一核心问题隐于另外一种具体的任务：请学生根据案例材料提炼双方的磋商过程，以流程图的形式呈现，并说明每个环节的沟通形式、沟通时间等细节，并根据课本中的概念定义判断每个环节在国际贸易磋商中的性质。在此基础上，判断该案例中中方是否有权利要求外方公司遵守9月20日的价格。

由后面教师讲解的内容可以看出，此前案例分析的结果并未能得到直接利用，案例中本来已经含有具体的询盘、发盘、还盘等一系列的具体活动，为什么不利用案例提供的具体经验呢？案例与新知学习之间的脱节危险在这里清晰可见。

教师的总结不是说明本课达到了什么目的，而应该重点关注学习的知识之间的相互关联、蕴含在各个操作程序之中的法律和商业逻辑，帮助学生深化对所学概念的理解，特别是在案例分析之后将具体的个案体验转化为抽象的概念。

课题分析到底应该分析什么？看来这仍然是很多教师的难题。课题分析并不是简单陈述该课题的内容，而是要特别关注它在整个专业知识网络中的地位，它与前后知识点之间的关系，尤其要注意分析学生在这部分内容学习中已经具备的基础和经验。本设计没有对学生的分析，这是一个重要的缺失。

6.5 教学案例4及应用分析——问题分析型案例

6.5.1 教学设计呈现——海上货物运输保险

教学设计呈现——海上货物运输保险，见表6-7。

6.5.2 应用分析——概念

一个有效的教学过程绝非是通过某一单一的教学方法的运用而达成的。这个教学过程就充分运用了传统的教学方法——讲授法和案例教学法，当然还有教师本人总结的材料分

表6-7　　　　教学设计呈现——海上货物运输保险

授课	
教学内容	第四章　货物运输保险 第一节　海上货物运输保险承保的范围
教材	《国际贸易基础知识》，高等教育出版社
教材分析	国际贸易教材较理论化，以文字叙述为主，缺乏具体生动的案例，学生较难理解，为加深学生对知识的理解，教师对相关内容进行设计，理论与实践相结合，以更多的教学方法诠释内容
教学对象	高一外贸班，初学国际货物贸易实务课
教学目标	1.知识目标：（1）通过学习了解海上风险、损失和费用的整体框架 （2）掌握海上风险的种类、海上损失的划分 （3）掌握实际全损和推定全损的区别 2.能力目标：（1）培养学生认真学习的态度及课前的自学能力 （2）通过提问提高学生分析能力及语言的表达能力 （3）培养学生学习国际贸易的兴趣 3.素质目标：形成国际经贸职业意识
教学重点	海上货物运输的保障范围
教学难点	实际全损和推定全损的区别
教学方法	讲授法、案例教学法、材料分析法、问题探索法、比较法、归纳法、讲练结合法
教学辅助	多媒体课件
教学过程	第四章　第一节　海上货物运输保险承保的范围 第一环节：创设情境 猜电影: 通过《泰坦尼克》《加勒比海盗》《完美风暴》几部电影激发学生的兴趣，找到这几部电影的共性，从而引入本节教学的主题。 补充：几部电影都属于海难片，在海上遇到了风险，那么该怎么做来弥补损失？——上保险 第二环节：案例导入 某轮从上海港驶往新加坡，在航行中触礁，船底撞穿，海水涌入，部分货物遭水浸，船长为避免船舶沉没，强行搁浅，又使船货发生损失，由于船舶受损严重无法继续航行。这次事件造成的损失有: （1）1 000箱货物由于搁浅遭水浸; （2）600箱货物由于触礁遭水浸; （3）船只由于搁浅受损; （4）额外发生的员工薪金伙食及船的燃油费用。 针对本案例提出问题: （1）遇到案例中的境况该如何做？——上保险！

续表

教学过程	（2）你了解海运保险规定吗？ （3）应该办理哪种保险？ （4）如何办理保险，应注意什么问题？ 第三环节：教学过程 第一节　海上货物运输保险承保的范围 要求学生找出海上货物运输保险承保的范围，列出整体框架。 海上货物运输保险承保的范围，包括海上风险、海上损失与费用以及外来原因所引起的风险损失。 一、承保的风险 （一）海上风险：包括自然灾害和意外事故。 1.自然灾害（Natural Calamity）：仅指恶劣气候、雷电、洪水、流冰、地震、海啸以及其他人力不可抗力的灾害。 2.意外事故（Fortuitous Accidents）：主要指船舶搁浅、触礁、碰撞、爆炸、火灾、沉没、船舶失踪或其他类似事故。 （二）外来风险 含义：指海上风险以外由于其他各种外来的原因所造成的风险，包括一般外来风险和特殊外来风险。 1.一般的外来风险。一般外来风险通常是指偷窃、提货不着、破碎、雨淋、受潮、受热、发霉、串味、玷污、渗漏、钩损和锈损等。 2.特殊外来风险。特殊外来风险主要指由于军事、政治、国家政策法令和行政措施等特殊外来原因所致的风险。常见的特殊外来风险有战争、罢工、交货不到、拒收等。 思考题——想一想： 1.海上风险中的自然灾害和意外事故有什么区别？ 答案：意外事故一般是由人为因素引起的。 2.外来风险和海上风险有什么区别吗？ 答案：海上风险一般都发生在海洋运输中，外来风险在其他运输中也时常发生。 3.案例中触礁属于海上风险吗？如果是，这属于哪种风险?如果货物是被雨淋湿呢？ 答案：触礁只能在海上发生，而且是人为因素，所以属于意外事故，货物被雨淋湿在其他运输中也可能发生，所以不属于自然灾害，而属于一般外来风险。 连线题——连一连： 目的：促使学生牢固的掌握本模块的内容，清晰概念，做到活学活用。 引入例题： 目的：通过问题激发学生对海损的兴趣，从而进入此概念的讲解。 1.如我方出口咸菜共10 000箱，货到目的港时发现，有600箱被偷，这种损失属于什么损失？如果10 000桶咸菜全部被偷呢？ 答案：被偷600箱属于部分损失。 10 000箱全部被偷属于全损。 2.如在航行过程中船舶神秘失踪，是属于哪种全损？ 答案：船舶失踪，属于实际全损。 二．承保的损失（海损） 损失是指被保险货物在海运过程中，由于海上风险和外来风险所造成的损坏或灭失。

续表

<table>
<tr><td>教学过程</td><td>（一）全部损失
全部损失（Total Loss）：是指货物全部灭失或全部变质或不可能归还被保险人。全部损失分为实际全损和推定全损。
1.实际全损（Actual Total Loss）：是一种实质性或物质性的消失，又可称为绝对全损，是指被保险货物遭受完全灭失或完全变质，已失去原有的实用价值，或货物实际上已不可能归还被保险人所有。
实际全损有以下四种情况：
★被保险货物在保险事故发生后，已完全灭失或损坏；
★被保险货物遭受严重损害，已丧失形体、用途和价值；
★被保险人对其货物所有权已无可挽回地被完全剥夺；
★载货船舶失踪达到一定时期仍无音信。
2.推定全损（Constructive Total Loss）：也称商业全损，是指被保险货物在海上运输途中受损后，虽未达到完全灭失的状态，但是可以预见到它的全损将不可避免，或者为了避免全损，需要支付的抢救、修复或修理等费用加上继续将货物运抵目的地所需的费用之和将超过保险价值。
推定全损有以下有两种情况：
★被保险货物受损后，整理、修理或施救的费用估计要超过复修后货物的价值；
★被保险货物受损后，被保险人失去对货物的所有权，而要夺回这一所有权所花的费用将超过收回后该批货物价值。
3.部分全损（ Partial Total Loss）：在全部保险货物中，其中部分货物已造成全部灭失的现象。
例题分析：
1.在理论学习后，举例某种可能发生部分全损的商品？
答案：比如成套设备、大机器等零部件的灭失等。
2.某公司出口一批电冰箱，在航行过程中遭遇海啸，冰箱零件受损，后经预算发现，修理零件的费用将超过冰箱本身的价值，这时出现的损失属于哪种全损？
答案：修理费用超过货物本身价值，属于推定全损。
案例分析：
1.我公司出口一批稻谷，因保险事故被海水浸泡多时而丧失其存在的价值，货到目的港后只能低价出售，这种损失属于哪种损失？
2.有一批出口服装，在海上运输途中，因船体触礁导致服装严重受损，若将这批服装漂洗后运至目的地所花费的费用已超过服装的保险价值，这种损失属于哪种损失？
（二）部分损失
部分损失（Partial Loss）:指货物发生事故后，认为实际全损已不可避免，或者认为避免实际全损所需的费用与继续将货物运抵目的地的费用之和超过保险价值。
1.共同海损（General Average）：在海运途中，船舶、货物或其他财产遭遇共同危险，为了解除共同危险，有意采取合理的救难措施，所直接造成的特殊牺牲和支付的特殊费用。
构成共同海损的条件（略）
2.单独海损（Particular Average）：指仅涉及船舶或货物所有人单方面利益的损失。
共同海损和单独海损的费用承担：共同海损费用由获救后各方利益大小按比例分摊；单独海损的费用由受损方自己（或保险公司）承担。
共同海损与单独海损的区别：</td></tr>
</table>

续表

教学过程	1.造成海损的原因不同 （1）共同海损是因人为的故意造成。 （2）单独损失是海上风险直接造成。 2.承担损失的责任不同 （1）共同海损受益方按比例分摊。 （2）单独损失由受损方单独承担。 练一练：判断题和简答题 1.单独海损是除共同海损以外的部分损失。（√） 2.共同海损是由自然因素造成的；而单独海损多半是由人为因素造成的。（√） 3.船只途中遇暴风，晃动猛烈，船长下令抛掉甲舱的所有货物，但无效。这是否属于共同海损？（不属于共同海损） 三、承保的费用 （一）施救费用 施救费用（Sue and Labour Charges）：当被保险货物遇到保险责任范围内的灾害事故时，被保险人或其代理人或保险单上受让人等为防止损失的进一步扩大，而采取措施所付出的费用。（常与单独海损费用相联系，无论有无效果都予以赔偿） （二）救助费用 救助费用（Salvage Charges）：当被保险货物遇到保险责任范围内的灾害事故时，由无契约关系的第三者采取的救助行动，获得成功，而向其支付的报酬。（常与共同海损费用相联系，无效果、无报酬） （三）特别费用 特别费用（Special Charges）：避难港卸货、存仓、运送货物——合理费用。 在对三种费用的概念有个初步认识之后，让我们用最简短的语言来概括出三种费用的特点： 施救费用------------------------自救方式 救助费用------------------------他救方式 特别费用------------------------避难港等支出 第四环节：课堂小结 承保范围 　风险 　　海上风险：自然灾害；意外事故 　　外来风险：一般外来风险；特殊外来风险 　损失 　　全部损失：实际全损；推定全损；部分全损 　　部分损失：共同海损；单独海损 　费用：施救费用；救助费用；特别费用 第五环节：作业 案例思考题： 某货轮在航行途中因电线走火，第三舱内发生火灾，经灌水灭火后统计损失，被火烧毁货物价值5 000美元，因灌水救火被水浸坏货物损失价值6 000美元。船方宣布该轮共同海损，试根据上述案例分析回答下列问题：

续表

教学过程	(1) 该轮船长宣布共同海损是否合理? (2) 对于被火烧毁的货物,属于什么性质的损失? (3) 被水浸的货物损失属于什么性质的损失?应由谁负责? 识记 1.在海运货物保险中,保险公司承保哪些风险、损失和费用? 领会 2.何谓共同海损?它与单独海损有何区别? 3.何谓实际全损?何谓推定全损?两者区别? 应用 4.有一台精密仪器价值15 000美元,货轮在航行途中触礁,船身剧烈震动而使仪器受损。事后经专家检验,修复费用为16 000美元,如拆为零件销售,可卖2 000美元。问该仪器属于何种损失
效果展示与评价	教学效果:我们国际经贸项目组对此教学过程进行了实际观摩,学生在整个学习过程中都积极思考,学生尤其对案例学习充满兴趣,回答问题积极性很高,学生通过每个精心设计的教学环节学到了知识和技能,尤其是案例导入、想一想、连一连等教学环节,学生既巩固了知识又激起了对实际国际经贸业务的兴趣

析法、问题探索法、比较法、归纳法、讲练结合法等。在这个教学设计中,案例教学法的运用无疑起到了关键性的教学引领的作用。人们的思维习惯是愿意探究的,愿意在面临问题的情境里解决问题的。本教学设计教学案例应用在课程导入、课程深化和课程总结三个关键教学步骤中。

课程导入案例:

某货轮从上海港驶往新加坡,在航行中触礁,船底撞穿,海水涌入,部分货物遭水浸,船长为避免船舶沉没,强行搁浅,又使船货发生损失,由于船舶受损严重无法继续航行。这次事件造成的损失有:(1) 1 000箱货物由于搁浅遭水浸;(2) 600箱货物由于触礁遭水浸;(3) 船只由于搁浅受损;(4) 额外发生的员工薪金伙食,及船的燃油费用。

针对本案例提出问题:(1) 遇到案例中境况该如何做?(2) 你了解海运保险规定吗?(3) 应该办理哪种保险?(4) 如何办理保险,应注意什么问题?

课程深化案例:

案例一:我公司出口一批稻谷,因保险事故被海水浸泡多时而丧失其存在的价值,货到目的港后只能低价出售,这种损失属于哪种损失?

案例二:有一批出口服装,在海上运输途中,因船体触礁导致服装严重受损,若将这批服装漂洗后运至目的地所花费的费用已超过服装的保险价值,这种损失属于哪种损失?

课程总结部分案例:

某货轮在航行途中因电线走火,第三舱内发生火灾,经灌水灭火后统计损失,被火烧毁货物价值5 000美元,因灌水救火被水浸坏货物损失价值6 000美元。船方宣布该轮共同海损,试根据上述案例分析回答下列问题:(1) 该轮船长宣布共同海损是否合理?(2) 对于被火烧毁的货物,属于什么性质的损失?(3) 被水浸的货物损失属于什么性质的损失?应由谁负责?

案例选取与评价：导入案例宏观综合，涵盖了在接下来授课过程中学到的知识点；课程深化案例具体微观，只针对具体某一知识点展开，深化知识点内涵；总结案例是对课程教学目标的总体落实。这三个案例应用的时间和场合遵循了学生学习层级的递进性、学习知识的循序渐进性和技能训练的实践性，依学生的接受程度和练习深度依次展开。

案例运用中的课堂表现：在观摩课程的过程中存在这样的一个现象，面对案例导入，学生因为没有相关专业知识的学习，所以表情充满困惑，但随着任课教师的有效启发和组织，学生困惑的表情马上豁然开朗。在这个转变的过程中，教师引导学生根据自己的常识和经验来进行分析和判断，此时学生发言就积极踊跃了，尝试和经验就是我们前面已经论及的日常生活知识而不是科学知识。接着教师带着学生们的回答和疑问有针对性地讲授国际货物运输保险的知识点，学生在教学案例的分析中渐渐获取了科学知识，再与自己的日常生活知识进行结合，此时案例的深刻性就融入学生的记忆深处。随着课程的深入，学生建立起了科学知识的体系，再与自己所拥有的日常生活知识进行有效结合，就建立起了关于国际货物运输保险的完整的知识体系，最后教师通过案例对以上知识体系的形成进行巩固取得了良好的教学效果。在教学设计中，教学目标严谨程度高，是对科学知识的学习落实，所以整个教学设计采取的是封闭型的案例。通过以上分析，案例教学在以上教学设计过程中是教学主线，时刻围绕教学目标而展开。

第7章 模拟教学法

学习目标

- 了解沙盘演练、角色扮演和流程模拟。
- 了解模拟教学的原理。
- 理解模拟教学中的典型问题。
- 掌握模拟教学法的学习阶段。
- 学习模拟教学法及其课堂应用，对模拟教学法的教学应用进行教学评价和反思，在模拟教学中提升运用模拟教学法进行教学的能力。

7.1 方法介绍

看看我们的课例，观察中职校国际经济与贸易专业教育课堂，模拟可以说是比比皆是。原因就在于模拟教学以更小的尺度再现复杂的、动态的系统间的相互关联，使得错误的效果可视，又不必引起严肃的相关后果，并提供丰富的情境。

思考

1. 为什么模拟？模拟什么？如何模拟？
2. 如何处理学生通过模拟获得的体验？
3. 您尝试思考过如何用模拟教学法教学吗？您觉得模拟教学中的最大困难是什么？

所谓模拟法乃是按照时间顺序，借助于模型来复制事件、流程（过程）的逻辑顺序及它们之间的相互关系和相互作用。所以，它模拟的对象可以是事件，也可以是系统和人物。除了教学目的，模拟也常用于预测和娱乐。模拟教学采用仿真模型取代真实的原型，依据教育教学目的将仿真模型进行针对性的简化，并按照时间发展顺序复制出原型的基本功能特征和功能关系。模拟教学法其实并不是一种方法，而是多种方法的概括，常见的包括沙盘演练、角色扮演，有些时候甚至对模拟案例进行分析的教学也被归入模拟教学法的范围。

根据我们的调查，发现沙盘演练对国际经济与贸易专业教师的教学实践影响较小，因此下文仅做简单性介绍以作为知识拓展。教学实践中常见的主要是模拟公司或模拟办公室、模拟任务、模拟流程、模拟角色等模拟学习形式。课例中对职业角色的模拟、对任务的模拟、对业务流程的模拟都比较常见：报检的课例1中让学生模拟报检流程和商检机关的各个岗位角色，汇票的课例2让学生以各个机构的角色模拟汇票的基本票据行为，国际经贸接待礼仪这一课例中的角色扮演非常突出，倾销与反倾销一课中如果采取对法庭辩论进行模拟的方法，也是一种典型的对业务情境的模拟。

这些都再次证明国际经贸教学实践中常采用模拟学习的形式，尤其是当前课程结构中的综合实训类课。教学模拟的对象包括环境、流程、岗位角色，最终也必然会模拟工作任务。作为对企业实践机会的补充甚至替代，模拟教学法成为当前全日制学校职业教育中重要的教学方式，学校从硬件（包括场地、办公设备）到软件（应用软件、机构、流程、岗位角色等）进行全方位复制，在模拟公司或办公室中再现相应的工作过程，展示相应的职业行动。

可以说，模拟学习的设计是国际经济与贸易专业教师专业和教学能力的综合体现。因为一方面，模拟的依据当然是劳动世界，要求教师对企业实践有着非常深入、细致的了解，熟悉具体的工作流程、要求的工作文件、相应的机构和人员。所以，真正能进行模拟教学设计的教师都必须要有相当的企业经验。另一方面，模拟学习暨模拟公司作为对劳动世界的虚拟与简化，承载着教育教学目的，因而在目的、情境、观念和建模等方面都与劳动世界有着质的区别。教师需要根据专业修养和教学修养来判断其中的关键节点，并能够在虚拟的环境中以一种虚拟的任务和角色激发学生的学习动机，实现模拟任务的教育教学价值。

7.1.1 沙盘演练、角色扮演和流程模拟

1.沙盘演练

沙盘演练源于3 000年前的中国军事领域，在经贸领域常用来模拟经济学中管理者的决策：以一个真实的系统为基础，通过改变某些参数，引发系统中的变化，从而引发决策、干预的需要，具有综合性、宏观决策性质，适于反映综合、复杂的专业关联。虽然名为沙盘演练，但现在更多的是以软件为技术基础的信息化演练，比如用友、SAP等公司都提供专门用于模拟演练的应用软件。

德国经济教育学者Tramm这样描述演练游戏的特点：模型利用某种媒体表征原型，在某些方面对原型做了特别的简化，并特别突出原型的某个特点。模型描述了演练的框架，从而确定了演练进程的区域。开发者的视角决定了模型。演练游戏为参与者提供了在模型的框架内决策的机会。这一决策成为引发演练游戏的动力，使模型的原始形态发生改变。

沙盘演练的学习目的是：理解并运用模型；分析模型，分析其中各个元素的内在关联；利用模型的综合效应；评估模型。

成功的模型会激发学生学习以及竞争和赢的欲望。但是，当前沙盘演练的研究与教学实践在大学教育阶段更多一些，中国的中职校中则仍不多见。这一演练要求的资金和人员投入都较大，教师通常需要较长时间熟悉整个演练系统，而且常常需要教师团队的合作。

2.角色扮演和流程模拟

中职校国际经济与贸易专业教学中，因企业实践学习的缺失，学校教学中常常赋予学

生职业身份的模拟角色，在模拟办公室或模拟公司的框架环境中完成模拟的任务，因此对职业角色和业务流程的模拟在中职校国际经济与贸易专业教育中颇为常见。角色扮演起源于戏剧，在学校教学中的广泛运用是近几十年的事，模拟职业、个人、社会生活中的冲突和决策情境，通过对学习过程的设计将其转化为一种游戏活动。目的在于让学习者熟悉这些情境，并促进他们处理这些情境的能力。角色扮演比其他方法更适用于经济类教学中，可以处理问题、冲突情境及派生的决策压力等情境，而且还可以通过角色的互换丰富学生对不同立场和角度对情境及决策进行反思。

角色扮演要求学生积极行动并促进个人经验的积累，角色扮演是让学生在给定的工作任务中自主地实施所有的行动。因此，角色扮演教学法能够促进学生的专业能力、行动能力和社会能力的提高。

有人将角色的任务分为手工操作和决策过程两种类型，根据不同的类型需要具备不同的知识基础。手工操作型任务需要具备具体工作技术技能，比如缮制各种单证或者行为训练；决策过程型任务训练的则需要具备决策各方必备的专业知识和专业思维，比如报价、还盘等。

经贸模拟教学中的角色扮演通常都会涉及多个角色，之间的关系可以是合作式，也可以是对立式。对立式角色有时可以由一台电脑来扮演，比如沙盘演练中的角色。合作式角色通常是公司内外部的联系人，比如货代公司某功能部门的市场销售和组织管理人员、报关员与商检机关工作人员。国际经贸中的买卖双方则是一种典型的对立式角色。

要将以角色扮演形式呈现的冲突和决策情境纳入一个系统性的学习过程，其核心要素是：批评、变化、角色互换、讨论和反思。.

这样的模拟学习过程中的应用过程分为三个阶段：动机激发阶段、角色熟悉阶段、反思阶段。

角色扮演法在设计角色时要考虑角色工作任务的描述；工作岗位的设立和配置、工作资料的制定和准备、角色互换和评价（讨论）的实施需要较长的整段时间；角色扮演过程中必须要有一个教师作为指导者和主持人；在合作式角色扮演中，对单个学生如何做出成绩评定；如何深化团队合作工作中的经验性学习；现实化的工作内容和工作环境（包括完成任务的时间要求压力）如何协调；在矛盾冲突情境中做出决策的现实性和指导性；在无实际损失风险的情况下，学生具有较大的行动自由度；学生能否承担起相应工作岗位的责任；通过角色互换拓展知识和经验；理解工作过程中复杂的内在联系、相互依赖性、作用和影响，对学生到底有何专业指导意义等。

7.1.2 模拟教学法的原理

“没有内容的思考空洞，没有概念的观察盲目。因此，既要让概念变得形象生动（引入观察的具体事物），也要使观察到的东西变得容易领悟（将其纳入概念的旗下）。”

康德于1781年在《纯粹理性批判》一书中写下这样的认知原理。从教学论的角度看来，可以发现这正是模拟公司这一学习形式的原理基础：通过有意识的计划获得观察体验。其首要的任务确实是保证直观和生动，其丰富性远远超出板书模式和电脑教室教学。根据这一要求，学生面对的不是对某一过程或事物的空洞描述，而是借助触手可及的具体事物来处理某个任务和计划、实施某个行动。模拟公司通过创造场景、提供行动，一定程度上再现过程。借助模拟公司进行教学的方案，因为对行动和过程的强调，从而为克服传统经贸类教学中以陈述和分类形式表征知识而造成的学习困难提供了潜力。它通过创造情境聚焦于认知脚本，为激发学生形成职业角色意识提供支撑条件，可以帮助学生形成职业行动的脚本，为概念的形成与理解提供更为直观的经验基础。

模拟公司的特别贡献在于：学生可以在专业课堂教学中接触到以职业性的脚本组织起来的知识。尽管也可以通过选择相应的问题型学习任务来促进学生形成引领行动的观念，但是，基于脚本建构而形成的知识似乎是模拟公司特有的功效。与案例分析或者常见的问题解决型任务等教学形式相比，通过模拟公司所学的知识似乎更容易转化为行动，更细致，与背景环境联系更为紧密。

它是典型的归纳式学习思路。学生在模拟公司要学的那些概念和内在逻辑关联并不是单个的经验知识或者相关的情境信息的简单推广，要以个人的、人工的、非日常的建构为基础。

7.1.3 模拟教学法的典型问题

模拟教学法实践中有这样几个典型问题：一是模拟教学并不意味着学习任务和学习方式已经给定；二是当前在模拟学习中，对表面的流程性的东西模仿较多，很少通过模拟学习来帮助学生理解流程形成的原因，很少具有问题性，也很少可以帮助学生对其中的概念、术语做深入的理解，角色扮演中甚至没有出现社会冲突的可能，常常“有角色”，但是“没扮演”，角色的背景、所在的情境交代过于简单、固定，即学生有很少的能自主扮演的空间以及所需的社会经验、阅历或专业知识，因而缺乏有认知意义的干扰，所以表面的、符号性质的、封闭性的角色扮演和流程再现比较多见；三是对企业和市场实际情形的模拟在复杂度上有困难，尤其某些市场化的过程因为虚拟的背景，互动伙伴之间实际上的师生和同学关系常导致责任心和真实性的减退。模拟教学教师要有意识地引导学生对模拟与实践的差距进行反思；四是模拟中对有些程序必然会简化，简化什么，如何简化，如何再现市场的竞争性、信息的丰富性和复杂度，如何简化常常成为教师决策的难题；五是与案例学习类似，那就是如何将学生在具体情境中获得的体验转化为具有广泛意义和深入对模拟体验的总结。

7.1.4 模拟教学法的学习阶段

模拟教学法作为一种典型的行动教学方法，其主要阶段就是典型的行动阶段：准备、计划、实施、检验。

准备阶段：学生要熟悉现实的问题情境、解决问题所需的知识和提出的问题；真实系统的功能模型（模拟器）或模拟软件。教师则要确定学习目标和学习领域；描述现实的问题情境，解决问题所需的知识和提出学生需弄明白的问题。教师要明确角色扮演的整体过程，角色的工作任务，角色扮演的目标（学习目标），准备的工作文档材料以及工作道具。教师要确定学习目标和学习领域；阐明角色扮演的类型是合作式角色扮演还是对立式角色扮演；每个角色的扮演者人数。教师要构建整个角色扮演的过程：确定工作岗位（角色）数量；确定岗位目标；界定工作内容和工作岗位；计划和组织角色扮演的流程：包含/不包含角色更换；包含/不包含中期评价（讨论），提出改善意见，检验改善措施的效果；时间的分配。教师制定出适用于所有岗位及各个岗位的工作资料，并在角色扮演教学实施之前发给学生自学。

计划阶段：学生要预计取得的结果、相互关系及发展，计划安排模拟试验和流程，例如模拟具体工作任务的环境和时间。分配工作任务（角色），学生要仔细考虑所承担的角色和角色的目标。确定所采取的行动及过程、行动的自由度和目标实现的途径。设置工作岗位，必要时确定工作的初始状态。

实施阶段：学生执行必要的行动，做出决策。学生按照需求、任务和质量要求实施行动，并进行必要的决策；记录事件、行动、决策和结果，必要时记录确认完成任务的信号；必要时中断角色扮演过程，进行系统性的角色变换；讨论角色扮演的过程及所认识到的因果关系。必要时对实施改善措施的效果进行评价。对个人学习收获的反思，主要包括对工作任务、工作内容、职业行动、决策、存在的困难、个人的时间要求、对工作过程的理解等方面的认识。

教师则指导学生操作模拟；回答学生提出的问题，必要时提供帮助；观察工作进程；记录反复出现的问题和操作上的错误。为保证角色扮演教学能够顺利进行，在学生进行角色扮演之前，需要预先测验学生自学相关的工作资料后掌握知识的情况；监控角色扮演的开始、持续和结束时间。必要时在角色扮演过程中引入干扰事件，以培养学生的应变能力。在角色扮演过程中如有需要，教师要回答学生的提问和提供必要的帮助。

检验阶段：学生得出结论，将结果存档，汇报展示结果，并对个人学习的收获进行反思，主要包括：对象事物及其相互关系；解决问题的方式方法；所需的时间和时间计划。教师则在以下方面辅导学生对模拟教学进行评价：比较性的结果展示；得出结论对方法的总结展示；听取学生的汇报并讨论结果；教师（向学生）提问；组织其他模拟小组的同学进行提问。学生对角色扮演过程中工作岗位相关的内容进行评价；针对角色扮演的结果以及观察到的不足、障碍、等待或缺失事件、质量和组织问题等进行集体讨论；共同分析原因，提出改善意见；共同确定如何改进下次角色扮演。此阶段教师要负责主持中期评价和终期评价的讨论，并针对学生提交的书面报告对学生角色扮演后认知水平的提高进行总结评价。学生认知水平的提高涉及以下几个方面：预期/非预期的结果；对工作过程以及工作岗位相互关系和作用的理解；工作方式和方法的掌握；所遇到的困难；工作能力的提高。

7.2 教学案例1及应用分析——流程模拟

7.2.1 教案——入境法检货物现场报检

入境法检货物现场报检的教学设计，见表7-1。

表7-1　　　　　　入境法检货物现场报检的教学设计

教学设计		
教材分析	出入境货物检验检疫工作程序是每个报检员必须掌握的岗位技能，出入境货物主要包括空运货物和海运货物，而教材《报检实务》上只简单罗列了法定检验检疫入境货物检验检疫的工作程序，没有进行细分。本着岗位技能引领的原则，从工作实际要求出发，以检验检疫工作程序为基础，派生并截取空运入境货物的现场报检一段为本课的学习内容，让学生通过三次法定报检工作任务的层层递进实践，掌握空运入境货物的现场报检技能	
学情分析	2008级报关班学生进校时，学习目标不明，学习能力参差不齐。本学期刚开始接触“报检实务”课程，但经过职校一年级国际贸易实务、经贸英语和单证实务的学习，为报检课程的进一步学习打下了一些基础。2008级报关1班同学，思维活跃，比较喜欢实践型的学习课程，学习态度认真，学习兴趣较高，学习气氛不错，特别对报检和报关专业课程的学习积极性比较高	
教学目标	知识与技能	1.学生学会入境法检货物的现场报检程序，能正确提供报检单证并顺利走完整个流程为合格。 2.学生学会出入境检验检疫的“检验检疫类别”，看到代码能正确说出检验检疫类别的为合格
	过程与方法	1.本课主要采用尝试教学法：“先试后导、先练后讲、先学后教”。(出示尝试题→自学课本→尝试练习→学生讨论→教师讲解→再次尝试) 2.配合使用情境模拟教学法，模拟浦东机场报检大厅的空运入境货物的现场报检
	情感、态度、价值观	1.通过对报检过程中遇到的实际问题的讨论，培养学生在工作中也要不断学习的职业意识。 2.采用尝试教学法和情境教学法，更需要不同小组同学间的协作完成，也培养了学生的团队合作意识
教学重点和难点	1.入境法检货物的现场报检程序。 2.入境法检货物的现场报检所提供的单证。 3.出入境检验检疫类别。 4.对比非法检与法检现场报检的不同	

续表

教学设计思路	1.结合以“服务为宗旨，以就业为导向”的职业教育教学改革理念，推广“尝试教学法”在中职国际经济与贸易专业“报检实务”课程教学中的应用，让学生在模拟的仿真工作环境中进行学习，提高学生的学习积极性，提高学生的职业技能，提高学生的自学能力，让学生学会学习。 2.以课本的基本理论为基础，在多次走访了报检实际工作岗位和报检员的基础上，进行了大胆教材重组，目的是以此次示范课的实践为起点，为以后编写《报检实训》教材打下良好基础。 3.尝试教学法课堂操作：六环五步。 先试后导、先练后讲、先学后教 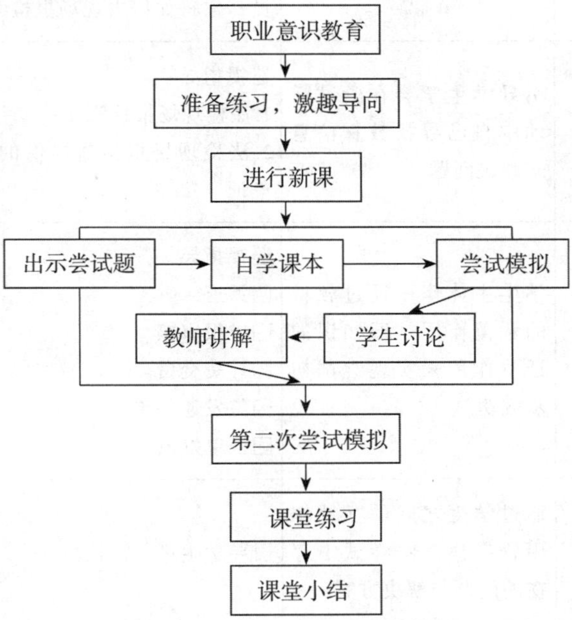

入境法检货物现场报检的教学过程，见表7-2。

表7-2　　入境法检货物现场报检的教学过程

教学过程			
教学环节	设计目标	教师活动	学生活动
★职业意识教育	引导学生学会学习	创设报检问题情境：报检时被报检管理人员指出报检单填报不完善	尝试简单的解决方案，明白工作中继续学习的重要性
★准备阶段，以旧引新	从准备题引导出尝试题，发挥旧知识的迁移作用，为学生解决尝试题铺路架桥	准备非法检申报复习题	重温非法检申报的程序与提交的单证 （PPT逐步演示程序和单证，并复习关键英语术语）

续表

教学环节	设计目标	教师活动	学生活动
★出示尝试题	提出问题，为学生的尝试活动提出任务，让学生进入问题情境之中	出示案例： 上海国际集团金融服务公司从德国西门子公司进口1台机床数控装置，用5个木托包装进口，委托上海兴亚报关公司报检，作为兴亚报关公司的一名报检员，你将如何去现场报检	进入任务情境
★自学教材	引导学生学会在尝试活动中自己寻找教材信息来解决问题	巡视指导： 1.法检现场报检程序； 2.法检现场报检需提供的单证	自己学习教材相关内容
★尝试模拟	学生主体作用通过教材的示范作用、旧知识的迁移作用来实现尝试初步成功	巡视指导 □派道 □申报审核 □计费交费 □签发通关单 □证单发放	以报检员身份进入报检大厅模拟现场报检
★学生讨论	通过学生之间的互补作用，寻找初步尝试中存在的问题与解决方案	引导学生进行讨论	讨论质疑
★教师讲解	确保学生系统掌握知识	进行重点难点讲解： 1.报检程序； 2.报检单证； 3.检验检疫类别； 4.对比非法检与法检的不同	听讲并与教师互动
★再次尝试，引申阶段	帮助学生修正错误，理清思路，正确完成现场报检	巡视指导： 上海宝华威热处理设备有限公司从美国进口一台炉顶搅拌风扇，检验检疫类别为M/N，委托上海兴亚报关公司报检，作为兴亚报关公司的一名报检员，你将如何再次去现场报检	分角色进行第二次模拟现场报检

续表

教学环节	设计目标	教师活动	学生活动
★课堂练习	检验并巩固学生学习成果	出示练习	做练习
		1.某公司出口一批速冻蔬菜（检验检疫类别为P.R/Q.S），对该批货物不需实施（　　）。 A.进口食品卫生监督检验　B.进境动植物检疫 C.出境动植物检疫　　　D.进口商品检验 2.贵州某饮料厂从中国香港进口一批设备零配件，委托上海某报关公司报检，从深圳口岸入境，该饮料厂应向（　　）检验检疫机构报检，申请《入境货物通关单》。 A.贵州　B.深圳　C.上海　D.中国香港 3.进境货物使用的木质包装应加施（　　）标识。 A.IPPC　B. CCC　C.CIQ　D.ECIQ 4.办理进境货物检验检疫手续的一般程序是（　　）。 A.报检——检验检疫——放行通关 B.检验检疫——报检——放行通关 C.报检——放行通关——检验检疫 D.放行通关——报检——检验检疫 5.检验检疫类别为”M”的在报检时应提供的单证有（　　）。 A.报检单、报关单　B.到货通知、运单、发票、合同 C.木质包装申明　D.委托书、检验检疫申报回执单	
★课堂小结	帮助学生回顾本节课所学知识，再次巩固学习成果	帮助回顾	回顾
		1.报检程序； 2.报检单证； 3.检验检疫类别 ◆对比非法检与法检报检的不同	

在货物入境前或入境时，货主或其代理人应首先向卸货口岸或到达站的检验检疫机构报检。具体工作程序，如图7-1所示。

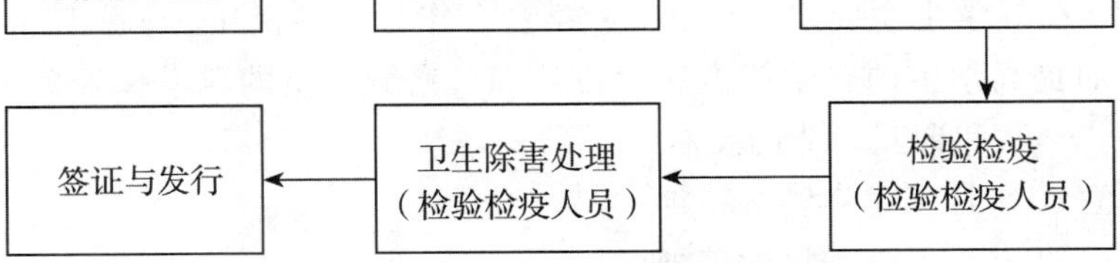

图7-1　入境货物检验检疫工作程序

下面将分别学习非法检和法检入境货物的具体报检程序。

1.非法检入境货物的报检程序

非法检入境货物的报检程序，如图7-2所示。

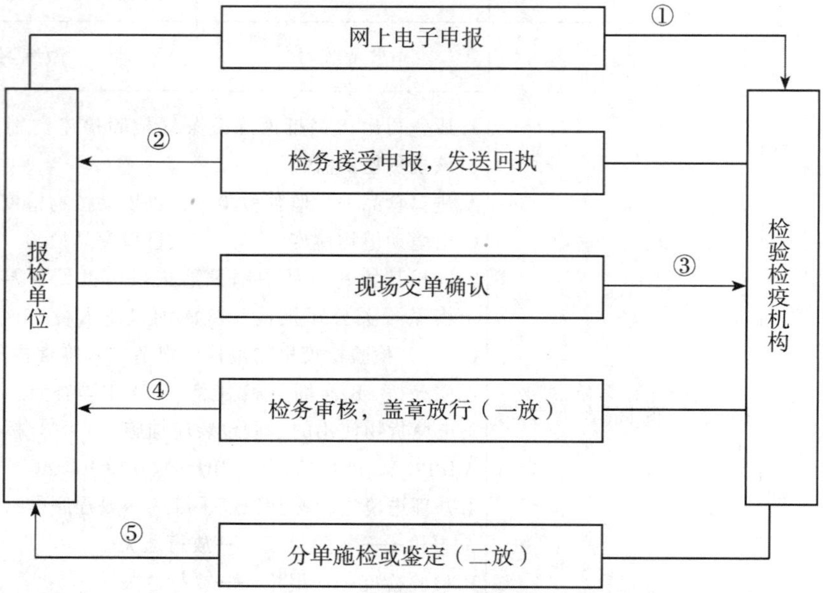

图7-2 非法检入境货物的报检程序

2.法检入境货物的报检程序

模拟实训：

通过学习教材上关于入境货物报检程序的系统知识，以报检员晓凡的身份模拟以下三种不同的报检任务。

（1）受苏州正扬电子有限公司的委托，对从中国香港进口的单片数字式集成电路进行报检，成交数量：12 500个，价值：1 975.00美元，包装：2 CARTONS。

（2）受上海国际集团金融服务有限公司的委托，对从德国进口的机床用数控装置进行报检，成交数量：1个，价值：13 607.92欧元，包装：5 PALLETS。

（3）受上海宝华威热处理设备有限公司委托，对从美国进口的炉顶搅拌风扇进行报检，成交数量：1台，价值：8 545.64美元，包装：1 PALLET，检验检疫类别为“M/N”。

办理法检入境货物报检程序情境，如图7-3所示。

办理法检入境货物报检程序工作背景，如图7-4所示。

7.2.2 教师说课及反思

本节课方法上采用了尝试教学法：在教学过程中，以教师的教学为主导，以学生的学习为主体，科学引导学生学会学习与思考，学会合作与交流，开发学生自主学习、获取知识的潜能，从而提高学生的自学能力和学习效率，培养学生的科学探索精神和创新意识，达到“教”与“学”和谐互动式的发展。

- 学生能尝试　培养学生尝试精神
- 尝试能成功　培养学生探索精神
- 成功能创新　培养学生创新精神

图7-3　法检入境货物情境图片

图7-4　法检入境货物工作背景图片

通过学生主体的尝试活动达到课标规定的教学目标，学生尝试活动过程中有教师的指导和点评。尝试形式主要是解决教师根据教学内容所提出的尝试问题。

整个课堂教学环节分为：

第一环：准备练习

第二环：激趣导入

第三环：进行新课

五步：出示尝试题→自学课本→尝试练习→学生讨论→教师讲解。

尝试题：上海国际集团金融服务公司从德国西门子公司进口1台机床数控装置，用5个木托包装进口，委托上海兴亚报关公司报检，作为兴亚报关公司的一名报检员，你将如何去现场报检？学生在课本自学阶段要关注两个问题：1.法检现场报检程序；2.法检现场报检需提供的单证。尝试模拟：派道；审核；证单发放；交费；签发通关单。学生讨论并寻找初步尝试中存在的问题与解决方案。教师讲解：1.报检程序；2.报检证单；3.检验检疫类别。

第四环：再次尝试（提升）

上海宝华威热处理设备有限公司从美国进口一台炉顶搅拌风扇，检验检疫类别为M/N，委托上海兴亚报关公司报检，作为兴亚公司的一名报检员，如何再次去现场报检？

第五环：课堂作业

第六环：课堂小结

主要总结了四个主题：报检程序、报检证单、检验检疫类别、对比非法检与法检报检的不同。

学生的学习积极性提高了，课堂气氛活跃了，自学能力增强了，教育质量也相应地得到提高。这主要是因为尝试教学法符合辩证唯物主义的认识论，反映了学生掌握知识的客观规律，同时又符合学生心理发展的特点。注入式教学法使学生处于“你讲我听”的被动地位，而尝试教学法则把学生推到主动的地位。这就是尝试教学法之所以“灵”的主要原因。

比如，寻找一个陌生的地点，有三种方法：

第一种，不动脑筋随便跟着别人走，当时虽然一切很顺利，又很省力，可是离开别人的帮助，自己再去走，又不认识了。

第二种，自己摸索找路，当时虽然费时较多，也可能要走弯路，但走了一遍，不会忘记。

第三种，先学会看城市地图，然后按地图的位置和路线找到目的地。当然，起初要费时一点，但学会了按图找路的方法以后，不管什么地方都能迅速找到。而且去同一个地点，可以找到几条不同的路线。

尝试教学法好比是第三种方法。它不仅使学生学会一种解题方法，更重要的是在学会解题方法的过程中培养自学能力，掌握数学思考方法，发展智力，具有举一反三、触类旁通的本领。有了这种能力，不要看现在慢了一点，以后就可以超过别人。一位教育家说得好：知识是可能被遗忘的，但能力却不会失去，它将伴随你的终生。

本节课的设计，主要基于“尝试教学法在国际经济与贸易专业课中的应用”和“根据新课标编写报检实训教材”，事前进行了详细的企业调研和学习，而且教师亲自在浦东机场报检大厅进行观摩学习，理清了教学思路，加强了学生的实践学习能力。在教学中，能充分调动学生主动学习的热情，让学生学会自己学习、小组同伴学习、自我归纳学习、模拟实践学习、英语渗透学习、职业意识渗透学习。通过任务引领，层层剥离，层层递进，层层提升。学生学习积极性高，课堂气氛活跃，每组模拟不同角色的学生都很恪尽职守，认真负责，基本达到所设的预期教学目标。

本节课存在的问题：整节课时间分配上还可以调整得更丝丝入扣，教学节奏性和紧凑性上还有待提高。教学课件还可以打磨得更逼真、更精致。教案设计的规范性上还有小的细节没有注意到。小结了两次基本前后一致，没有大的区分，有点重复的感觉，可以每次侧重点不同。

7.2.3 应用分析——流程模拟

单证缮制是中职校国际经贸教育中分量很重的学习内容，一方面它直接与中职毕业生岗位工作相关；另一方面实际上很多概念的学习最后都要在具体单证的缮制或流程处理中隐含地再现。在全日制学校教育体系中，实务的教育一方面常常因为经贸环境的缺乏，较难落实；另一方面也要求教师对经贸实践有深入细致的了解。如何在远离企业的课堂环境中，实现业务的操作，再现单证传递的工作流程？如何使学生熟练掌握单证缮制的各个细节，养成踏实、细致、守时的工作作风，并持续保持学习热情和兴趣？据我们对职业学校的观察，教师讲，学生记，照猫画虎地讲授、记忆、模仿思路在教学实践中较为多见。

该案例是上海市群星职业技术学校彭茵教师2009年10月上的一堂区级公开课。教师做了一些有益的尝试。从基本工作流程出发，采用了学生先做、教师再点评总结的尝试学习的思路，比较新旧知识以促进旧知识的迁移和知识的精细化，教师表现出相当高的教学方法自觉，准备了丰富的材料，对教材内容进行了丰富的再处理。

可以看出，教师教学设计思路非常清晰、完整，对教学活动的描述用语准确、精练，任务与教学目标之间的逻辑清楚、合理，将学生的尝试活动作为重心推出，在学生尝试基础上进行教学，表现出发展学生学习能力、解决问题能力的价值取向。课堂气氛活跃，学生积极思考并能主动提出问题。

该课例考虑了中职校学生的岗位内容，教学目标定位以岗位技能要求为出发点和立足点，职业意识强。学习目标明确，针对法检和非法检两个报检流程和一个分类代码系统，提出职业典型任务，引导学生对报检分类及流程方面的专业信息进行有意识的自主加工，而且学习任务有层次上的递进，有尝试性的初级任务（尝试填制报检单）、比较性的精细化任务（比较法检和非法检报检的区别）、巩固的练习类任务，练习题针对性强，对所学知识能给予总体复习和巩固。教学任务层层剥离，不断提升对典型任务的处理引领了整个学习过程。但整个过程因考虑课堂程序的完整性，课堂进度比较快。最后的课堂练习未能按计划实施。

教师对教材的详细分析，表现出较强的教材加工意识，针对教材的缺陷将有关材料进行了整合、丰富，为学生在尝试之前的自主学习创造了资料环境。考虑到所有相关的内容教材上都有，教师在教学方法的设计上选择了在可能的范围内给予学生自主学习、自己尝试、教师进行辅导的思路。学情分析鲜明生动，教学过程中注重对学生动手能力的培养。

进出口报检知识程序性强，知识点多，对流程的学习采用了典型模拟学习形式，模拟浦东机场报检大厅空运入境货物的现场报检，体现了学做一体、手脑并用、理实结合的职教改革目标。教师进入企业进行了大量的调研实践，取得了第一手实践资料，进行了精心准备，在教学中引入大量报检实景大厅的照片，形象直观的图片能让学生获得生动真实的印象，注重实际操作，在尝试实践中理解所学知识。

其中的模拟主要是对流程和角色进行模拟，模拟的封闭性强，即强调依照实际工作程序照样再现，职业角色并不需要就冲突情形做出自主应对之决策，而主要是熟悉货物报检类别、了解流程的顺序。教室的布置模拟报检大厅现场，学生人数较多，靠墙围坐的同学分别扮演各种商检岗位角色，中间四个围坐的小组主要扮演报检员角色。在模拟时间流程的策划上，如果能够合理分配前后顺序和时间，把握好教学进度，整堂课的教学效果会更好。

学生进行自主尝试，从而获得了明显的开放性，教师遵循了循序渐进的认知过程，先试后导、先练后讲、先学后教，因而更好地调动了学生学习的主动性和能动性，增强了学生的学习兴趣。案例导入、设疑激思，将学生定位为具体的工作人员，激发学习兴趣和主动探求精神，自学尝试模拟让学生学会了自我学习和归纳。

在教学中进行了英语渗透教学，英语专业词库丰富了学生学习的知识面，符合中职国际经济与贸易专业学生学习的规律，有助于报检专业课程的学习。

开始的导入设置了一个常见的报检问题情境：报检员送检的资料因填制不正确，遭到商检人员的无礼摔单。教师就这一冲突激发学生思考，颇有意义，充分融入了职业意识教育，有利于培养学生克服困难不断学习的习惯和爱岗敬业的工作精神。

但是将其仅仅归纳为学习很重要则有些遗憾，感觉余韵未了，制造的良好冲突情境未能得到充分利用：这里是否可以提一下工作中的情绪控制和心理调适问题，在此基础上再提出不断学习、充实自己的能力是最好的赢得尊重的手段，可能会更自然，也更好地利用了情境中的冲突对学生视觉和心理上造成的难堪和冲击。

对比抓住了关键，尝试的体验突出了重点，模拟的演示解决了难点。

再次模拟报检现场阶段，教师出于时间压力（原来设计好的课堂练习也未能当堂处理），让一组同学上前演示，教师对整个程序的控制也比较多。这一教学组织上有一个问题值得考虑：那就是这个模拟的目的是什么？从学习效果和效率来看，为了让更多的同学都有尝试的机会，可以更好地利用组内学习的方式，在组内模拟送检流程，让同学自己相互检查，再以实物投影仪展示学生准备的单证作为补充，这样的一个学习深度、广度会更好一些，教学效果更好一些。

在对比法检与非法检流程和单证时，用具体的危害事例（黄山松的病害、南京松树的病害）解释木质包装为什么要法检，很形象、生动，易于理解。教师丰富的信息对教学的影响显而易见。此外，这里建议教师就如何记住这几个法检代码给同学提供一些小小的整理技巧，帮助同学总结一下：比如每一类别进出口的法检代码总是以相连的字母组成一对，每一类别的代码是否与该类别的某个英文单词有联系。

7.3 教学案例2及应用分析——流程模拟

7.3.1 教学设计呈现——模拟入境报检制单

一、教学目标

在信用证业务中：

1. 了解审单、入境货物报检业务程序。

2. 掌握入境货物报检单的缮制。

二、教学重点

让学生熟练掌握入境货物报检单的缮制。

三、教学难点

培养学生职业意识和敬业精神，通过模拟制单体验活动使理论知识的内容转化成实际操作能力。

四、教学方法

采用任务教学法，让学生边学边做，边做边学，提高教学效果。

五、教学设备

多媒体课件、黑板。

六、教学过程

（一）课前准备

1.学生复习出境货物报检流程和出境货物报检单的缮制。

2.学生预习入境货物报检。

3.教师准备PPT、视频、体验活动资料、空白出境和入境货物报检单等。

（二）情境导入

1.播放视频："国门蓝盾"——由视频引出检验检疫在进口贸易中的重要地位和作用，进而引出报检是进出口贸易中的一个重要环节。

2.复习出境货物报检：采用提问的方式，请学生回顾出境货物报检程序和出境报检单的缮制。

3.导入正课：入境货物报检及有关单证的缮制。

（三）展开新课

1.用流程图的形式向学生展示入境货物报检程序，如图7-5所示。

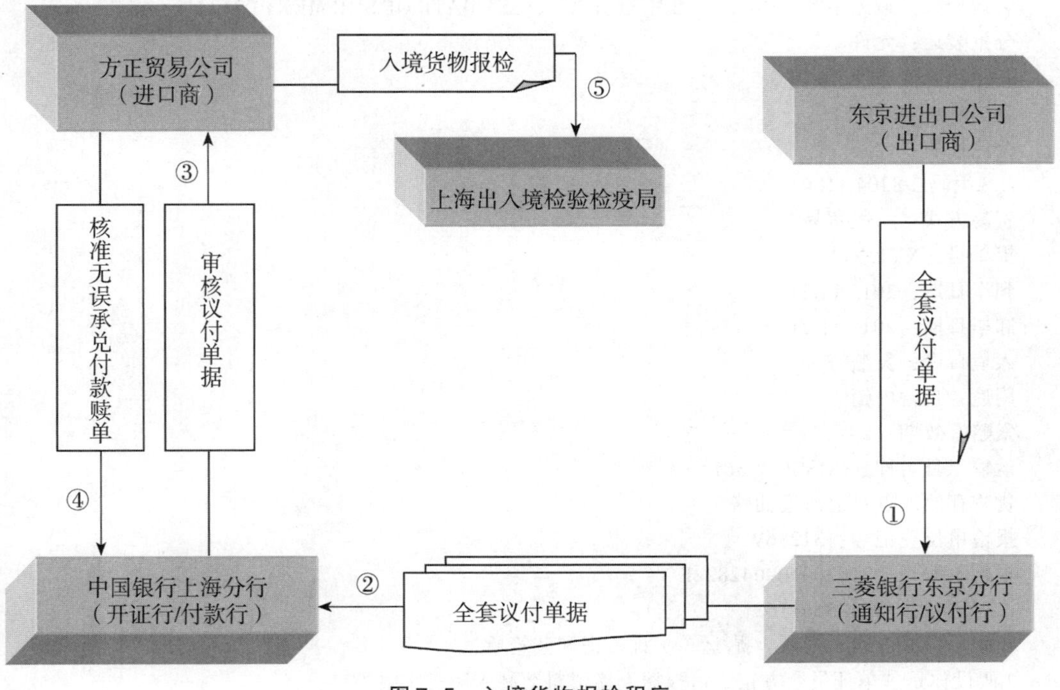

图7-5 入境货物报检程序

2.学生每人手里一份空白的入境货物报检单和出境货物报检单。

通过两份单据的对比，对出境货物报检和入境货物报检进行区分。

（四）体验活动

缮制入境货物报检单体验活动的具体资料，见表7-3。

表7-3 缮制入境货物报检单体验活动的具体资料

缮制入境货物报检单体验活动
1.业务资料： 买方：上海方正进出口贸易公司（SHANGHAI FANGZHENG IMPORT&EXPORT TRADE CORPORATION） 买方地址：1321 ZHONGSHAN ROAD SHANGHAI CHINA 买方电话：63229128 卖方：TOKYO TRADE CORPORATION 卖方地址：82-342 OTOLI MACHI TOKYO， JAPAN 卖方电话：081-028-548866 货名：扳手（WRENCH） 规格数量：HEX DEYS WRENCH 1 000 SETS CONBINATION WRENCH 2 000 SETS ADJUSTABLE WRENCH 1 500 SETS 单价：FOB TOKYO HEX DEYS WRENCH USD 10.00/SET CONBINATION WRENCH USD 20.00/SET ADJUSTABLE WRENCH USD 20.00/SET 包装：PACKED IN ONE CARTON OF 100 SETS 信用证号：XUT17344 装运港：东京港（TOKYO） 目的港：上海港（SHANGHAI） 装运期限：最迟不晚于2015年12月31日（LATEST DATE OF SHIPMENT 071231） 分批装运：允许 转运：允许 合同号：TX201511 企业性质：合资 H.S.编码：8204.1100 贸易方式：一般贸易 提单号：XY15211 到岸日期：2015.11.21 卸毕日期：2015.11.21 入境口岸：吴淞海关 用途：自营内销 索赔有效期：2年 运输工具名称：COSCO V.861 货物存放地点：上海逸仙路5号 报检单位登记号：31286W 报检单编号：310200109042822E 许可证号：15-JZ5661168 随附单据：合同、发票、提/运单、许可证和装箱单 2.假设你是“单证员”方正，请根据上述资料缮制入境货物报检单。

通过学生小组讨论，根据所给资料，共同完成入境货物报检单的缮制。

（五）学习成果分享

1.请同学谈缮制入境货物报检单过程中的心得体会，发现问题并解决问题。

2.总结缮制入境货物报检单的注意事项。

（六）教师总结

强调制单人员的职业素养。

（七）作业布置

1.完成制单体验活动，进一步巩固新知。

2.了解入境货物报检的范围。

七、教学设计

教学设计方案，见表7-4。

表7-4 教学设计方案

教学环节	教师活动	学生活动	设计意图
课前准备	准备PPT演示文稿、视频、体验活动资料，以及空白的出、入境报检单等	1.复习出境货物报检流程和出境货物报检单的缮制。 2.预习入境货物报检	提高学生自主学习的能力
情境导入	1.播放视频：国门蓝盾。 2.复习出境货物报检。 3.导入正课：入境货物报检及有关单证的缮制	学生回答： 1.观看视频的感想。 2.出境货物报检的流程回顾	激发学生的好奇心，提高学生的学习兴趣。 让学生在巩固旧知的基础上学习新知，达到融会贯通的目的
展开新课	1.了解入境货物报检业务程序。 2.认识入境货物报检单	学生交流，区分出境货物报检和入境货物报检	发动学生交流思考，借助新、旧知识的对比，让他们主动自觉地掌握新知
体验活动	1.给出一份模拟业务资料，要求缮制一份入境货物报检单。 2.要求学生思考，讨论并共同完成	1.熟悉业务资料。 2.交流、讨论。 3.选派代表共同完成入境报检单的缮制	实践演练是学习最有效的方法，让每个学生都参与其中，激发他们的学习热情
学习成果分享	倾听学生学习心得，并进行小结	学生分析缮制入境货物报检单过程中可能出现的问题和注意事项	学生自己总结分析，避免教师单方面纯粹说教
总结	教师总结：强调制单人员的职业素养		让学生不仅掌握基本单证操作的本领，更要加强他们的职业素质的培养
作业布置	1.完成制单体验活动。 2.了解一下入境货物报检的范围		巩固新知，并拓展学生知识面

7.3.2 教师说课

一、说教材

我们选用的是童宏祥老师主编、华东理工大学出版社出版的《新编外贸单证实务》。本次课内容是第三章第三节，在此之前，学生已经学习了信用证业务下进口贸易合同的订立，开立信用证及单证缮制，进口订舱、保险及有关单证缮制，并且在前两章也学习了出口报检的相关知识，这为本节的学习起到了铺垫作用。

今年9月份到12月初，我受学校派遣，到上海茂鸿国际货运有限公司顶岗实习，公司有我们学校历届推荐进去的学生，其中就有学生在报检的岗位上任职。因此，学好相关知识，对将来的就业也是大有益处的。

二、说学情

1.认知特点：授课对象为中专二年级学生，专业是经贸英语。在此之前，已完成了“国际贸易概论”和“国际贸易实务”等相关专业基础课和专业课程的学习。对进出口贸易流程也有了比较清楚的了解和学习。

2.身心特点：中职学生学习的主观能动性较差，对理论课程的学习缺乏一定的耐心。但由于“外贸单证实务”是该班的专业课程，而且学生的英语基础相对其他专业的学生来说较好，因此学生在学习本课程时具备一定的学习意识。

三、说教法

（一）教学目标

根据本教材的结构和内容分析，结合中专二年级学生的认知结构及其心理特征，我制定了以下的教学目标：

1.了解审单、入境货物报检业务程序。

2.掌握入境货物报检单的缮制。

（二）教学重点和难点

1.教学重点：让学生熟练掌握入境货物报检单的缮制。

2.教学难点：培养学生职业意识和敬业精神，通过模拟制单体验活动使理论知识的内容转化成实际操作能力。

（三）教学方法

为了最大限度地提高课堂教学效果，达到教学目的和要求，使学生能够在短短的一堂课内学有所得，把学习的主动权交到学生手里，通过旧知识和新知识的对比、讨论协作，让学生变被动学习为主动学习，充分调动起学生的学习热情，让学生体会到学习的成功和快乐。

1.情境教学法：利用多媒体的影像效果，创设情境，激发学习的兴趣。

2.模拟演练法：利用体验活动，让学生身临其境，从而加深学习印象，并增强学生的责任心和职业使命感。

3.集体讨论法：针对提出的任务和活动，以及活动中出现的问题，组织学生进行讨论，促使学生在学习中解决问题，培养学生的团结协作的精神。

四、说教学过程

在这节课的教学过程中，我注重突出重点、条理清晰、紧凑合理。各项活动的安排也注重互动、交流，最大限度地调动学生参与课堂的积极性、主动性。

（一）课前准备

成功始终是留给有准备的人。一堂课的成功，离不开充分的备课准备。为了让学生较快地进入学习状态，我除了自己准备PPT、视频、体验活动资料及空白入境和出境货物报检单等之外，还布置学生复习出境货物报检的相关内容，以达到温故而知新、融会贯通的目的。

1.情境导入。播放视频："国门蓝盾"。从中国检验检疫工作的介绍，让学生知道检验检疫工作在我国国际贸易中的重要性，从而进一步导出报检是国际贸易流程中的一个重要环节，并激发学生的爱国情绪以及使命感。

2.复习出境货物报检。通过复习达到承上启下的作用，让学生很快进入学习状态。

3.导入新课。

（二）展开新课

1.用流程图的形式向学生展示入境货物报检程序。

引导学生一起观察流程图，让学生学会根据流程图自觉地分析在信用证业务下进口方报检前后应该开展哪些方面的工作，并引出入境货物报检单的缮制。

2.学生每人手里一份空白的入境货物报检单和出境货物报检单。

3.让学生对比手中的两份空白报检单，并找出两者的不用之处。这样不但加深了之前所学知识的印象，还避免了学生对所学知识的混淆。

（三）体验活动

传统的教学中，教师会先将入境货物报检单的内容逐项进行讲解，然后再带领学生一起来缮制单据。但是在这堂课上，我尝试打破陈规，下达任务，让学生根据以往所学经验自己来填制入境货物报检单，发挥学生的主观能动性，变"要我学"为"我要学"。

（四）学习成果分享

学生在自主学习之后，必定会有收获，也有疑问。这个时候，就需要学生一起参与到分享、讨论和总结中来。通过学习成果的分享，让学生的知识得到提升和拓展。

（五）教师总结

强调学生的职业素养：制单仔细，避免出错，增强责任感。

（六）作业布置

1.完成制单体验活动，进一步巩固新知。

2.了解一下入境货物报检的范围。

结语：希望通过专业课的教学，能够让学生掌握职业能力，提高职业素养，为将来步入工作岗位打下扎实的基础。我们的教学，不但要让学生学会基本的专业知识，更是要让学生学会学习，学会解决问题。

教学材料：

中华人民共和国出入境检验检疫出境货物报检单

中华人民共和国出入境检验检疫入境货物报检单

7.3.3 应用分析——流程模拟

该课由商贸旅游职校周敏芬教师执教，与7.2节中彭茵教师的上课内容相似，两位教师在教学法思路的选择上有很多共同之处，说明教师在处理类似的教学内容上确实有共同的教学法选择倾向。比如，都应用了对角色及程序的模拟，而且也都选择了新、旧知识的对比，都选择了单证缮制的任务来引领课堂活动，最重要的是，两位教师都选择了下达任务、学生先练、老师再评的尝试性任务思路，当然彭老师的课例中尝试性任务的思路更为明晰一些。

彭老师的课例选择了法检与非法检的对比，这一课例选择了出入境报检单证的对比。根据内容而言，出入境的报检在程序和单证上并没有重要的区别，而法检与非法检在实际操作中对单证的要求、实际的程序都有不同，因而更有价值。后一课例之所以选择出入境报检单证对比，可能跟教材的体系也有一定关系。该教材先讲出口的整个流程，再展开对出口部分的学习。

该课例主要通过任务的模拟来实现任务情境的创设。导入部分的视频考虑了这个年代学生倾向于读图的认知特点，但是该视频的内容更多的是从进口货物的检验来谈报检工作的重要性，总体内容是宣传性质，仍然是偏于“糖果”性质的导入。

该课例也应用了图表，展示流程图，但该流程是进出口贸易的流程，并不是报检的直接流程，在此处不利于学生进入主题。

该课例的一个特点是关注了学生的学习过程，对学生单证填制的这一学习过程有较为深入的处理，但囿于时间关系，以及设备的局限，学生结果的呈现效果不是很明确。因此，要充分考虑框架条件对教学过程及教学方法的影响。

7.4 教学案例3及应用分析——问题分析型案例和角色模拟

7.4.1 教学设计呈现——国际经贸接待礼仪

教学设计呈现——国际经贸接待礼仪课程设计，见表7-5。

表7-5 教学设计呈现——国际经贸接待礼仪课程设计

<table>
<tr><td colspan="2">课时</td><td>2</td><td rowspan="2">执行日期</td><td>班级</td><td>国际经贸0712</td></tr>
<tr><td colspan="2">课型</td><td>技能学习</td><td>日期</td><td>2009.5.12</td></tr>
<tr><td>课题</td><td colspan="5">国际经贸接待礼仪</td></tr>
<tr><td>教材分析</td><td colspan="5">本课程所选用的教材：由本人主编、中国广播电视大学出版的《礼仪规范教程》。该教材内容比较浅显，适合职业中学学生的特点。针对正处于生理、心理成长和发育期的青少年，教材在较多内容上侧重讨论了青少年应在礼仪方面注意的各种问题。在学习本部分知识前，学生已学习了经贸仪容仪表礼仪和经贸语言仪态礼仪，并且学训结合，课堂内外均对礼仪技能进行了训练。本内容之后，将学习经贸往来礼仪。从经贸人员的自我训练到与人交往，本课内容相当于见面礼仪，其作用如同桥梁，是决定双方今后能否继续交往的关键</td></tr>
</table>

续表

<table>
<tr><td>学生分析</td><td colspan="3">该班学生比较活泼，男女生各占一半的比例。部分学生十分好动、调皮，行为规范比较差，因此，在学习本课程时，对这些学生或多或少都有所触动。在进行教学设计时，较多地考虑了让学生参与到课堂中来，让他们边探讨、边学习、边反思，学生普遍感到收获较大</td></tr>
<tr><td>教学设计思路</td><td colspan="3">课前准备——案例导入——布置任务——小组合作——完成任务——任务评价——归纳小结——技能训练</td></tr>
<tr><td>教学目标</td><td colspan="3">知识目标：熟练掌握经贸接待的基本礼仪要求和行为规范。
能力目标：通过小组学习、交流和探讨，培养学生发现问题、分析问题的能力和自学能力，培养学生的参与、创新意识和合作精神。
德育目标：反思自己在日常生活中的言行，进一步提升个人修养，使学生养成讲文明有礼貌的习惯</td></tr>
<tr><td rowspan="2">重点与难点</td><td>重点</td><td colspan="2">熟练掌握经贸接待的基本礼仪要求和行为规范</td></tr>
<tr><td>难点</td><td colspan="2">熟练掌握经贸接待的基本礼仪要求和行为规范，并学以致用</td></tr>
<tr><td>教学场景设计</td><td colspan="3">意大利JR服装集团的哈里先生及其助手应邀来到大连中南贸易公司进行洽谈，中南贸易公司办公室的赵主任今天到机场迎接二人</td></tr>
<tr><td>教学方法设计</td><td>采用角色扮演法：分五组分别完成，要求模拟相应的角色，并讲解各角色、各环节的礼仪规范要求</td><td>教学资源</td><td>与教学内容同步的PPT课件、教学视频、教学案例</td></tr>
</table>

本课任务描述：

意大利JR服装集团的哈里先生及其助手应邀来到大连中南贸易公司进行洽谈，中南贸易公司办公室的赵主任今天到机场迎接二人。现分五组分别完成以下五项任务，要求模拟相应的角色，并讲解各角色、各环节的礼仪规范要求。

1.赵主任及司机（以下简称赵）到机场出口接到哈里先生及助手（以下简称哈）。

2.赵引领哈上公司的小轿车。

3.到达公司，李总和陈副总在门口迎接哈，赵给双方介绍。

4.李总等引领哈参观公司。

5.赵在酒店备好午餐，以上所有人员入餐。

案例材料：

1.一天上午，惠利公司前台接待秘书小张匆匆走进办公室，像往常一样进行上班前的准备工作。她先打开窗户，再打开饮水机开关，然后，翻看昨天的工作日志。这时，一位事先有约的客人要求会见销售部李经理。小张一看时间，他提前了30分钟到达。小张立刻通知了销售部李经理，李经理说正在接待一位重要的客人，请对方稍等。小张如实转告客人说："李经理正在接待一位重要的客人，请您等一会儿。"话音未落，电话铃响了，小张用手指了指一旁的沙发，没顾上对客人说什么，就赶快接电话去了。客人尴尬地坐下……待小张接完电话后，发现客人已经离开了办公室。

你认为客人为什么会离开呢？小张的做法有没有不妥之处？

2.“高规格”的接待。

国外某投资集团十分看好当地独特的旅游资源，在有关部门的努力下，原则上决定斥巨资开发当地独特、优美的旅游资源。为了进一步落实投资具体事宜，该投资公司派出以董事长为团长的高级代表团来到该县进行实地考察。当地县政府对这次接待活动格外重视，接待规格之高是史无前例的。然而，面对主人热情洋溢的祝酒词以及丰盛的山珍海味，外方代表团成员并没有很兴奋，对中方的盛情款待似乎并不领情。第二天，代表团参观了当地尚未开发的旅游资源。外方赞不绝口，但没有按照以前期望的那样签署投资协议。为什么对外方如此高规格的接待却没有起到任何效果？县政府领导百思不得其解。

（1）为什么对外方如此高规格的接待却没有起到任何效果？

（2）在用餐上我国存在哪些陋习？你如何看待这些陋习？

教学设计呈现——国际经贸接待礼仪教学环节，见表7-6。

表7-6 **教学设计呈现——国际经贸接待礼仪教学环节**

教学环节	教学内容	学生学习活动安排	教师支持性活动安排	设计意图
案例导入	国际经贸接待案例	观看PPT，了解案例情景。思考问题，自由发言，说出自己的想法	播放PPT，提出问题让学生思考	激发学生的学习兴趣，培养学生的思考习惯
呈现任务明确任务	以PPT呈现教学任务（见PPT）	以小组为单位集中就座	了解学生的课前准备情况，提出教学目的和教学要求。 发放卡片	创设情境，让学生在任务的驱动下，自发地学习知识，完成学习任务
小组合作探讨共同完成任务	各组承担的教学任务	各组展开讨论，对本组所承担的课题进行教学设计和教学组织，形成集体方案。 将本环节的礼仪规范要求写在卡片上	1.巡视课堂，了解各组学生讨论的情况； 2.对学生提出的问题适当给出建议； 3.按照评分标准对讨论情况评分	调动学生的学习热情，培养学生的组织能力、合作意识和创新精神
各小组组织教学	各组承担的教学任务	1.各小组轮流按自己的设计方案组织教学； 2.表演完成后将卡片贴在黑板上； 3.其他小组在学习的同时积极思考	1.观察学生组织教学的全过程； 2.穿插引导学生思考问题和分析问题	掌握国际经贸接待礼仪的基本要求和行为规范常识，强化对知识的系统把握，培养学生的思考习惯和合作精神

续表

教学环节	教学内容	学生学习活动安排	教师支持性活动安排	设计意图
学生互疑互答	各组承担的教学任务	“学生组”提出问题或自己的新观点，进行完善补充，“教师组”回答问题，“教”“学”双方共同探讨，达成共识	1.每个组在组织教学之后，引导学生进行思考和交流； 2.对各组的表现进行评分	巩固教学内容，培养学生的主体意识，综合分析能力和创新精神
归纳小结	播放PPT，对各环节的礼仪规范要求进行归纳小结。 1.机场迎宾； 2.握手； 3.自我介绍； 4.乘车座次安排； 5.为他们介绍、接递名片； 6.引领参观； 7.餐饮礼仪	观看幻灯片并理解其中的内容。 记录教师提出的新问题	提出新的问题留给学生课后思考，探寻答案	巩固教学内容，培养深入思考的意识
教学效果检查	播放视频，找出国际经贸情景中违背礼仪规范之处并加以改正	积极思考，积极举手回答问题	播放视频	巩固教学内容
总结		归纳总结，构建知识体系	引导启发学生进行总结，从整体上把握本节课的教学内容	系统地掌握本节课的知识点，培养学生的综合概括能力
布置作业	1.书面作业，案例分析； 2.操作训练	课后总结、思考和分析，独立完成作业并学以致用		促使学生独立思考，掌握本节课的教学内容

7.4.2 应用分析——问题分析型案例和角色模拟

该课例中教师主要是利用情境和角色的模拟组织教学，案例的分析只是一个辅助的导入。针对国际经贸接待礼仪这一行为主题，教师从一个典型的职业情境入手：国际经贸活动中接待贸易伙伴。学习任务主要是对人物暨角色进行模拟：主客双方的主管和随行人员，并设计了一系列典型的接待活动场景。这一角色模拟中并没有特别的问题、冲突，主要聚焦于具体的行为举止，是针对行为训练的封闭式的角色扮演。

模拟教学部分的设计明显可以看出教师有相当丰富的教学经验，对学生心理和行为有比较深入的、有针对性的了解，对课堂活动的每个阶段都有相当明确的目的描述和思考，学生活动的设计具体、明确，既考虑了学生的做，也考虑了学生做之后教师如何教。但是角色的模拟中有一个问题，角色的背景描述过于苍白、抽象，缺少细节，不利于学生真正进入角色、想象情境，不利于出现更丰富的问题。这其实是模拟学习（此处是对具体角色的模拟）中一个典型的常见问题：那就是模拟的情境，角色不够丰满、细致，因而也就过于虚空、虚拟，容易导致学生在模拟中浮于表面，很难真正形成问题、发现问题，学生的模拟行为不能为教师的教学指导提供深入、丰富的材料，就容易引发学生活动和教师教学“两张皮”的现象。

国际经贸礼仪这一教学内容表面看是一些具体的行为规则，但其核心乃是在自尊自重、合作互利的基础上形成尊重他人、为他人着想、为他人服务的意识。行为规则因人而异，情境、地区、文化都有不同差异，想用具体的情境穷尽其规则，几乎是不可完成的任务。该课例的课件中提供了相当丰富的具体规则，一方面教师在这方面的基本知识相当扎实、丰富，而且很可贵的是，没有采用直接的讲授形式让学生听讲、记忆、了解这些规则，而是在学生模拟体验基础上做提炼的尝试。但如何在提炼基本规则的过程中，帮助学生形成客户服务意识，乃是这类教学内容中仍需多加考虑的重点。这其实是教学设计中对教学内容性质、目的的分析问题。礼仪这部分技能培训如何透过知识或者信息的现象看本质，脱离传递知识、信息的传统束缚，从学生能力形成的角度来思索信息的遴选和获得方式，该课例做了有益的探索，但还有改善的空间。

如果不研究具体的人、细致的情境，则很难将客户服务意识落实到实处。此处可以考虑将这个模拟情境做进一步的分化，赋予哈里先生及其随行人员及中方的赵主任年龄、职位、性别、民族等各种不同组合，小组就不同的角色描述暨脚本展开自己的模拟行动。这样，任务的层次可以更丰富，情境会更具体、真实，可以提高单位时间的教学效率。

该课例的导入部分用了两个案例。一方面，教师确实掌握了丰富的材料，但另一方面从案例的数量、引入的节奏、内容的相关性和处理的深度而言，这一部分可以考虑做较大的调整。案例的量偏多，节奏过快，主题相关性有些散，学生参与案例讨论的广度和深度可能会不够。用两个故事做导入，教师希望用故事吸引学生的用意显而易见，导入的“糖果效应”看来确实是老师们的偏好。故事过多，而且在教学节奏上前后相连，学生可能容易出现对故事的兴趣疲劳。从时间计划上看，也容易导致每个故事的分析都浅尝辄止，降低学习效率，养成学生只听故事、不求甚解的学习心态。从内容相关性上而言，第二个案例与第一个案例及其后的模拟任务都有较大距离，它蕴含的信息非常丰富、复杂，下文将做更具体的探讨。从教学的组织上看，案例的讨论形式似乎随意了一些。可以考虑用第一个案例作为引入，第二个案例作为最后的思考题。

此课例中提供的案例有一个很明显的特点，那就是两个案例语言的叙述性风格都比较明显，确实具有故事性。尤其是案例1，提供了相当具体的细节，为分析提供了良好的基础。这样叙述性强、信息丰富的案例为深入的讨论提供了很多支点。由谁来提问题，提什么问题，什么时候提什么问题，对案例分析的质量有着深刻影响。可以看到，两个案例中，都是教师提出问题，学生如果能有提出问题的机会，对培养学生发现问题、思考问题的能力是一种宝贵的锻炼，也是教师了解学生想法、发现学生学习和发展状况的良好契机。很多时候，学生对问题关注的角度与深度和教师的想象常有出入。学生常会在同样的材料中发现完全不同的问题。

以案例2为例，可能会有同学想到贪污腐败问题，会将它归属为政治问题，而不会首先将它定义为礼仪问题和就餐陋习问题。由教师提出的问题来看，可以发现目的指向非常明确，聚焦迅速。但这一效果的代价是：限制学生思路，失去让学生就某些问题提出质疑的机会，而这些问题可能通常涉及一些深层次的认知。学生失去了在材料中探索和主动思考的一个机会，教师避开了可能会来自学生的质疑，即为什么这一案例也属于礼仪范畴？而针对学生疑惑的教师论证会有助于帮助学生理解这样一个深刻的内涵原则：礼仪虽然表现为具体的行为、举止，但却取决于个人或组织的意识、心态及目的。这可以极大地提升技能学习的价值，对学生价值观和思维方式有着重要的影响。案例学习提供的丰富潜力实际上受到了抑制。当前国际经贸礼仪领域的技能学习、行为训练相当有必要从这一角度进行教育价值的拓展和提升。

此外，单纯地从内容角度将案例2中的第二个问题拓展为用餐的陋习也值得商榷。用餐的陋习非常之广，案例中的铺张、奢华等现象主要涉及价值观层面，还有很多陋习主要涉及用餐的具体礼仪。因此，这个问题的提法有必要再次聚焦，或者体现一定的层次区别。总体而言，这一案例的主题并不适合放在开头作为导入。

与案例2相比，案例1聚焦于办公室接待的典型问题，与之后的模拟任务有着更直接的联系。在分析了秘书小张的不当举止这一现象层面的问题之后，教师可以考虑提出“小张为什么会这样”的深入问题，帮助学生从行为表现出的心态入手，理解礼仪与意识暨心态的关系，帮助学生初步形成职业角色意识中的客户服务意识，从而为下面的模拟任务提供良好的基础，并可以用这一原则从总体引领同学对模拟任务进行有意识的观察、计划与反省。

第8章 自学辅导教学法、学案导学教学法、引导文教学法

学习目标

- 认识和了解自学辅导教学法对于教师教学和学生学习的重要性。
- 掌握学案导学和引导文教学法运用的联系和区别。
- 学习自学辅导教学法及其课堂应用，在对自学辅导教学法的应用中进行教学评价和反思，在模拟教学中提升运用自学辅导教学法进行教学的能力。

8.1 方法介绍

培养学生自主学习的能力，可谓是各类教学法追求的终极目标之一，因此针对自学能力的培养形成了各种具体的教学法方案。在我国有源于普教数学学科的“自学辅导教学法”，在此背景下江苏某地区职校总结、归纳的“学案导学教学法”；在德国则有盛行于双元制企业培训的“引导文教学法”。下面将在分别介绍及对比的基础上，分析这几种教学法在社会形式、师生活动、工作思路、学习任务及其适用领域的差异。

8.1.1 自学辅导教学法

卢仲衡教授在继承和批判斯金纳的程序教学和传统讲授教学的基础上，从数学学科开始，40多年致力于“自学辅导教学法”的试验和推广。他认为：要促进或加速培养创新人才，首先就要重视自学能力的培养。自学辅导教学法是多快好省地培养出高质量人才方法中的一种，它能够遵循一条由“学会”到“会学”再到“创新”的路线。自学辅导教学法，克服了教师单向、死板传授知识的弊端，增强了学生的自学能力。这种主动、积极地参与学习的活动大大地发展了学生大脑的潜能，调动了学生的认识、情感、兴趣和动机的活力。

他吸取了程序教学和传统教学的优点，逐渐形成编写自学辅导教材的九条心理学原则：从小步逐渐过渡到大步的适当步子，即“高而可攀”的步子；当时知道结果；铺垫原则；从展开到压缩、详尽到省略的过程；直接揭露本质特征；多例题、多变式；按步思维；运算概括外化和可逆性联想（这两条明显是针对数学学科而言）。后来又提出6条教学原则：班集体与个别化教学相结合（社会交流的形式）；在教师指导、辅导下以学生自

学为主（师生的各自角色）；利用现代化手段加强直观性；尽量采用变式复习加深理解和巩固（任务的形式）；强动机、浓兴趣；自检与他检相结合。启、读、练、知、结相结合（工作过程）。“启”与“结”是教师在开始上课和即将下课时面向班集体进行的，占15分钟左右；中间30分钟不开发学生的思路，让他们读、练、知交替进行，快者快学、慢者慢学，学到课本中指令做练习处就做练习，并核对答案。具体来说，“启”就是从旧知识引进新问题，激发学生的求知欲望，使他们有迫切需要阅读课本和解决问题的要求。启发不是讲课，老师两不代替：一不代替学生阅读，二不代替学生思考。“读”就是阅读课文；“练”就是做练习；“知”就是当时知道结果，即时反馈。读、练、知三者可以交替，读懂课文就做练习，做完练习就对答案，又读课文、做练习、对答案，如此交替直至教师小结时才停止。“结”就是小结。在小结中，教师必须有的放矢，概括全貌，纠正学生的错误，使做题规范化，解决疑难问题，促使知识系统化。

每堂课在启、读、练、知、结相结合的情况下，以视觉为主，动手、动脑、动耳又动口，多感官相互作用，大脑各皮层区域轮流兴奋，学生就不会觉得疲惫，注意力就会始终保持集中。这种教学模式，从单纯灌输知识技能转而着重培养独立阅读能力、独立审题能力、独立思维能力和独立操作能力，即着重培养自学能力。卢仲衡又提出了自学辅导教学法的四项验收指标：学生的学业成绩提升、自学能力成长、自学能力迁移与学科全面发展。

8.1.2 学案导学教学法

江苏某地区职校教师吸取了自学辅导教学法的经验，在教学中开发用于辅导的文本即学案。根据当地教师的总结，所谓“学案”是指教师依据课程标准，结合学生的认知水平、知识经验，为指导学生主动的知识建构而编制的学习方案。学案导学教学法的做法是：首先让学生利用学案在无人指导的环境中复习学过的知识、探索新的知识，进行自我探究。其次，通过自学找到适合于自己的学习方法，进而会学习，最终培养学生学习知识、应用知识的能力。

通常教师在课前印好学案，将其作为预习思考题发给学生，学生在课余时间利用学案完成大部分力所能及的内容，一方面帮助部分学生解决不会预习、不想预习的毛病，另一方面由于学案是按知识的学习过程利用“导学”的原理编写的，可以培养学生的自主学习习惯和能力。在课堂上，教师先让学生就学案的内容进行交流，再根据学生的交流情况，进行重点讲解，然后再就本节内容中的疑难问题，和学生共同讨论。这样新知的“教与学”就在轻松地探究、讨论、交流中完成。学生学得轻松，教师也教得投入。

由这些介绍可以看出，学案导学教学法主要是利用文本材料引导学生进行针对性的复习、预习，为实现课堂教学的针对性、突出教学重点和难点创造条件，主要用于课前的预习和课堂教学中的交流。对学案进行处理时，并未对学习形式有特别的要求，小组合作的学习方式似乎并非必需。

8.1.3 引导文教学法

引导文教学法是借助引导文（LEADTEXT）等教学文件，引导学生独立学习和工作的教学方法。

1.引导文的主要内容

（1）学习目标，通过该教学项目，学生应完成什么工作，应掌握哪些知识和技能，即干什么？

（2）引导问题，学生在引导问题的指引下主动、独立地学习，制订出可行的工作计划，并对工作计划进行评估，即怎么干？

（3）信息来源，为学生指出获取有关信息的渠道，培养学生获取、加工、处理信息的能力。除此之外，根据具体教学内容，引导文还可以附带技术说明书、工作计划表、材料明细表、工具需求表、成绩评定表、图纸等必要的资料。

2.引导文教学法的组织形式

（1）独立工作形式，每个学生独立制订计划，独立实施计划，独立评估计划。

（2）小组工作形式，根据学习项目的具体情况，把学生按一定人数分为小组，以小组为单位完成教学任务。一般把学习能力不同的学生安排在一组，以便相互交流，相互促进，共同提高，进一步扩大教育能量。小组工作又可以采取两种方式：

一是小组成员一起讨论，共同制订工作计划，每个成员独立完成相同的工作项目。这种工作方式多用于简单的教学项目；二是小组成员一起讨论，共同制订复杂项目（如加工一组合件）的整体工作计划，然后按照具体分工，每个学生独立完成自己的工作任务。这种既有分工又有协作的组织形式，要求小组成员必须具有整体观念，每个学生加工的部件应能组装在一起，相互匹配，构成一个完整的装置。

教师的工作重点集中在开发引导文、教学准备阶段和收尾阶段。教学过程中教师只起组织、协调、督促、咨询作用。

3.引导文教学法的教学过程及特点

（1）目标明确。学生通过阅读引导文可以明确学习目标，清楚地了解应该完成什么工作、学会什么知识、掌握什么技能。在引导文的引导下，学生必须积极主动地查阅资料、获取有效信息、解答引导问题、制订工作计划、实施工作计划、评估工作计划，避免了传统教学方法理论与实践的脱节、难以激发学生学习兴趣的弊端。整个学习过程可以简单概括为：明确学习目的，获取有效信息，学会理论知识，掌握专业技能。学生一旦掌握了这种学习方法，就可以把它内化为自己的思维方式和行为方式，从而大大提高自学能力，为自我发展奠定良好的基础。

（2）学生为主体。教师不应该将知识生硬地灌输给学生，应以学生为主体，使学生主动地、自发地学习。引导文教学法能够唤起学生的学习兴趣，激发学生的求知欲，充分调动学生学习的积极性、主动性和创造性，引导和启发学生独立学习，综合思考。从查阅技术资料、获取有关信息、解答引导问题、制订工作计划、确定质量控制指标体系、准备工具、选择材料、加工制作到检测评估，学生不仅自始至终积极参与教学，而且能够发现自己尚存在的问题和不足，主动地加以弥补，不断地自我完善，在整个教学过程中学生的主体地位得以充分体现。引导文教学法的教学过程如图8-1所示。

（3）教师为主导。教师必须根据教学大纲的要求，认真编写能激发学生积极思考、切实可行的引导文，做好必要的教学准备工作。在教学过程中，教师只起激励鞭策、组织协调、咨询引导作用；与学生讨论引导问题的答案是否正确；工作计划是否合理、可行；学生实施计划时，教师注意观察，获取反馈信息；发现可能导致人员伤亡或设备损坏的错误

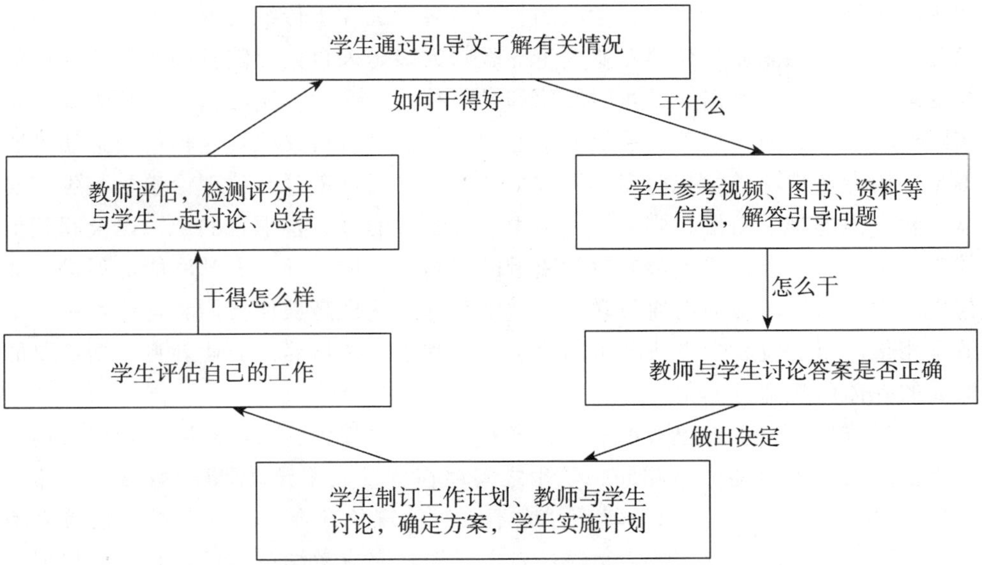

图 8-1　引导文教学法的教学过程

行为，应及时制止；学生存在的其他问题可以在总结谈话时加以纠正。当学生完成了一个学习项目后，教师检查评估学生的工作成果，客观、公正地进行评价和总结，并与学生就存在的问题进行深入讨论，开诚布公地交换意见，明确指出学生的不足之处和今后的努力方向。由此可见，教师在教学的全过程中始终起着主导作用。

（4）启发式教学。德国教育家第斯多惠认为："教学就是引导学生的思想，引导学生智力的积极性。"我国最早的教育学专著《礼记·学记》中也指出："道而弗牵，强而弗抑，开而弗达。"也就是说，在教学过程中，要启发学生积极思维，不要牵着学生走；要鼓励学生大胆探索，不要压抑学生的积极性；要开阔学生的思路，让他们独立思考，不要代替学生得出结论。引导文教学法正是如此。教师不是直接给学生现成的答案，更不是告诉学生应该干什么、怎么干，用什么、怎么用，而是以引导问题的形式启发学生思考，激活学生的思维，使学生主动地获取知识。从得到引导文开始，学生就必须积极开动脑筋，想方设法解决面临的各种问题，始终处于"主动出击"状态，一改过去"要我学"为"我要学"。由于学生的主体地位受到尊重，学习内在动力得到充分调动，所以能够较牢固地掌握所学的知识和技能，收到举一反三、触类旁通的效果，比较圆满地达到预定教学目标，使学生的素质和办学效益都得到大幅度提高。

（5）教学生"会学"。引导文教学法的目的不仅仅在于提高学生当前的学习成绩，更重要的是使学生掌握正确的学习方法，由"学会"变为"会学"，即"教学生自己学，教学生怎样学"，这更有益于学生将来的发展。引导文教学法除了引导学生有选择地掌握基本知识和技能外，更重要的是发展学生的智力，调动他们学习的主观能动性，掌握有效的学习方法，为"终身学习"打下坚实的基础，使学生步入社会后，具有获取信息与处理信息的能力，具有自我学习和发展的能力。

（6）理论联系实际。学生根据引导问题，主要以自学方式获取新知识、掌握新技能，逐步建立起理论与实践的对应关系。引导文教学法促使学生把学到的理论知识自觉地应用于生产实践。理论密切联系实际也有助于提高学生对理论重要性的认识，进一步激发学习理论知识的积极性，所以引导文教学法的教学效果远远优于传统的教学方法。

除此之外，我国职业学校的专业理论课教师大多是来自大专院校的毕业生，虽然有全面系统的理论知识，但普遍缺乏实践经验和操作技能。而生产实习指导教师大部分是具有丰富实践经验的中、高级技工，系统的专业理论知识又有所欠缺。这种局面迫使各职业学校不得不采用专业理论教学与生产实习教学分而治之的下策，导致理论教学与生产实习教学脱节，教学内容难以衔接和协调，教学中“各吹各的号、各唱各的调”以及互相推诿和埋怨的现象也时有发生，严重影响教学质量的提高。采用引导文教学法能够促进专业理论教师与生产实习指导教师的沟通与联系，激励教师迅速提高操作技能和理论水平，不断进取，教学相长，以适应教学方法改革的要求，有利于尽快培养出职业教育迫切需要的既能文又能武的一体化教师。

（7）因材施教。学生的智力水平、脾气禀性、家庭教育、学习态度、知识结构、环境影响、生活经历等不可能完全相同，学生之间存在着较大差异。“班级教学”必然导致一部分学生“吃不饱”，而另一部分学生“吃不了”的现象存在。引导文教学法较完美地解决了这一问题，学习能力较强的学生通过自学，提前完成教学项目后，教师可根据学生的具体情况，因人而异地适当安排新的学习内容，为他们开“小灶”，保证这些人“既吃得饱，又吃得好”，做到“快出人才，出好人才”。教师可以把更多的精力用于辅导学习能力比较差的学生，在不降低基本要求的情况下，逐渐改变他们“吃不了”的状况，使这些学生不掉队。独立学习和个别化教学使学生能够“瞬间求助”，避免了“班级教学”的种种弊端，使呆板的课堂教育变得生动活泼。

尊重学生的个性、人格、差异，赋予每个学生确立自己行为目标的权利，自主决定学习时间和学习进度，使学生真正处于教学的主体地位。这就可以充分发掘每位学生的潜在能力，最大限度地调动他们的积极性和主动性。目前，个别化教学已成为全世界教学改革的方向和教学实践的主流，应引起有关方面的注意。

（8）循序渐进。引导文教学法是根据学生原有的理论知识和实践经验，由浅入深、由易到难、由简单到复杂、由具体到抽象、由低级到高级地安排教学活动。在学习项目结束时，教师与学生必须深入细致地进行研讨，认真总结经验和教训，找出教学过程中学生与教师各存在的不足之处，以及需要双方进一步思考和解决的问题。教师有责任指出学生存在的问题及改进方向，介绍自己的经验和体会，启发学生思考；学生也有义务对引导文和教师的工作提出意见和建议，力争把以后的教学工作做得更好。

（9）培养关键能力。职业学校的学生即将步入社会，成为一名劳动者，能否尽快适应这种变化，将直接影响职业教育的质量和效益。引导文教学法不仅向学生传授知识和技能，而且注重培养学生认真负责的工作作风、爱岗敬业的职业道德，有利于学生职业行为能力的养成。第一，这种教学方法注重培养学生的自学能力，独立地分析问题、解决问题的能力，不达目的决不罢休的意志品质，以及心理和生理的适应能力，为以后的学习和发展奠定了基础。第二，引导文教学法使学生提高了独立获取信息、制订计划、实施计划、评估计划的职业行为能力，具有了尽快胜任岗位的从业能力。第三，这种教学方法能够全面提高学生的自身素质，学生必须与信息的持有者、工具及原材料的保管者等方方面面打交道，有助于培养他们妥善处理人际关系以及交往沟通的能力；采用“小组工作方式”能够培养学生之间的相互配合与团结协作的能力；参与各种讨论，增强了学生的口头表达能力、自信心和逻辑思维能力等。学习过程中还可以促进学生对社会行为规范、职业行为习惯等方面的适应能力，如参与意识、质量意识、安全意识、环保意识、经济意识、时间意识、竞争意识、节能意识等。

综上所述，引导文教学法可以明显地提高学生的自学能力、分析问题和解决问题的能力，对环境变化的心理承受能力，适应劳动力市场变化的转岗能力与再就业能力，不断开发自身潜能以及迎接各种挑战的能力，简而言之，就是可以大大提高学生的“关键能力”。

4.引导文教学法与传统的讲解示范教学法的主要差别

我国职业学校的生产实习教学中大多采用传统的讲解示范教学法，其教学过程，如图8-2所示。

教师讲解、示范 → 学生模仿、练习

图8-2 讲解示范教学法教学过程

为了使读者更直观地了解传统的“讲解示范教学法”与“引导文教学法”的差别，列举了部分相关因素进行比较，见表8-1。

表8-1 **传统的“讲解示范教学法”与“引导文教学法”的主要差别**

讲解示范教学法	引导文教学法
教师讲解，学生听	学生根据引导文独立获取信息，解答引导问题，教师与学生讨论答案是否正确
教师示范，学生看	学生独立制订计划，教师与学生讨论计划的可行性及合理性
在教师指导下，学生模仿； 根据教师的安排，学生练习	学生独立实施计划； 教师观察，获取反馈信息
教师对学生的工作成果进行评价和总结	学生独立评估计划； 教师与学生一起对工作成果进行讨论、评价、总结
教学生“学会”	教学生“会学”
以教师为中心	以学生为主体
班级教学	因材施教
教学进度划一	因人而异
信息反馈滞后	信息反馈及时
注入式教学	启发式教学
使学生掌握操作技能	培养学生的关键能力
非完整的行为模式	完整的行为模式

8.1.4 学案导学教学法与引导文教学法两者的联系与区别

根据以上简述，可以发现学案导学教学法（以下简称学案）与引导文教学法（以下简称引导文）基本上具有类似的教学价值取向，即促进学生的自主学习，而且两者在形式上也有一个很重要的共同之处：那就是都以提出问题的形式来促进学生学习，而且这些问题都以书面的文本形式呈现。但两者也有一些实践中的差别。

其一，从内容的广度上而言，引导文似乎比学案更为广泛，因为引导文中不仅要提出引导问题，即提出学生需要解决的任务，而且通过引导句、工作表格等从信息渠道、资料查找、学习工具、结果反思等方面对学生的学习过程进行方法上的引导。也就是说，引导文从工作内容和工作过程两方面对学生的自主学习进行引导。这一点在学案中表现得似乎不是那么明显，根据该校教师的介绍，学案对学生学习的引导作用主要体现在问题的编排考虑了知识的逻辑性，主要蕴含在问题之中。这一点当然非常重要。但是这一区别也说明我们在对学生进行自学辅导时，更多地关注了内容本身，对于学生学习能力的习得还缺乏有意识的引导。如何通过文案有意识地、明示地帮助学生形成良好的学习习惯、掌握适当的学习工具、利用丰富的学习资料、查阅各种参考书籍等方面，是在利用文案进行自学辅导时值得注重思考的问题。如何通过引导文为学生创造一个更为丰富的学习环境，是这一教学法的重点之一。

其二，从任务的形式来说，无论是学案，还是引导文，都选择了“提问”这一形式，这是它们的一大共通之处。然而，这些问题的深度、跨度、情境性、综合性等可能会因为引导文和学案依据的任务背景有较为重要的区别。引导文常常有一个明确的任务作为主题来引导具体问题的提出，比如汽车的安全气囊、新娘妆的设计与实施、家庭宴会的组织等，而学案则更多地针对教材某一章节的知识点提出比较零散的练习式问题。

其三，从学习形式和处理方式来看，学生对学案的处理主要发生在课堂教学之前的课外学习中，这一点相当明确，而且极有可能是个体的预习行为。课堂上的交流更多的是教师对学生预习情况的了解，可能会是基于学生汇报基础上的答疑解惑，学生之间的交流与合作并没有特殊的意义，整个教学过程教师的主导讲解仍然是主体和主线。但引导文教学法中则因为任务的综合性需要学生的团队合作，而且这一任务通常可能是在某个连续的时间段内在学校课堂教学或企业培训课中展开，学生的自主活动量比较多，也更为深入，主导作用比较突出。

从某种意义上来说，学案与引导文具有非常类似的特点，其区别在于文案的设计者提出怎样的问题，在怎样的框架中提出问题，赋予学生怎样的可能性来对这些问题进行自主的思考、计划、实施与检验，是否在传授知识的同时，赋予学习能力的培养以重要的教学意义。可以看出，引导文在以上几个方面表现出比学案更为明确的较高要求，某种程度可以说学案有时候就是较为初级阶段的引导文，但是也并非所有自称为引导文的自学辅导文件都真正成功体现了引导学生进行有意义的自主学习这一教学追求。

8.2 教学案例及应用分析

8.2.1 教学设计展示

进出口货物的价格教学设计展示，见表8-2和表8-3。

表 8-2 **进出口货物的价格教学设计展示 1**

<table>
<tr><td colspan="2">课时</td><td>4</td><td rowspan="2">执行日期</td><td>班级</td><td>07704</td></tr>
<tr><td colspan="2">课型</td><td>规则的学习及计算</td><td>日期</td><td>2009.11.25</td></tr>
<tr><td>课题</td><td colspan="5">进出口货物的价格</td></tr>
<tr><td>教材分析</td><td colspan="5">本课程采用的是高等教育出版社出版的《进出口贸易实务》(第二版)(国际经济与贸易专业),教学大纲为江苏省普通高校对口单独招生市场营销类专业综合理论考试大纲。在国际贸易实务的知识体系内,这部分内容前面已经安排了有关国际贸易基础知识、国际贸易实务方面的商品的品名、品质、数量、包装、国际贸易术语等知识,进出口货物的价格核算安排在国际贸易术语之后,是因为国际贸易术语是学习进出口货物价格核算的基础。
本教材把进出口货物的价格与贸易术语放在一章中,分为两个教学模块,先学习贸易术语,这对学生认识价格的核算起到铺垫作用,知识衔接较好。但在价格核算中势必要涉及国际货物保险和国际货物运输,要用到有关保险费与运输费的计算,而这两部分内容是在后面章节介绍的,这样的安排,显然不利于学生对知识的认识和把握。所以,在知识教授之前,可利用学案,将相关知识先通过相关思考题的形式,让学生先去熟悉、了解,这必将为课堂教学提供必要的知识准备,有利于学生对知识整体框架的掌握,提升学生的研究能力</td></tr>
<tr><td>学生分析</td><td colspan="5">学生已经学过了国际贸易基础知识以及商品的品名、品质、数量、包装、国际贸易术语。
在高二年级,学生学习了国际贸易基础知识,在高三年级本部分知识学习前,学生已学习了商品的品名、品质、数量、包装、国际贸易术语,尤其是国际贸易术语的学习,为进出口货物的价格核算提供了知识准备。当然作为中职学生,在知识认识和熟悉方面存在或多或少的问题,通过课前学案的思考,可以使学生对学习内容有一个大体的了解,对新授的知识能事先去温习,积极参与教学互动、讨论,在学习思考中,逐步解决在预习中认识上存在的问题,加强对贸易术语的认识,体会进出口贸易中价格核算的重要性和应注意的问题,形成学习上自主探索意识,提高自主学习的能力</td></tr>
<tr><td>教学目标</td><td colspan="5">知识目标:
1.知晓进出口作价的原则和作价的方法。
2.明白影响进出口货物价格的主要因素。
3.了解进出口货物价格的成本费用构成。
4.掌握常用价格的核算与换算。
5.认识进出口合同中的价格条款。
能力目标:
1.通过学案导学、合作探究,培养学生分析问题、解决问题、合作探究的能力。
2.通过理论联系实际,培养学生综合运用学科知识解决实际问题的能力。
情感目标:
1.培养学生团队合作的意识。
2.加深国贸实务知识在企业实际经营中运用的认识,提升专业素养</td></tr>
</table>

续表

重点与难点	重点	通过对进出口货物报价的核算与换算教学，培养学生的观察能力、自学能力、思维能力、实验能力，使学生能够明确意识到新旧知识之间的相互联系，提供相关知识介绍和实践应用情况的介绍，促进学生从多方面、多角度进行知识体系的主动建构，促使学生认识到所学知识本身的价值；或者通过创设一种特定的学习和问题情境，使学生意识到所学知识在解决具体问题时的作用和价值。充分体现教师的主导作用和学生的主体作用，使主导作用和主体作用和谐统一	
	难点	进出口货物价格核算与换算的思路及方法。 突破方法：通过学案导学、教学案例，为学生提供丰富的学习材料和问题探究情境，使学生通过思考、讨论与辨析，知晓出口报价的核算、净价之间的换算、净价与含佣价之间的换算，以及出口商品盈亏率、换汇成本和外汇增值率的计算方法	
教学场景设计	在本课程的学习中，首先根据班级学生情况，进行学习小组的划分，在分组中注意学生个性与能力的搭配、优势的互补，促进小组成员共同提高		
教学方法设计	学案导学法、问题讨论法、案例教学法、提问法、讲授法、引导归纳法	教学资源	教学大纲要求、教材相关知识、教学指导与练习、按教材编排的学案等

表 8-3　**进出口货物的价格教学设计展示2**

教学环节	教学内容	学生学习活动安排	教师支持性活动安排	设计意图
引导探索、自主尝试	复习提问	根据学案，温习学过的知识，回答老师的提问，并解读	上课后进行互动交流	唤起原有的知识及认识
	1.作价原则； 2.影响作价的主要因素； 3.作价的方法	针对知识点相关内容，进行讨论归纳，明确与各知识点的关系	引导学习，组织交流，选择合适的资源，假设情景，组织学生观察、思考、解读	明确在作价时首先要考虑的问题所在
	常用进出口价格的核算	讨论各种成本费用在进出口货物价格构成中的所属	提供学习相关的资料，组织学生讨论并将之归类	提高学生对进出口货物成本费用的认识，加深对进出口流程的认识
	FOB、CFR及CIF三种价格的核算与换算	根据情况或回忆或寻找资料，明确三者的含义并相互探讨。 理清三种价格之间的换算关系，并尝试计算	组织学生寻求三种贸易术语的含义，帮助学生构建计算公式，引导计算与交流，针对学生的计算进行评析	自主探索 团队合作 独立尝试 总结提升 加深认识
	净价与含佣价之间的换算	寻求计算中的依据，尝试计算	给出问题，引导学生认识、探索	
	盈亏的核算： 1.出口商品盈亏率的计算； 2.出口商品换汇成本的计算； 3.外汇增值率的计算	认知三个核算指标的含义，根据含义讨论计算公式，尝试计算	组织学生探索概念、归纳计算公式。 提供学习材料，指导计算，与学生讨论计算过程	

续表

教学环节	教学内容	学生学习活动安排	教师支持性活动安排	设计意图
归纳总结		自主回答	引导回顾： 一问：今天做了什么？ 二问：今天学会了什么？ 三问：今天对你最大的帮助是什么	鼓励学生主动回忆所学知识和分类、枚举、归纳研究问题的一般方法
课外作业		课后尝试独立研究	提供与学习内容相关的练习	及时巩固
教学回顾	通过学案教学可以让学生基本熟悉教学内容，为课堂讨论及知识学习打下基础，在教学中及时进行教与学的互动以及练习，可以加深学生对知识的认识以及知识运用能力的培养，培养学生自主探索能力；通过教学过程也使我认识到课前精心准备学案与教案对教学效果的重要性			

《国际贸易实务》进出口货物的价格学案

1.贸易术语的含义是什么？

答：贸易术语又称国际贸易条件、价格条件、价格术语，是指在长期国际贸易实践中产生的，用一个简短的概念或简短的外文缩写字母表明货物价格的构成和买卖双方各自承担的责任、费用和风险。

2.在我国的国际贸易中主要有哪六种贸易术语？它们的适用情况如何？

答：适用于水上运输方式的三种贸易术语：FOB　CFR　CIF。

适用于一切运输方式的三种贸易术语：FCA　CPT　CIP。

3.在国际贸易中进出口货物的作价原则有哪些？

答：以国际市场价格水平为依据；贯彻国别（地区）政策；结合购销意图。

4.在国际贸易中影响价格变动的因素主要有哪些？

答：季节因素；运输距离；成交量；商品品质和档次；交货地点和交货条件等。

5.一般情况下，CIF价格的价格构成主要有什么？

答：CIF=成本（C）+保险费（I）+运费（F）

6.在国际贸易中从价运费的计算方法是什么？

答：总运费=基本运费×（1+附加费率）×计费数量

单位运费=每重量吨运价×单位重量

单位运费=每体积吨运价×单位体积

从价运费=货物FOB价值×从价费率

7.在国际贸易中水上运输保险费的计算是以CIF价格为基础的。

8.根据资料思考如果国际贸易中成交价格是CFR价格，那么应如何计算投保金额？

例题：我某公司对外报价牛肉罐头每听2.2美元CFR迪拜，以投保加成10%投保一切险，保险费率为0.8%，试求投保金额是多少。(结果保留2位小数)

答：(1) 若保险费的计算以CIF价格为基础，则应先将CFR价格换算成CIF价格，然后再行计算出投保金额。

CIF价格=CFR价格÷［1-（1+投保加成）×保险费率］

保险金额=CFR价格÷［1-（1+投保加成）×保险费率］×（1+投保加成率）

（2）若保险费以发票金额为基础计算，则可以直接以CFR价格乘以（1+投保加成率）计算投保金额。

保险金额=CFR价格×（1+投保加成率）

9.在国际贸易中净价之间应如何换算？

例题：我某公司对外报价牛肉罐头每听2.2美元CIF迪拜，按发票金额加成10%投保一切险，保险费率为0.8%，运费率为10%，客户要求改报FOB上海价，如接受的话，应如何报价？若客户要求改报CFR迪拜，则应如何报价？（结果保留2位小数）

答：FOB价格=CIF价格-运费-保险费

运费=FOB价格×从价运费率

保险费=CIF价格×（1+投保加成率）×保险费率

出口FOB报价=CIF价格×［1-（1+投保加成率）×保险费率］÷（1+运费率）

=2.2×［1-（1+10%）×0.8%］÷（1+10%）

=1.98（美元）

出口CFR报价=CIF价格×［1-（1+投保加成率）×保险费率］

=2.2×［1-（1+10%）×0.8%］

=2.18（美元）

10.净价与含佣价之间应如何换算？

例题：甲公司出口某商品10 000件，对外CIF报价每件2 000美元，国外客户要求改报CIF3%，如果甲公司接受要求，又保持净收入不变，则对外报的含佣价应为多少？向中间商应支付多少佣金额？（结果保留2位小数）

答：佣金=含佣价×佣金率

净价=含佣价×（1-佣金率）

则：CIF3%=2 000÷（1-3%）=2 061.86（美元）

支付佣金额=2 061.86-2 000=61.86（美元）

11.出口商品盈亏率、换汇成本和外汇增值率的计算方法分别是什么？

例题1：出口创汇率计算：某机械设备进出口公司出口彩电。每台CIF纽约250美元，运费12美元，保险费8美元。若每台彩电出厂价1 200元，进货费用100元，商品流通费为进货成本的10%，试计算其出口盈亏率。（设100美元=680元）

答：盈亏率=［出口销售人民币净收入-出口总成本（人民币）］÷出口总成本（人民币）×100%

出口商品总成本=（1 200+100）×（1+10%）=1 430（元）

出口人民币销售净收入=（250-12-8）×680/100=1 564（元）

盈亏率=（1 564-1 430）÷1 430×100%=9.37%

例题2：换汇成本计算：某公司出口健身椅1 000只，出口价：每只15.5美元CIF纽约，CIF总价17 300美元，其中运费2 160美元、保险费112美元。进价每只人民币117元，共计人民币117 000元（含增值税17%），费用定额率10%，出口退税率9%。当时银行美元买入价6.58元。

答：换汇成本=出口总成本（人民币）÷出口销售FOB净收入（美元）

换汇成本=［117 000+（117 000×10%）−117 000÷（1+17%）×9%］÷（17 300−2 160−112）

=119 700÷15 028

=7.97（元/美元）

例题3：外汇增值率计算：某外贸公司按CIF价从国外进口一批原棉共花外汇6 000美元，加工成棉布出口，净收入外汇为7 100美元，其外汇增值率为多少？

答：外汇增值率=［（成品出口外汇净收入−原料外汇成本）÷原料外汇成本］×100%

=［（7 100−6 000）÷6 000］×100%=18.33%

12.思考在国际贸易中单价的构成主要有哪些？

答：计价货币；单位价格金额；计量单位；贸易术语。

8.2.2 应用分析

这一课例反映出明显的培养学生自学能力的理念，虽然还没有达到自学辅导模式这么系统的程度，但是颇有这一方法的影子。教师对教材内容之间相互关系的分析相当细致，对教学内容中涉及的知识点把握全面，因此考虑在学案中将后面知识提前，并以相关的材料引导学生做有计划的预习，发挥了学案的自学导引作用。该课例通过详细的学案，即自学指导方案，引导学生进行课前预习，让学生自己带着问题阅读教材、完成练习，进行主动思考，复习旧知，预习新知。而教师则可以通过学生完成的结果了解学生的学情，从而在辅导和讲授时能够有的放矢。可以说这正是这类学案的目的。那么，在课堂教学组织过程中，如何最大限度、有效率地了解学生对学案的完成情况，并深刻洞察导致学生错误的症结、根源，对学生的任务处理思路有一个元认知层面的交流与处理，对于充分发挥该学案的导学作用非常重要。

在教学过程的总结阶段，用三个具体问题引导学生对自己的学习过程进行回顾，再次贯彻对学生学习能力的培养这一理念。

该学案在学习任务的设计上还有几个明显的特点：其一，内容的范围有一定跨度，既有旧知的复习，也有新知的预习，但都是围绕一个共同的主题。这就要求教师要能深入把握相关学习内容之间的内在联系。其二，习题量相当大，这样大量的课前预习要求学生具备相当的积极性。其三，习题虽分为名词解释，应用计算、简述、列举等不同样式，但任务的总体类型都可归结为一种：模型化的学习任务。也就是已知条件明确、要解决的问题也很明确、问题解决途径较为封闭，是典型练习型任务。而且任务基本上都比较抽象，给出的背景信息相当简略、经济。习题颇有一些难度，这就对学生主动完成学案的积极性提出了相当高的要求。这一特点其实提出了国际经济与贸易专业教学中很有代表性因而颇值得讨论的一个问题，那就是：经济或者贸易问题是否可以简化为纯粹的数学计算题？该课例中的学案非常像一个练习题集，其中很多都是我们常见的典型的数学计算题，以及对概念或原则的复述。有一些习题通过给出某种具体商品及其贸易价格，为这些计算题搭了一个贸易情境的架子，但是从任务的类型上而言，这些习题类学习任务其问题性并不是贸易中的真正问题性，而是数学计算的问题，是已知条件明确、充分的应用题，而这些计算主要是对所学规则的套用，也就是结构良好的模式化任务。这种任务类型特别适合用于巩固、熟悉计算规则，但是它不利于学生在真实、复杂的情境中迁移运用所学。熟练的计算当然非常重要，但是它必然要以对概念的深入理解为基础。比如，如何实现学生对概念的深入理解？是否可以考虑借鉴引导文的任务思路，以一个具体的项目任务来引导学习任务的提出？是否可以给学生提出更复杂、更真实、更细致的背景，让他们在完成一个经贸核算任务的过程中掌握这些概念呢？

第9章 讲授法

学习目标

- 了解讲授法的理论机制。
- 了解讲授法的优缺点及使用范围。
- 学习讲授法及其课堂应用，在对讲授法的教学应用中进行教学评价和反思，在教学中提升运用讲授法进行教学的能力。

讲授法在当前各类各级教学中，可是说是应用最广也是受到最广泛批评的一种教学法。讲授法遭到批判在于它显而易见的局限性，比如它对教师的教学水平要求较全面，对学生的学习动机要求严格，受到学生言语和思维发展水平的限制，必须与其他教学方法配合使用。回忆一下我们对中职学生的介绍与分析，以及我们的教育教学目标，也就不难理解为什么讲授法在职校教学中不受欢迎，在改革中受到批评。然而，讲授法却因为它在某些方面的强大功能以及教师自身的学习经验成为学校教学中最普遍的现实存在。试想想，我们大多数教师是不是感到讲授法比其他教学方法更容易掌握，而且更安全可靠？是不是常常以直接的讲授法作为我们最后的选择和出路呢？因此，不关注它是不现实、不理智的做法。实际上，审慎理解讲授法的长处和短处，才有利于我们真正从实质上把握其他教学方法。

思考

1.讲授法是否等于灌输、填鸭式教学法？
2.讲授法如何才能激发学生内在的智力活动？
3.针对中职校经济与贸易专业的学生而言，讲授法的困难是什么？

9.1 方法介绍

讲授法是教师通过口头语言向学生描绘情境、叙述事实、解释概念、论证原理和阐明规律的教学方法。它是教师使用最早、应用最广的教学方法，可用于传授新知识，也可用于巩固旧知识，其他教学方法的运用，几乎都需要同讲授法结合进行。讲授既要重视内容的科学性和思想性，同时又要尽可能地与学生的认知基础相联系。讲授应注意培养学生的学科思维，应具有启发性，要讲究语言艺术。语言要生动形象、富有感染力，同时要清晰、准确、简练，还要条理清楚、通俗易懂，尽可能音量、语速要适度，语调要抑扬顿挫，适应学生的心理节奏。

9.1.1 讲授法的理论机制

讲授法的最主要工具乃是教师的言语。心理语言学认为，言语的理解是一系列积极的、在经验知识指导下的操作活动，学生静听过程中也包含了复杂的思维过程，因此，讲授法以学生复杂、积极的心理过程为基础。关键在于教师的讲授是否能够一直帮助学生维持这样一种复杂、积极的心理过程。我们要思考的是，教师的讲授是在什么时间点？以学生的哪种认知或心理活动为基础？

心理学家奥苏伯尔研究发现，讲授法可以脱离具体情境的限制，使教学突破个人生活的局限，能够简单有效地使学生获得知识，因而是比较高级的一种教学方法；他提出：一个独立搜集和解释材料而没有动机的学生，其所运用的智力活动并不大于接受讲解式教学而没有动机的学生。这句话尤其值得我们在尝试新的教学方法时深思。我们常常发现，教师在尝试新方法时，容易实现的是形式上的变化、活动的增加，但是却没有真正提升这些形式与活动对学生智力活动的激发。无论是讲授，还是其他的教学方法，关键在于是否能够促进学生的智力活动。学生进行知识主动建构的两种基本方式，一个是探究式的学习，另一个则是授受式学习。授受式学习作为学校学习环境中学生知识建构的基本方式甚至是主要方式而长期存在，是有其充分依据的。

维果茨基的理论证明了讲授法与人类的高级心理机能相关，随着儿童心理水平的成熟和学习内容的复杂，讲授法的地位也逐渐上升。讲授法的种种特点决定了它是传授系统知识的高效的教学方法。因此，我们不能简单地批评甚至排斥讲授法，要认识它的合理性，承认它的合法性，不断地在实践中探讨和提高它的科学化水平。

无论是授受式学习，还是探究式学习，关键还在于教师。如教师擅长讲授，则可以生动地向学生传达大量的有用信息，对知识的巧妙阐述同样可以引起很强的智力激情和真正探索的动机，运用不好，授课则会很沉闷，让人昏昏欲睡。

9.1.2 优缺点及使用范围

教师利用讲授法能够很经济地向许多人传授知识。特别是在要传授的内容还没有可资运用的书面材料的情况下，这一优点尤其突出。因为在讲授中，教师可以亲自向学生呈现学科的基本内容，直接鼓励学生的学习热情。讲授法的优点还在于能用学生易懂的形式有效地概括学科的内容，可以用不同词语陈述相同的内容，从而有助于理解；讲授中有师生的情感交流，师生相互作用，相互强化；在讲授时教师还必须根据听课对象、设备和教材对讲授内容灵活处理。此外，大多数教师（特别是大学教师）感到，讲授法比其他教学法更容易掌握，而且安全可靠。

心理学家通过大量的研究，提出了适宜应用讲授法的条件，现归纳如下：

（1）教学的基本目的是同化信息，即知识的理解；

（2）缺乏现成的可以利用的学习材料；

（3）材料需要重新组织并以特殊的方式为特殊对象呈现；

（4）有必要唤起学生对某一课题的兴趣；

（5）学生只需要在短期内记住材料；

（6）为某一领域或某一学习课题方向提供介绍。

在上述任一条件满足的情况下，都可使用讲授法。但是我们发现，适用的情形明显地说明学生单纯通过讲授法获得的信息质量不高，尤其难以帮助学生改变观念，形成主动的行动能力。

讲授法受到很多批评，因为一方面，研究表明单纯的听觉呈现不利于保持和理解，手、脑、眼、耳等各个感觉器官并用的方式更有助于学习，这也是为什么行动导向在培养技术人才方面尤其受到推崇的原因；另一方面，对讲授法最多的指责是说它导致了学生机械的、被动的学习，是“填鸭式”的学习。如布鲁纳曾批评讲授教学中的方式、步调与作风主要是由作为讲解者的教师决定，学生只是被动的听者。不过，根据奥苏伯尔的有意义言语学习理论，学习是有意义的还是机械的，并不取决于教学或学习的方式，而取决于是否满足有意义学习的心理过程和条件。此外，接受学习并不一定是被动的。因此，讲授法的许多缺陷并非该方法本身所固有的，而往往是由于人们应用不当或由于材料本身问题造成的。可以说，只要教师正确运用这种方法，它确实是一种传授知识的有效方法。

不宜应用讲授法的条件：

（1）教学的目标不在于习得信息而在于其他方面，如形成技能；

（2）强调长期保持；

（3）学习材料复杂、精细或抽象；

（4）必须有学习者的参与才能达到教学目标；

（5）教学的主要目的是高水平的教学目标（分析、综合和评价）。

上述条件都不适宜使用讲授法。实际上，这些正是构成讲授法在中职经贸教学中教学效果不佳的因素。

因此，真正的问题不是讲不讲的问题，而是什么时候讲，在什么背景中讲，在什么基础上讲，用什么方式讲。要成为一个优秀的教师，需具备高超的讲授能力，但仅仅停留在讲授却是绝对不够的。

9.2 教学案例1及应用分析——类比

9.2.1 教学设计呈现——概念原理——国际分工

国际分工的教学设计，见表9-1。

表9-1　　　　　　　　　　国际分工的教学设计

教学内容（讲稿）	备注 （包括：教学手段、时间分配、临时更改等）
第二章　国际分工 提问导入：每个班级为什么要安排班干部？并且需要好几个人担任班干部？一个人行吗？为什么？班委成员是如何进行分工的？ 学生自由回答以上问题。 教师引导学生分析在进行班委工作分工时应考虑个人的能力，如组织能力强、群众基础好的学生担任班长，学习成绩优秀的学生担任学习委员等。 由此扩展：企业分工、国家分工、国际分工 讲授新课：第一节　国际分工概述 一、国际分工的含义 定义略。 1.引入家庭分工，对比阐述国际分工和劳动分工。 2.举例理解什么是自然分工、社会分工和国际分工。 男耕女织——自然分工 畜牧业、水产业——社会分工 中国纺织品出口伊拉克，中国从伊拉克进口石油——国际分工	所需时间 （一课时） 问题激趣 举例学习
二、国际分工的类型（课前已分组抽题目） 1.按照课前分组抽题，分别由小组代表讲解本组所承担的教学任务，要求举例说明。 2.小组活动：比较垂直型国际分工、水平型国际分工和混合型国际分工的区别。小组代表上台板书。 3.教师引导归纳小结。 垂直型国际分工，定义略。如国际分工萌芽阶段的宗主国与殖民地国家之间的分工就属于这种类型。 水平型国际分工，定义略。如对某些产品生产的不同环节进行专业化协作，发展中国家、发达国家之间以及发达国家与部分发展中国家之间广泛地存在着这种国际分工。 混合型国际分工，定义略。由于历史原因，加上新的生产组织方式的影响，目前世界上绝大多数国家同时参与垂直型和水平型国际分工。 三、国际分工的形成与发展 指导学生阅读国际分工发展的内容，教师做简单的阐述并概括：萌芽阶段（16世纪到18世纪中叶）、形成阶段（18世纪60年代到19世纪60年代）、发展阶段（19世纪中叶到第二次世界大战）和深化阶段（第二次世界大战后）	所需时间 （一课时） 小组合作 学习探究 学生自学 教师讲授

续表

教学内容（讲稿）	备注（包括：教学手段、时间分配、临时更改等）
第二节　国际分工的基本理论 亚当·斯密的绝对成本理论 1.教师简单介绍亚当·斯密的生平及其贡献。 亚当·斯密（Adams Smith，1723—1790），英国人，是资产阶级经济学古典学派的主要奠基人之一，也是国际分工和国际贸易理论的创始者，代表著作《国富论》，他用一国内部的不同职业、不同工种之间的分工原则来说明国际贸易分工，主张世界各国都应该分工生产成本费用绝对低廉的产品，以绝对优势产品的一部分换回自己生产成本绝对高的产品。 2.学生阅读教材内容，重点理解亚当·斯密的绝对成本理论。 一国应该把本国生产某种商品的成本即生产费用与外国生产同种商品的成本即生产费用相比较，以便决定是自己生产还是从外国进口。 （1）请学生口述自己对这一理论的理解。 （2）教师举例说明亚当·斯密绝对成本理论的应用。 （3）通过上述例子得出结论。 （4）再次提出思考：亚当·斯密绝对成本理论在当时有什么影响？师生共同分析，平等交流。 （5）小组学生合作进行案例分析："中国家电产品在国际分工中的地位如何，如何发挥更大优势"。（明确我国主要产业在国际分工中地位及面临的主要挑战；结合亚当·斯密的绝对成本理论和本地实际进行分析） （6）教师对学生进行知识拓展：著名家电企业的情况简介。（美的、科龙、格兰仕） （7）小组代表讲述本组的分析结果，教师鼓励学生各抒己见，允许学生互相质疑和辨认。教师归纳学生的观点后板书。 最后对本次课的内容进行简单回顾，强调能力点和知识点	所需时间 （一课时） 案例引导 合作学习 案例分析 质疑辩论

9.2.2　教学案例分析

将教案的一部分称为讲稿就可以明显分辨出讲授法的思路。教师颇有经验，采用了丰富的讲授方式，比如类比、名人故事等辅助原理教学。概念定义讲授这一教学习惯与双主体互动理念引导的教改新型方法之间表现出明显的相互影响、纠缠的态势，使该课例的设计呈现出某种耐人寻味的冲突。

国际分工概念以及与之相联系的绝对成本、比较优势原理，作为国际贸易的基础，是理解一切贸易发展和争端的开端，这些概念和原理是国际贸易理论的核心。这一内容如今在不同的学生阶段都可以成为正式的学习内容，上海的小学和初中也开设类似的经济学基础知识的课程，同一内容不同阶段的教学对学习目的、学习深度自然有不同的要求。因此，在处理这一内容时，作为中职专业的教师，就要考虑：面对的是什么样的学生？他们有哪些经验有益于这一内容的学习？他们学习这一内容要达到什么目的？

让我们一起回顾该课例的总体思路：

第一个课时讲国际分工：利用班委分工类比引出主题分工——讲授国际分工概念并举例说明自然、社会和国际分工——学生根据课前准备，分小组举例说明三种国际分工类型（垂直型、混合型、水平型）。

第二个课时讲绝对成本理论：介绍亚当·斯密生平背景——学生阅读教材——口述自己对于原理的理解——教师举例说明原理的应用——问答环节：亚当·斯密的理论在当时有何种影响？——学生分组分析“中国家电产品在国际分工中的地位”的案例——教师做知识拓展——小组代表陈述结果——简单回顾。

第一课时中，通过类比导入主题，试图帮助学生减轻理解抽象概念的困难。但是类比中要特别注意：两类事物之间是否有着本质的相似性？借用的经验是否会对学生正确理解该概念造成不必要的干扰？班委的分工与国际社会的分工有类似之处，但形成的程序、分工的目的又有很大的不同：比如班委是指定或选举产生，而班委的产生并不一定完全按能力优势原则，很多时候也会出于锻炼学生能力的目的，而不一定就是该学生完全具备该能力，班委的产生是为了促进班级这一学习组织中的学生自主管理。而国际经济生活中的分工是自然形成，基于绝对的和比较的成本优势，追求的是企业、行业、国家和民族的经济、政治利益。不是说这一类比不可用，而是要考虑到每个班级班委的形成也许有其个性背景，学生在该领域的经验不一定就支持对国际分工这一抽象概念的理解，甚至形成干扰。要考虑借助类比这一思路做更深入的分析，帮助学生在寻找相似和区别之处时加深对概念的理解。

第二课时中的教学处理对原理的理解以文本阅读入手，让学生口述自己的理解。这一方式提供了了解学生对原理的理解状况的可能，教师可以进行针对性的讲解。但是以直接文本阅读的方式学习原理，仍然是一种较为表面的学习策略，不利于学习结果的深入。亚当·斯密理论的影响这一问答环节，似乎有些偏离该课的主题。可以考虑将后面的案例分析提到前面。

总体的教学思路中，对概念、原理主要采取的是一种介绍性的学习方式，课堂活动中教材的叙述和呈现逻辑清晰可见，概念和原理都以“去问题化”的形式呈现，即强调介绍“是什么”。相连的两个课时之间从内容和形式上并没有共同的逻辑主线，对分工的解释在两个课时中常有重复，而绝对成本并不能完全解释当今的国际分工态势，有必要考虑同时处理比较优势原理，至少要为这一原理的引入做铺垫，这样既有助于对国际分工的正确、深入的理解，也可以提高学习的效率。这也再次提醒我们在教学设计中要充分考虑知识点前后的关系，从核心概念的框架出发，通过富含问题的材料将细碎的知识点连接起来，而不是拘泥于教材中知识点的呈现顺序。因此，此处要了解学生的预备知识，讲授之后的学习内容时要更加细致、具体。

教师认为教学方法中体现了师生双主体的互动，强调互动、强调学生的主体作用，可见现代教学思想、观念对教师教学设计的影响。双主体的这一说法强调学生的学和教师的教之间的相互关联和影响。但是，这一课例中的教师活动和学生活动之间是否有着紧密的内在关联呢？这一点值得思考。学生的活动基本上都是在概念、原理介绍之后的应用性任务，整体的思路是一种演绎的介绍。

是否可以考虑以中国在国际分工中的现实地位的案例材料为基础，从“为什么会这样”的角度提出具体问题，来引领学生分析“是什么样的一种国际分工”这样一种逻辑思路，将国际分工与其原理通过其间固有的内在逻辑关系做一关联？由学生自己根据教材中对国际分工类型的定义，来展示材料，这个当然对学生搜集资料的能力是一个很好的锻炼和挑战，但是作为教师为了保证课堂的有效进行，有必要准备一些当前甚至历史上国际分工的一些数据、史实，以之为起点提出“为什么会这样”的问题，而且这些材料可以覆盖三种不同类型的分工，为学生分析并发现其中的差别提供学习材料。这些材料的复杂度、广度可以根据学生、学时的现实框架条件，做提供顺序上的递进设计或者平行设计。鉴于案例的具体材料未提供，此处很难就案例的内容与主题的关系角度做更深入的分析。在实际的教学案例中，要特别注意案例的选择与呈现方式。

教师在教学方法设计中提到“双主体互动”这一原则，此处可见教师从传统注重教师的教到同时也注重学生的学这一视角转换的努力，但是教学活动更重要的是关注教师活动和学生活动之间的相互关联，要体现学生的学是以教师创设的学习环境和学习材料为基础，并为教师的深入、升华提供进一步的材料。就案例的材料而言，可以看出其中既有中国家电制造业在世界分工中的地位，也有改变这一分工态势的讨论需求。这其实为全方位理解国际分工的可能、必要以及对幼稚工业保护的需求提供了不错的基础，有助于帮助学生对这一概念有更深刻的理解。不要仅仅停留在课堂中既有教师活动也有学生活动的表面形式，关键要看这两者的活动之间是否有相互碰撞、相互促进、相互递进的关系。

9.3 教学案例2及应用分析——实务操作

9.3.1 教学设计呈现——寄送形式发票

寄送形式发票教学设计，见表9-2和表9-3。

表9-2 寄送形式发票教学设计1

课时		2	执行日期	班级	07英语一班
课型		讲练一体化		日期	2009.11.26
课题	Sending Proforma Invoice				
教材分析	本课选自汕头大学出版社出版的《经贸英语函电》第3单元，主要教学内容为根据买方的要求寄送形式发票。《经贸英语函电》最大特色在于化繁为简，注重实践性。课程需要贸易理论基础知识，更加注意实践教学。合理分配授课计划，突出多媒体网络教室情境模拟实训设计与应用，培养学生电子经贸运用能力和实际操作能力。培养学生具有基本的外贸英语函电写作技能，具备扎实的贸易理论知识，熟悉电子经贸和互联网贸易手段和方法，具有实际操作进出口业务能力。利用1个课时讲授完每一个环节的理论知识后，提供1个课时进行经贸贸易网络平台情境模拟训练，提出操作要求，给学生模拟实际经贸情境进行经贸洽谈和交易				

续表

<table>
<tr><td>学生分析</td><td colspan="3">授课对象是中职经贸英语专业二年级第一学期的学生。学生上学期学习过国际贸易实务，对外贸业务流程和贸易术语有一定认识。本班学生的英语基础优中差各占三分之一左右，如单纯讲授理论知识会影响学生的积极性。本班学生比较喜欢分组活动，动手意识较强，虽然有少部分学生基础较差，但在集体参与的氛围下，被基础好的学生带动，整体不断进步，达到良好的教学效果</td></tr>
<tr><td>教学设计思路</td><td colspan="3">针对岗位需要和职业要求，结合中职学生的学习接受能力，以贸易流程为导向，以具体经贸案例为背景，全方位训练学生的经贸英语函电写作能力、贸易基础工作能力和电子经贸运用能力。先讲授形式发票的作用、形式发票的格式以及涵盖的内容，需要掌握的英语词汇和句型等，然后通过多媒体网络教室实训模拟方式，以具体任务为驱动，完成形式发票的开具</td></tr>
<tr><td>教学目标</td><td colspan="3">1.知识与技能
（1）本单元要求学生了解形式发票的作用，掌握相关的单词、词组和句型，能读懂相关信函；
（2）学会书写寄送形式发票的信函；
（3）能根据所学的形式发票信函的写法和相关的专业术语与句型独立撰写信函。
2.方法
以多媒体课件的形式引导学生学习词汇与句型，并精读课文，采用讨论和小组竞赛的形式来讲解课文，学生形成合作学习和探究学习的良好情境，积极参与到课堂教学中。
3.情感态度与价值观
通过讨论，学生形成积极的情感态度，发散思维，大胆表述，提高语言实际运用能力。通过开展小组竞赛活动，培养其团队与合作精神和竞争意识</td></tr>
<tr><td rowspan="2">重点与难点</td><td>重点</td><td colspan="2">相关的单词、词组和句型</td></tr>
<tr><td>难点</td><td colspan="2">根据所学知识独立撰写寄送形式发票的信函</td></tr>
<tr><td>教学场景设计</td><td colspan="3">课件，多媒体教室；六个小组进行讨论和比赛；案例学习和讨论</td></tr>
<tr><td>教学方法设计</td><td>“经贸英语函电”课程特点是“英语知识、外贸知识、经贸技能”三者密切结合，实践性、操作性很强。根据现有的教学和实训条件，我们在教学中采取讲授法、案例教学法、小组讨论法、情境模拟法，大胆尝试任务驱动、角色扮演，课堂与实训一体化的互动教学模式。
对于记忆型知识，采用直观性教学法；对于理解型知识，采用研究性教学法（讨论）；对于应用型知识，采用实训教学</td><td>教学资源</td><td>以计算机为核心的具有整合性的信息技术是现代英语教学中学生知识的获取以及学以致用的重要实现途径。
随着社会信息化程度的提高，教学要传递越来越多的信息，学生要掌握越来越多的科学知识。所以，在选择教学媒体时决定使用计算机Powerpoint软件做课件。因为课件提供了较大的信息量和更大的形象性，可以给师生双方更大的发挥空间</td></tr>
</table>

表9-3　　寄送形式发票教学设计2

教学环节	教学内容	学生学习活动安排	教师支持性活动安排	设计意图
1	出示课题	学生围绕问题积极思考，展开讨论，并给出自己的答案，启发对本文学习的兴趣 Presentation of proforma invoice Definition Pro: for Forma: form In business， a proforma invoice is an invoice sent for form's sake (为了形式而发送的发票)	老师提问 1.How much do you know about proforma invoice? 2.When and for what target to open it ? 3.What kind of information should be in it	展示图片及提出问题增加直观性，便于讨论，引起学生学习的兴趣
2	学习形式发票的定义、作用和模板	观看幻灯片内容，认真听讲，做好笔记，并对不懂之处提出问题，请求老师解答。 Functions 1.To serve as a formal quotation or as a price reference. 2.To enable the buyer to make necessary preliminary arrangements, such as obtaining an import license for the goods he would like to order. 3.To inform the buyer of the amount payable for goods to be shipped	用幻灯片展示形式发票范本，讲解形式发票的定义、作用和每一项详细的内容	讲授法：通过信函样本的展示让学生从理论上认识形式发票这一概念
3	学习相关词汇、词组与句型	New words and expressions: 1. Ask students to read the new words after the teacher. 2. Students read in chorus. 3. Explain some words. 4. Students finish an exercise by filling in the blanks with the words in their right forms. 学生认真听，并做好笔记，然后按要求尝试用所学的词汇或词组造句，最后由教师提问学生，检查学生的掌握程度并校对答案	教师板书重点词汇、词组与句型，并给出例句，讲解他们的用法	讲授法与小组讨论法：对形式发票的内容产生直观印象。通过小组讨论让学生按照条列式归纳形式发票的内容，这是本课的重点

续表

教学环节	教学内容	学生学习活动安排	教师支持性活动安排	设计意图
4	学习如何书写寄送形式发票的信函	观看展示，做好笔记，掌握书写此类信函应有的步骤	通过幻灯片展示，讲解书写步骤	英汉对比翻译法：采用英汉对比翻译方式使学生体会到在对外贸易往来中所使用的语气、态度、交易技巧、用语措辞等细节，以便学生在今后的工作中能更好地胜任
5	学习寄送形式发票信函的范文	第一环节：词汇大比拼 学生用5分钟时间快速记忆所学的词汇，每组选一名代表到黑板上进行听写，并由教师评出名次。 第二环节：文章句子翻译必答题 每组派代表进行抽签，再由组员对所抽取句子进行翻译，答对记分，答错不扣分。 第三环节：文章句子翻译抢答题 对必答题外的句子进行抢答，答对记分，答错倒扣分。 三个环节后，得出冠军队，进行奖励	将单词、词组的学习与文章翻译设计成3个环节的比赛，把学生分成4个小组进行比赛	增加学习的趣味性；培养学生的人际沟通能力；培养合作与团队精神和竞争意识
6	小结	1.本节课学习的主要知识点； 2. 重点掌握的句型: Useful sentences A.One of our customers has asked us to get… B.Please send three copies of your proforma invoice … C.It is out of question that we get the necessary import licence. D.We will not encounter any difficulty in… E.After the said licence is approved, we shall establish an L/C in your favour	教师采用知识点串联的提问方式，让各个小组进行抢答，巩固新知识	归纳法：通过对常用术语和句式结构的归纳，增强学生对基本知识的记忆能力

续表

教学环节	教学内容	学生学习活动安排	教师支持性活动安排	设计意图
7	实训	仔细研读和讨论案例，理清撰写思路，独立完成形式发票的填写	教师给出案例，要求学生根据所给的内容按要求独立设计一份形式发票	检查学生实际操作能力
课外作业	Homework: 1.Read the sample letter; 2.Read the useful sentences; 3.Exercises: Learn to fill in the Proforma Invoice as requested			
教学回顾	1.课堂教学过程中，教师多提问和小组派代表上台演示翻译留给了学生才华展现的机会，增强学生学习的积极性和自信心； 2.模拟外贸业务情景，以任务为中心，通过小组讨论，学生运用所学知识对外贸业务问题进行实习，培养学生独立完成报盘的能力以及发现问题、分析问题、解决问题的能力；因此，模拟外贸业务往来，大大缩短理论和实际工作技能之间的距离，为学生步入社会，奠定了良好的基础； 3.多媒体教学很好地弥补了传统外贸英语函电教学的缺陷，大大提高了学生学习外贸英语函电的兴趣和教学质量，教学效果十分显著			

9.3.2 应用分析——实务操作

形式发票的开立这一教学内容从英语学习和职业岗位内容的角度而言，主要涉及阅读、书面写作能力。这一课例的教学设计思路包括以下几个方面：

首先解释经济与贸易专业背景知识：展示形式发票实物，提出问题：涉及名称的内涵、发票开立的目的、时间、内容，在了解学生掌握情况的基础上进行讲授。

然后以形式发票的样例为基础进行阅读练习，教师在此将其分解为英语词、句的分阶段学习：相关专业词汇的呈现、讲解、默写竞赛；通过翻译练习学习相关句型。其中主要的教学组织方式是试图创建竞赛气氛，并本着鼓励原则，激发学生积极参与教学中的问答练习。

第三个环节是教师总结、归纳相关知识点。

最后则是应用环节：根据案例情境完成形式发票开立的实际训练。这是第一次教案和第二次教案最重要的区别。第一次教案中实际训练是计划中的家庭作业，课堂时间主要是分析、理解发票样例，第二次教案则将这个作为课堂训练的最后环节，对学习效果的即时检验是非常重要的教学反馈，有利于教师进行针对性的调整，但可能要注意课时上是否现实。

其中，教师特别重视多媒体的作用，对多媒体的教学促进效果有相当高的赞誉。

修改后的教案设计更完整，对教学媒体的运用、教学方法的选择做了丰富的说明。

这一教案设计中值得考虑的问题是：学生此前是否已经在专业课中了解过形式发票这

一概念？这其实也正是困扰经贸英语教学的最大挑战：用自己不熟悉、不擅长的语言学习经贸的专业概念，这种双重挑战是否过大？所以这里要更好地理解这一教学背景，需要专业课教师和经贸英语课教师紧密合作，如果学校能够提供较好的改革条件，也可以考虑两个教师一同来开设该课。

具体到这一次课，我们可以发现，该课运用的是一个非常典型的先讲后练的思路。课堂中的主要时间是通过教师的讲授、提问来强化对发票样本的阅读理解。如果我们愿意考虑另一种思路，并在专业英语的学习中践行对学生学习能力培养这一重要教育目的，建议这里也可以考虑前面曾有老师用过的学案导学教学法的自主学习设计思路，而这一课的学案可以设计得更具情境性，以案例任务给出，让学生自己查阅教材开设形式发票，并先以组为单位，相互检查、相互咨询、相互交流，然后再进行全班总结。这样教师既可以在学生独立完成的时间段内对学生进行个体辅导，也可以课上根据学生任务完成的情况进行针对性的讲解与强化练习。让学生带着具体问题自己去钻研教材，在他们自主钻研的基础上再给予辅导，这种思路一方面可能更容易调动学生的积极性，另一方面也有利于提高课堂时间效率，对培养学生的良好学习习惯更是一个很好的锻炼。

9.4 教学案例3及应用分析——单据制作

9.4.1 教学设计呈现——出口托运和投保单缮制

出口托运和投保单教学设计，见表9-4和表9-5。

表9-4 出口托运和投保单教学设计1

授课教师：吴穗珊	广州市贸易职业高级中学	专业	国际经贸
课　题	第四单元　出口托运和投保单	课　时	2课时
使用教材	《外贸单证实务》(第二版)，高等教育出版社		
教学内容分析	外贸单证实务是一门实践性很强的课程，要能准确、熟练地完成单据缮制工作，不但需要理论知识，更需要进行重复练习。本节课是一次复习课与实训课的结合，教学内容主要是在复习第四单元已经学过的4种单据（商业发票、装箱单、托运单、投保单）缮制方法的基础上，对知识进行有效整合，在教学班上以小组竞赛的形式检查学生的学习效果和实际操作能力，及时反馈，帮助学生提高制单的准确性和制单效率		
学生情况分析	通过前面的4节课，学生对如何缮制商业发票等4种单据有了初步的认识，但由于大部分学生的英语基础比较差，读、写能力不强，因此需要对制单过程中的一些重要知识点，例如相关专业英语、条款翻译和制单要点进行重复练习。此外，由于中职学生普遍具有好动、好奇、表现欲强的特点，因此，利用小组竞赛的形式进行复习与训练，既能提高学生学习的积极性，也能培养学生的竞争意识和互相协作的团队精神		

续表

教学目标	1.认知目标 理解并记忆出口货物托运的程序，认识商业发票、装箱单、托运单和投保单填制时常见的错误；能读懂信用证的主要条款。 2.技能目标 熟练掌握如何根据信用证内容缮制商业发票、装箱单、托运单和投保单，提高制单的准确性和制单效率；通过自评和互评，学会与人分享学习成果，提高口头表达能力。 3.情感目标 培养自觉遵守规则的职业操守和严谨的工作态度；通过小组竞赛的方式，培养学生的竞争意识和分工合作意识
教学重点	商业发票、装箱单、托运单和投保单的缮制
教学难点	准确、高效地缮制单据
教学媒体	多媒体课件、实物投影、练习纸、信息卡
教学方法	讲授法、任务驱动教学法、案例教学法、角色扮演法

表9-5　　**出口托运和投保单教学设计2**

教学过程	教学内容	教师活动	学生活动	教学意图
导入 （时间：5分钟）	展示情境，提出举行一个现场比试的任务，导入复习与训练环节	创设情境	进入情景； 每个团队说出自己的口号	创设情境，提出以竞赛的形式进行复习和训练，激发学生学习的积极性和参与欲，培养学生的竞争意识
复习 （时间：20分钟）	猜一猜：看图猜单。 赛一赛：专业英语翻译。 比一比：专业知识运用，包括条款翻译、计算、制单要点	展示情境；提出竞赛规则并展示问题； 教师小结	各小组竞争回答	以图片和简单的语句引导学生理解并记忆出口货物托运时需要制作并提交的4种单据；检查学生的学习效果，及时反馈，培养学生对专业术语的敏感度，提高制单的准确性。这是对教学难点的首次突破
实训 （时间：50分钟）	做一做：学生分小组根据信用证内容分工合作完成商业发票、装箱单、托运单和投保单的缮制任务；教师对学生填单过程中的错误给予纠正与点评	展示背景材料；教师边看边记录学生制单过程中出现错误的地方；教师分析信用证并公布正确答案	分小组合作完成指定单据；派组员上台讲解单据中有标志的要点；台下同学填写学习评价表	有效教学倡导“做中学”，实现学生的主体地位，此环节让学生自己动手实践，合作完成任务，既能提高学生制单的专业能力，又能培养学生的人际沟通和协作的能力。而教师的及时点评能纠正学生在制单过程中容易犯的错误，帮助学生准确掌握制单技巧，这是对教学难点的再次突破，也突出了本节课的教学重点

续表

教学过程	教学内容	教师活动	学生活动	教学意图
交流与分享（时间：12分钟）	学生分享“制单经验”；教师总结	计算成绩；为获胜小组颁奖；教师总结评讲	每小组请代表分享“制单经验”	培养学生学会与人分享学习成果和感受；让学生理解从事制单工作需要有严谨认真的工作态度和高度的责任心
课后延伸（时间：3分钟）	学生每人用电脑制作4张单据，并以E-mail的形式提交作业	提出“复活”机会	记录作业	培养学生用电脑制单能力，以及发送E-mail的业务实操能力

各组表现评价表，见表9-6。

表9-6　　**评价表：评价各组的表现（请在表格内打√）**

GROUP（　　）　　讲解单据（　　）

项目 \ 星级	五星级	四星级	三星级	二星级	一星级
讲解清晰					
填写正确					
版面整洁					

海运出口货物托运单（散货），见表9-7。

表9-7　　**海运出口货物托运单（散货）**

★ Shipper: No.:　　★ S/S: ★ For:						
Marks & No	Quantity	Description of Goods	Weight			
			Net		Gross	
★ Total Number of Packages			★运费方式			
运费计算			Measurement			
备注						
★收货人						
★通知人		★可否转船		★可否分批		
★提单张数		★装运期		★有效期		
金额		银行编号		信用证号		
制单日期　　年　　月　　日						

（注：讲解标有★的项目）

运输险投保单，见表9-8。

表9-8 运输险投保单

APPLICATION FOR TRANSPORTATION INSURANCE

★被保险人：

标记	包装及数量	货物名称	★保险金额

★ 装载运输工具： ★赔付地点及币别：

★开航日期： ★ 提单号码：

自： 经： 至：

★请将要保的险别表明：

备注：

投保人（签名盖章）：

地址：

（注：讲解标有★的项目）

9.4.2 应用分析——实务操作

该案例从课型上讲是一次综合运用之前学习的复习课，是典型的讲练式教学法。

从教学组织上看，教师为了提高学习兴趣，采用分组竞赛的方式，利用外部动机激励学生积极参与，以打破讲练的单一形式。这一形式要求教师对这一班级有相当的熟悉与了解，学生掌握这一套竞赛的规则需要一定时间磨合，也需要教师对教学程序的组织有丰富的常识和经验，而且长期施行此法需要相当的激励和积极的班级气氛，教学设计的描述显示该教师善于制造气氛，渲染情绪。

从学习任务的设计角度而言，教师提出了相当丰富的学习任务，让学生在积极的任务处理中通过运用来领会所学。该课例在学习任务的设计中有两个特点：其一：各个学习任务服务于不同目的，目的之间要有层次的递进。该课例的任务主要是4个：看图猜单，专业英语翻译，四个单据的缮制，课后的单人练习。前两个任务都服务于复习这一目的，并针对学生特有的学习困难与基础。这两个任务可以根据不同班级学生的背景进行删减。第三个任务则是本课的重点：教师通过信用证这一材料为学生的单据缮制提供了一个具体的背景。这个环节由于教师的教案中记录有限，对于具体的实施研究者只能有一个大致的估计。其二：教师要总结学生在此类单证缮制中的典型错误和难点，并能在提供的信用证材料中巧妙地设计一些陷阱，以检验、深化学生对已学知识的理解。另外，是否可以考虑针对不同学生层次提出难易有所区别的任务变体，比如是否可以为学有余力、提早完成的小组提供更为复杂的背景资料。从教案中可以看到教师提出针对画“★”的内容进行重点讲解，并提出在观察学生的过程中记录学生的错误，可以看出教师已经有这样的教学准备，但是一方面画“★”的地方似乎很不少，另一方面教师讲解中可考虑进一步了解学生为什么会犯这种错误，帮助学生从元认知的层面分析错误产生的原因，从源头上帮助学生解决学习的困难。教师设置的“交流与分享”这一最后阶段似乎就有类似的作用。在学生完成制单后采用何种形式组织、聚焦于哪些内容进行总结和深化，是这类教学中的难点。该课例采取了教师观察、讲解的指导性思路，建议可以采取各小组之间相互交换缮制结果、相互评价的方法，让学生在相互评价中发现问题。学生通过制单和审单两个步骤，会有助于体验的精细化发展。

综上所述，可以发现提供模拟的制单任务，在学生体验的基础上帮助学生在综合的背景中领会、深化所学，一方面需要内容本身的设计，注意考虑变式任务提供同层次的任务，比如提高任务的复杂度，针对学生的难点和学习的重点设置典型陷阱；另一方面要从任务处理的组织形式上多加考虑，尽量发挥学生在其中的主体作用，生成更丰富的资源，教师在此基础上进行针对性的深化，这样讲练会有更好的效果。

9.5 教学案例4及应用分析——讨论

9.5.1 教学设计呈现——货物包装的种类和标志

货物包装的种类和标志教学设计，见表9-9至表9-12。

表9-9 货物包装的种类和标志教学设计1（a）

<table>
<tr><td colspan="2">课时</td><td colspan="2">2</td><td rowspan="2">执行日期</td><td>班级</td><td>国际经贸</td></tr>
<tr><td colspan="2">课型</td><td colspan="2">理实一体</td><td>日期</td><td>2009.12.11</td></tr>
<tr><td>课题</td><td colspan="6">货物包装的种类和标志</td></tr>
<tr><td>教材分析</td><td colspan="6">本课内容是《国际贸易理论与实务》中基础知识和实践知识并重的基础章节</td></tr>
<tr><td>学生分析</td><td colspan="6">学生刚刚接触了这门课程，平时对于这方面的相关知识涉及得多，但国际贸易运输专业知识涉及得少，在学习方式上主要采用小组合作的方式，互相取长补短，合作学习。主要的学习困难还是集中在对外贸这一行业的专业术语和专业知识的理解方面</td></tr>
<tr><td>教学设计思路</td><td colspan="6">从学生熟悉的月饼包装案例引入包装的种类，调整教材顺序，首先分析学生熟悉的货物的销售包装，这样能充分引导学生联系起日常的这方面的感性认识，由易到难，完成理论知识的学习。然后介绍学生平时接触不多的运输包装和货物包装的标志，辅以大量的相关运输包装和标志的图片，最后设计难度适中的任务帮助学生更好地理论联系实际，掌握如何为商品选择合适的销售和运输包装，以及货物包装的标志的能力</td></tr>
<tr><td>教学目标</td><td colspan="6">通过学习，学生了解包装的种类和货物包装的标志，并能熟练为货物选择合适的包装种类和标志。培养学生的节约和环保意识、社会责任感以及团队合作意识</td></tr>
<tr><td rowspan="2">重点难点</td><td>重点</td><td colspan="5">集合运输包装</td></tr>
<tr><td>难点</td><td colspan="5">运输标志</td></tr>
<tr><td>教学场景设计</td><td colspan="6">小组成员集中面对面安排座位</td></tr>
<tr><td>教学方法设计</td><td colspan="2">讲授法、案例法、问答法、任务驱动法</td><td colspan="2">教学资源</td><td colspan="2">经贸部网上新闻类文件《绿色包装制度壁垒对我国产品出口有相当影响》，各类包装的图片资料</td></tr>
</table>

表9-10 货物包装的种类和标志教学设计1（b）

教学环节	教学内容	学生学习活动安排	教师支持性活动安排	设计意图
一、复习导入（时间分配：6分钟）	复习内容：货物包装的作用是什么？ 导入新课：月饼过度包装的案例	回忆，回答 学生思考	教师提问，请一名学生回答； 教师讲授（播放课件），引导学生思考	温故知新； 培养并增强节约、环保意识和社会责任感
二、知识学习（时间分配：35分钟）	（一）货物包装的种类 1.销售包装 中包装； 小包装； 销售包装的形式： 方便陈列类； 便于识别类； 便于使用类； 其他类。 2.运输包装 单件运输包装； 集合运输包装； 集装包和集装袋； 托盘； 集装箱。 知识延伸：一些国家有关包装的规章制度。 （二）货物包装的标志 1.运输标志 运输标志的内容及构成； 运输标志制作必须注意的问题 2.指示标志 3.警告标志	1.学生观看课件，思考，听讲。 2.学生寻找身边触手可及的商品，分析该包装的特点。 （2~3名学生展示他们的商品包装，分析该商品包装形式。） 3.学生听讲，观看课件	1.展示课件中相关销售包装的图片，请1~2名学生归纳销售包装的定义，教师总结，并讲授相关知识。 2.请学生寻找身边触手可及的商品，分析该商品包装的特点。 （请2~3名学生展示他们的商品包装，分析该商品包装形式） 3.教师讲授，展示课件中相关运输包装和标志的图片	理解并掌握销售包装的知识点； 锻炼学生理论联系实际的能力和表达能力； 理解并掌握运输包装的知识点
三、课堂小结（时间分配：2分钟）	（一）货物包装的种类 1.销售包装 2.运输包装 （二）货物包装的标志 1.运输标志 2.指示标志 3.警告标志	听讲，观看课件	教师总结本节课知识点	回顾知识点，为下节课的实训做好准备

续表

教学环节	教学内容	学生学习活动安排	教师支持性活动安排	设计意图
课外作业	调查：外贸企业服装类商品的包装种类。 调查方式不限（走访企业，利用网上资源均可），2周后提交调查报告	听讲并记录作业和作业要求	课件展示； 作业要求	促进学生对包装种类的理解

表9-11　　**货物包装的种类和标志教学设计2（a）**

<table>
<tr><td colspan="2">课时</td><td>2</td><td rowspan="2">执行日期</td><td>班级</td><td>2008级报关与国际货运班</td></tr>
<tr><td colspan="2">课型</td><td>新授课</td><td>日期</td><td>2009.10.28</td></tr>
<tr><td>课题</td><td colspan="5">货物包装的种类和标志</td></tr>
<tr><td>教材分析</td><td colspan="5">本节内容出自中等职业教育国家规划教材第一章第四节。商品包装是运输中的一个环节，对商品包装的学习，除了了解商品包装在现代物流中的重要作用外，还要了解包装的种类以及包装的标志。本课的学习，对学生今后从事外贸事业有很大的帮助</td></tr>
<tr><td>学生分析</td><td colspan="5">学生为2008级报关与国际货运班的学生，学生的现状是初中刚刚毕业，学习基础较差，学习兴趣不浓，并且对该专业的业务知识很陌生。大半的学生看书的时候没有耐心，一点不喜欢动脑筋，上课的时候老师一提问头就低下去了，生怕老师喊到自己</td></tr>
<tr><td>教学设计思路</td><td colspan="5">从学生的学习现状出发，将枯燥的文字变成五彩缤纷的图片，让学生在感兴趣的前提下接受文化知识。在讲授货物包装的过程中，注意重难点，使学生能够学会唛头的制作，真正做到将书本知识运用于实际</td></tr>
<tr><td>教学目标</td><td colspan="5">知识目标：
1.了解货物包装的作用
2.了解货物包装的种类
3.掌握货物包装的标志
能力目标：
1.掌握运输包装和销售包装的区别
2.学会通过货物包装识别货物
3.学会制作唛头
德育目标：
1.培养学生融入集体活动，发扬团队合作精神
2.锻炼学生的思维
3.锻炼学生的实践能力</td></tr>
<tr><td rowspan="2">重点与难点</td><td>重点</td><td colspan="4">1.商品包装在现代物流中的重要作用
2.运输包装的标志及唛头的制作</td></tr>
<tr><td>难点</td><td colspan="4">1.明确学习目标，结合案例进行分析，并应用于实际
2.掌握运输包装标志以及唛头的制作</td></tr>
</table>

续表

教学场景设计	整个教学气氛应该是非常轻松活跃的，从导入各种食品包装开始，整个过程学生都处在一个讨论学习的环境当中		
教学方法设计	多媒体教学法、情景教学法、讨论分析法、讲练结合法	教学资源	媒体素材、课件、教学案例

表9-12　　　　货物包装的种类和标志教学设计2（b）

教学环节	教学内容	学生学习活动安排	教师支持性活动安排	设计意图
教学步骤	一、导入：显示各种食物包装	观看PPT	播放PPT	引起学生学习兴趣
	二、本课主要内容 1.货物包装的种类 2.货物包装的标志 3.货物包装的作用	明确学习目标	播放PPT	开门见山明确目标
	三、讲授新课 （一）包装的概念	学生将自己的回答（木箱、纸箱、麻袋、塑料袋、瓶、罐等）制作在卡片上	提问：你平时买到的东西是用什么装着的呢？	对概念有专业的认识
	（二）包装的分类 1.销售包装； 2.运输包装	1.通过卡片分类； 2.观看PPT，并按老师要求分成两类	1.通过包装的功能引出包装的分类； 2.强调运输包装为本课学习重点	强调重点
	（三）运输包装 1.种类	再次拿出学生之前制作的卡片	用PPT展示运输包装的种类	与前面所学知识相呼应
	2.标志	分组讨论：在日常生活中留意到一些运输包装上有哪些标志呢	布置任务	自主学习
	（1）指示性标志 （2）警告性标志	展示讨论结果（学生代表上黑板画出标志符号）	总结讨论结果并补充完善用PPT展示	及时帮助学生总结
	（3）运输标志（唛头） a.内容及构成 b.填写要求	用PPT展示一个现实的运输包装，让学生比较此包装上除了刚才所讲还有哪些不同的内容	讲解：此部分内容称作是“唛头”（重点讲解其填写方法和要求）	突出重点

续表

教学环节	教学内容	学生学习活动安排	教师支持性活动安排	设计意图
教学步骤	3.课堂练习	根据题目要求制作唛头	展示标准答案	讲练结合
	（四）销售包装 1.挂式包装 2.堆叠式包装 3.便携式包装 4.一次性用量包装 5.易开包装 6.喷雾包装 7.礼品包装 8.配套包装	观看PPT	播放PPT	通过各种各样的图片展示销售包装，既理解了销售包装的含义又吸引了学生的注意力
	知识拓展： 有人说：现在商品是“货卖一张皮”，只要用一流精美华丽的包装，哪怕质量仅为二流、三流，也一定能卖个好价钱。你同意这种说法吗？请举一例说明	分组讨论： 比如月饼的包装盒	播放PPT	提出疑问，激发学生对问题的探索精神。 锻炼学生解决问题的能力
教学回顾	总结本课重点	根据PPT提示回答	播放PPT	巩固知识
课外作业	根据题意制作唛头			

9.5.2 两个教案的应用比较分析

这两个教案关注的是同一教学内容：货物包装。这两个教案虽然都用了月饼过度包装这一案例，但两个教学设计都不是典型的案例教学法，反而是在案例的使用中出现了典型的问题。同样的主题，两位教师对内容广度、深度、重点的理解既有共同之处，也有区别，方法上有相似之处，也表现出具有共性的困难。分析这样典型的一课多案的样例，就显得格外有价值。

货物包装这一主题内容相当丰富，属于国际经贸中实务性较强的学习内容。学生对这一主题都有一些日常生活经验的积累，但缺乏对概念的抽象总结，亦不会从目的、形式等角度对见过的包装做有意识的类型区别，接触到的运输包装相对较少，对包装上的运输标志了解也不多，但极有可能对一些较为简单的标志图进行猜测性的理解。从两份教案中，我们可以看到教师在对学生进行分析时都未能结合本部分内容，对学生的此前经验、预备知识、难点做针对性的分析。这就直接造成教案1中对学生经验关注较少，教案2中虽然着眼于学生经验，但对学生经验的处理不够深入。其一，学生列举的包装例子是否能覆盖两种不同目的的包装呢？其二，这个分类的问题和前面的提问其实可以同时提出，有整体性，而且分类的标准可以让学生自己总结，这样开放度会更大一些。另外，教案2中教材对教师的教学设计实践有着极强的固化作用。这些知识与前后章节知识的关系如何？可否用一个大的框架将他们串起来？这些是非常值得思索的问题。如何利用学生的生活经验，在生活经验与科学技术知识之间搭建沟通的桥梁，值得教师探索。

教学内容重点的确定上，两位教师有着明显的分歧：教案1认为重点是集合运输包装，本教学设计教学目标与教学重点与难点匹配程度不高，教学目标中的技能目标要突出熟练掌握为不同货物选择合适运输包装技能应是教学目标的重点，而不应该简单地表述为为货物选择合适的包装种类和标志。教案2则提到两点：商品包装在现代物流中的重要作用及运输包装的标志及唛头的制作，并将后者确认为难点之一。教学目标定位准确，但教学难点不够精练。教学难点应定位为掌握运输包装标志以及唛头的制作，并能分析关于运输标志的典型案例。

在教学组织的设计中，两份教案都表现出重点不够突出、主题散乱的特点。比如，两个课例中导入、拓展等环节都存在着与教学主题本身关系不够紧密、离题甚远、所选素材未能到充分利用的问题。作为国际经济与贸易专业的学生，在学习包装时到底应该重点关注什么，拓展到底从哪一个角度进行比较合适？

教案1中以月饼过度包装的问题作为引入问题，这一问题本身很有意义，可以作为货物包装的深入问题帮助学生形成环保意识，但是脱离了该课例的主要内容。教案2在第一稿中提出的导入问题这一特点也很明显：请同学们回答，在琳琅满目的商场里，有哪些因素激发顾客的购买欲望？教师计划由此讲述：除了商品的品牌、价格、质量外，包装也是激发顾客的购买欲望的一种因素。这一导入问题本身非常之宽泛，学生的回答不一定能有效指向包装这一知识主题，而且偏离了该次教学内容的主要问题即运输包装及其标志，指向包装如何影响消费行为。以“食品包装”导入对货物的品类是一种限制，包装的功用也受到局限。同样，这个导入与接下来的课题之间的关系更多停留为形式上的联系，材料的内容未能得到深层利用。

教师在相当大的程度上将导入作为一个与教学主题内容无实质关系的相对隔绝的一个独立部分，未能将其与教学的中心内容做更紧密的联系。这反映了教学改革中一个常见的形式化弊病。由于之后的教学活动形式单一，通常以教师的讲授为主，学生的活动乃是被动接受，再加上对专业知识兴趣缺乏，教师担心学生失去学习兴趣，因此着意设计有趣的引入，希望用导入这块“糖果”吸引学生的注意力，但可能常见的困扰乃是学生吃完糖之后，又会兴味索然。导入到底是为了什么目的？如果教师搜集这么多的材料，仅仅只是播放一下，所谓的引发兴趣也只是引发学生观看浏览的兴趣。似乎效率太低。导入如何能与下面内容形成自然、实质性的过渡与连接，值得深思。

两个教案中教师在设计导入之后，已经在尝试启发学生自主思考，但可以看到，教案1中学生的学习形式主要还是被动地听讲。教案2在研究者的建议下，对原来的思路做了修改，尝试利用学生在包装方面的前经验，再通过教师的补充材料，引入以目标为分类维度的包装种类及运输包装标志这两个重要内容。但是阅读教案2时读者常会有困惑：不了解学生的活动是由什么触发。一方面可能是教师不习惯这种教案的写作方式，未能很好地照顾到读者的阅读思路，另一方面也因为教师习惯了小步骤的操作方式，不能提出一个综合的、统领核心知识点的问题性任务。提出的问题非常细碎，教师的控制很严密。因此，在新知识的引入中，两个教案都未能真正摆脱讲授的思路，在发挥学生主体作用方面还有待提升。

对这一教学主题进行设计，关键在于首先教师要能提出有意义的问题，比如包装的目的是什么？为了达到这个目的，考虑用怎样的形式？应考虑用这样的关键问题引领整体的设计，用问题引领具体的材料，让学生带着有意义的问题，甚至用材料激发学生自己提出问题，来整理与审视学生经验，比如为某类产品设计包装，对典型的包装问题案例进行分析，找出解决方案。可以考虑选择某几类具有代表性的货物（食品、纺织品、危险品、易碎品、精密仪器等），让学生分组选定某一商品，从包装的角度追踪这类特定商品出厂、运输、销售的整个物流过程，请学生来设计销售及运输包装，最后再辅以一些包装有问题的典型案例，查找其中的问题。

这样就可以通过具体的任务激发学生积极思考问题，提供所需的数据、工具，并提供丰富的材料，提供心智图或卡片这类辅助技术手段，帮助学生一步步提出、整理有意义的问题，进行任务的计划、解决：如何让运输商了解货物的特性，从而达到安全运输的目的？如何吸引消费者的注意力并方便其使用？启发学生提出一些富有意义的问题，将学生以合适的社会形式组织起来解决问题，通过学习任务的处理达到自主学习的目的。最后通过各组的结果呈现实现交流，使学生通过自主的尝试及对问题的反思来掌握货物包装的不同目的、形式及标志。

第10章 讨论的工具——张贴板和心智图

学习目标

- 了解张贴板和心智图两种讨论工具的含义。
- 掌握张贴板讨论活动的步骤。
- 掌握心智图的绘制方法。
- 学习张贴板和心智图两种讨论工具的应用，在对两种讨论工具的应用中思考在不同教学法中的使用，提升运用两种工具进行教学的能力。

回顾学习心理学对学习过程的解释，观察我们的社会生活，看看我们的教学案例，就会发现，课堂教学多元互动、促进生生交流、师生了解的讨论不仅是教育的理性期望，也是教师的实践追求。我们也发现组织讨论、促进学生的思维成为教师实际教学中一个颇具代表性的难题。课堂教学中针对问题、案例、任务等的讨论方式常常停留为师生问答，小组中的讨论也常无头绪、凌乱，结果的整理常常停留为教师的口头表述或简单的文字板书和PPT。这对学生的逻辑思维能力有着相当高的要求。

首先，讨论的质量取决于教师所提出的问题暨任务的质量，比如考虑学生的兴趣、前经验、提供情境、设置矛盾等，这些在前面已经讨论得非常之多。

其次，讨论最后能否生成丰富的课堂教学资源，促进学生认知的增长，深化学生的体验，真正为学生的学和教师的教带来有意义的收获，也取决于教师如何对讨论的过程进行组织，而一些工具经实践证明对学习效果的改善颇有裨益：那就是心智图和张贴板法。

心智图（Mind Map）和张贴板（元规划法 Metaplan）作为两个具体的工具，有不同的形成背景，分别由英国人和德国人于20世纪70年代独立开发。它们在目的、手段、形式上虽然有一些细致的区别，但是原理上颇有相似之处。

它们采用的技术手段不同，适用的情境也有区别，心智图一开始更多地着眼于记忆与思维，既是一种高效的信息整理方法，也针对问题性任务进行分析、思考。心智图既可以用作个人的记忆和思维工具，也可以用于小组中的团体讨论；而张贴板法则从一开始就是为了改善团体讨论中的质量和效率，旨在鼓励意见的开放表达、矛盾的协调、解决方案的达成。

两种方式的共同点在于：都是将个体的思维过程可视化，通过图形、颜色等直观的手段配合以关键词形式出现的文本，从而降低问题的复杂度，促进潜在有用的新鲜想法，帮助学习者更有效地记录、再现、整理、反思自己的思维过程，为个体或团组的深入沟通和交流提供一个可深入自由处理的信息体系，而且这一过程是在所有学习者亲历下发生的。但心智图的图形特点较张贴板法更为突出。形式上，心智图既可以手绘，也利用现代化的信息技术手段，而张贴板则是采用最为简单、原始的学习工具（纸和笔），当然这里的纸被设计为各种不同形状、颜色的卡片，以区别不同类型的信息，卡片位置也可以自由地移动，从而信息的归类、信息之间内涵关联度的再现通过一张张贴板就可以实现。

总体而言，两种方法一开始并不是为教学开发，但越来越多地应用于教学的研讨和实施。下面的介绍主要从其一般性特点出发。

10.1 张贴板

该方法由德国人 Wolfgang 和 Eberhard Schnelle 于 20 世纪 70 年代开发，名字原意为元规划法，并已形成拥有注册商标的一套完整商用工具。主要用于促进组织内的交流和沟通，但在教学实践中，很多人根据其最后呈现的形式，称其为张贴板法，非常形象，故在此采用这一常见称呼。该方法的内涵乃是团组围绕某一既定问题及其解决方案进行讨论、记录与呈现，充分阐述各种不同观点，以促成最终或达成共识，或提出建议以及行动方案。

讨论过程中要用到一些特殊、适当的交流工具，包括三种形状的卡片：标准的椭圆形卡片、颜色各异的云朵形卡片和长方形卡片，以及彩色记号笔、挂图展示板、一系列标准化的演示和展示规则（确保展示清晰、易懂）以及团组交流、投票规则（确保高效）。

在课堂教学中，教师担负着讨论的促进角色，不仅管理着整个讨论组，而且还要保证讨论过程中的有效沟通、互相合作以及充分理解，并在恰当的时间为讨论组成员提供恰当的交流工具。

张贴板最适用于大规模的团组讨论交流活动，如 50~200 人，当然它同样可以用于促进小组讨论，有利于提高团组的讨论交流效率，主要用于激发、收集创意，让学生自由表达意见，并将这些创意和意见根据其内在的联系整理成一定结构并存储。在讨论过程中，可以是一种演绎的思路，由教师将一个较大的问题切分为几部分，由不同的组承担，甚至组内有组，由此最大化团组成员的参与度。也可以是一种归纳总结的思路，取决于教师提出任务的性质。

最后由教师主持全体成员的交流，，以及回顾讨论结果，明确目标任务；中组（由 20~25 人组成）不仅有自己的讨论任务，而且负责收集点子和主意。小组（由 4~6 人组成）具体负责中组讨论任务所包含的具体事项。

典型的张贴板讨论活动主要包括三步：

1. 提出任务或问题（教师提出一个明确的任务或问题）；

2. 详细的卡片书写、整理阶段：这一阶段到底是先给出议题的结构再来进行卡片书写，还是在卡片内容的基础上再进行归类、总结，取决于问题的性质以及教学情境中的目的。教师要特别注意鼓励和促进讨论组成员参与讨论，讨论组成员在卡片上写下自己的主意和想法，并注意不同颜色的卡片用于不同的细分问题。

3.基于卡片的总结性讨论：主持人收集写有成员意见的卡片，并将卡片粘贴到事先准备好的展示板上，各组代表进行简短汇讲，使得全体成员对所讨论的议题形成整体印象，分享讨论结果。教学中这正是教师在学生意见的基础上深化知识的阶段。这一过程中，可能需要根据实际情况再分出子议题，进行另一轮的卡片书写和收集。

在教学中，具体实施的步骤可根据问题的复杂程度、难度、时间等进行调整。是否一定要将一个议题分为几个分议题，取决于议题本身的性质。

张贴板能够很好地保证成员的广泛参与性，包括每一名组织成员的共享，对活动过程中的分析讨论和决策制定有着积极的影响。同时，避免了讨论活动常见的冗长、杂乱、费时且无定论的弊端。其设施也相对较为简单，虽然购买专门的设施成本较高，但教师在教学中完全可自行用彩纸制作，不过卡片上的手写输入内容可能不易阅读，要注意考虑卡片文字的大小可读性。从组织上而言，要避免过分关注方法结构及形式，要求老师暨主持人有掌控全局的能力，能深入洞察各种意见之间的相关关系、理清思考的脉络。

这一方法由于拓展了学生表达的途径，因而能够充分调动学生参与讨论，让各种意见有表达和呈现的机会，而且效率较高，无论是在课堂教学之初，了解学生对某一事物、主题、个人经验的主观认识，还是让学生（或学生小组）对某个具体任务或问题提出解决方案，都有很好的辅助作用。但这一方法也要求教师对局面有较强的掌控能力，对整个卡片书写过程中有一个总体的结构设想，对每一步的书写结果与总体教学的关联有整体的把握，同时又要给予学生自由表达的可能性和空间。其二能将学生通过卡片表达的经验、意见有机地融入到教师的讲授、总结中，避免将学生的表达变成单纯的形式，要充分利用学生提供的丰富资源。

10.2 心智图

10.2.1 心智图的内涵及特点

根据维基百科的介绍，心智图又称脑图、灵感触发图、概念地图或思维地图，是一种图像式思维的工具，利用图像辅助表达思维。围绕平面上的一个主题，画出与之相关联的对象，就像一个心脏及其周边的血管图，故称为“心智图”。由于这种表现方式比单纯的文本更加接近人思考时的空间想象，因而广泛用于记忆和创造性思维过程，用于研究、组织、解决问题和制定政策。

现在谈及心智图，大家都会提到20世纪70年代开始创建并推动这一方法的英国人托尼·巴赞（Tony Buzan），但其实心智图（或者是相似概念）在教育学、工程、心理学等领域的应用已经有几个世纪的时间，以辅助学习、搜集创意、组织记忆、视觉记忆和解决问题。其基础之一即语义的网状结构（Semantic Network）则有相当久远的历史。实际上，Allan Collins早在20世纪60年代早期就对心智图展开研究，在学术、创造力和生动的思考上颇有成果，被称为心智图模型之父。

心智图的中心通常是一个单字或者是一个主题，而环绕在中心外的是相关的思想、言论和概念。用一个中央关键词或想法以辐射线形连接所有的代表字词、想法、任务或其他关联项目，是一张集中了所有关联资讯的语义网络或认知体系图像。所有关联信息都被辐射线形及非线性图解方式连接在一起，基于头脑风暴（激发灵感）方法，建立一个适当或相关的概念性组织框架。

科学研究已经充分证明：人类的思维特征是呈放射性，进入大脑的信息、感觉、记忆或思想（包括每一个词汇、数字、代码、食物、香味、线条、色彩、图像、节拍、音符和纹路），都可作为一个思维分支表现出来，它呈现出来的就是放射性立体结构。

这一方法利用色彩、图画、代码和多维度等图文并茂的形式来增强记忆效果，使人们关注的焦点清晰地集中在中央图形上，用相互隶属与相关的层级图表现各级主题的关系，把主题关键词与图像、颜色等建立记忆链接。心智图允许学习者产生无限制的联想，这使得思维过程更具创造性。其原理主要是将人类思考的放射性具体化，利用记忆、阅读、思维的规律，协助人们在科学与艺术、逻辑与想象之间平衡发展，以开发人类大脑的潜能。

心智图的放射性思考方法一方面可以加速资料的累积量，更重要的则是将数据依据彼此间的关联性分层分类管理，使资料的储存、管理及应用因更有系统化而增加大脑运作的效率。同时借由颜色、图像、符码的使用，不但可以协助记忆、增进创造力，也让心智图更轻松有趣，且具有个人特色及多面性。

心智图以放射性思考模式为基础的收放自如方式，除作为一个快速的学习方法与工具外，还运用在创意的联想与收敛、项目计划、问题解决与分析、会议管理等方面。它在个人、家庭的教育和业务中得到普遍的应用，包括笔记、集体讨论（想法被放射状的放在中心字词周围的节点，并且不需依阶层或连续安排等的优先级排列。而组织以及分类则是为了后面的阶段做准备）、总结、修正、理清想法。心智图也可以用来整理复杂的想法或者是当作记忆的小技巧。比如，听演讲时可以使用心智图来记下最重要的字词或是重点。

10.2.2 心智图的绘制

心智图可以使用手绘，如会议或是演讲的粗略笔记，另外也有一些软件可以用来绘制，如Mindjet公司的MindManager（en：MindManager）是专业的心智图工具，XMind.net公司的XMind（en：XMind）由跨平台开源码版和商业专业版及分享网站提供，微软的Visio 2002及以上版本提供了部分绘制心智图的功能。

下面介绍一下手绘的导图制作，制作工具就是基本的纸和笔，比如A3或A4大小的白纸、书写的笔，最好是4种不同颜色的笔用于区分。

首先在纸的中心列出心智图的中心主题（书名或者某个问题），并且以图形的形式体现出来，称之为中央图。中央图要用3种以上的颜色，一个主题一个大分支：有多少个主要的主题，就会有多少个大的分支，每个分支要用不同的颜色加以区分。

可运用数字代码代表内容，用箭头的连接说明信息之间的关联：将有关联的部分用箭头连起来，可以很直观地了解到信息之间的联系。也可以运用代码表示特定的关联关系，这样只需标注代码，就可以知道这些知识之间的联系。只写关键词，并且要写在线条的上方，线条要求：线长就是词语的长度，中央线要粗。心智图可通过线条的粗细来体现的层次：最靠近中间的线越粗，往外延伸的线越细，字体也是越靠近中心图的最大，越往后面的就越小。线与线相连，线条上的关键词是互相隶属、互相说明的关系，而且线的走向最好保持平行，这样有利于阅读。

有些心智图的分支外面围着一层外围，称为环抱线。环抱线能让人更直观地看到不同主题各个分支的内容，容易形成整体印象，也可以让整幅心智图看起来更美观。外围线自然是最后的一步。可以将所有分支顺序编号，也可以每一分支内重新编排，主要视需要和习惯而定。

心智图的分支可以灵活摆放，除了能理清思路外，还要考虑到合理地利用空间。画心智图前，要有一个布局思考，以合理地安排内容的摆放。

运用熟练之后则可以对个人风格提出一些更高要求，使之符合个人的学习风格。

心智图作为一个可以提高工作学习效率、促进思维扩展的工具，可以更广泛地运用于教育培训，促进教学的探讨与改革。根据百度百科的查询，已经有众多的教育界的先行者在关注和积极探讨它的应用，也已经有相关的公司在进行心智图软件的制作开发和汉化工作，国内许多的培训机构和公司也在尝试着把心智图作为培训课。

使用心智图来辅助教学，可以有两种目的：其一是作为一种笔记技巧直接教给学生；其二是作为辅助工具进行思路的整理，比较适合辅助课堂上的讨论。心智图虽然有整理思路、提高记忆效果、激发思维创造力的功能，但也有研究表明作为学习者更注重学习材料的内容，而不是任何一个特殊的笔记方式。从教学角度而言，关键仍然在于教师是否能提出具有问题性的挑战性任务，从而让心智图有用武之地，否则就是杀鸡用牛刀，小题大做了。

10.3 讨论工具的应用

货物包装这一主题可以在讨论过程中采用张贴板，可以采用演绎思路，也可以采用归纳思路。归纳的思路有利于充分了解学生情况，但可能会出现教师预想不到的情形，或者学生提到的情形不够全面；演绎的思路最好由教师掌控，但可能不利于了解学生的所想所知。归纳的思路中，可让学生就货物包装这一中心主题所想到的内容写在卡片上，搜集学生对包装的背景知识和经验，然后进行归类，在归类的过程中就会抽象出归类的原则和类别的层级，比如包装的用途（销售抑或运输）、包装的形式、包装的标志，等等。因此，如果这个过程能由学生自己完成，则会形成一个非常重要的学习过程。

图10-1是一个简图，是按照包装目的进行归类之后的两个层级。

作为教师讲授的辅助，或者作为最后的总结，还可以用图10-2说明各层级之间主题的关系。

以上两个应用的案例只是抛砖引玉之尝试，相信教师在自己的课堂中能够因地制宜，就地取材，运用合适的手段和工具帮助学生训练思维的条理性和严密性，运用多样的工具

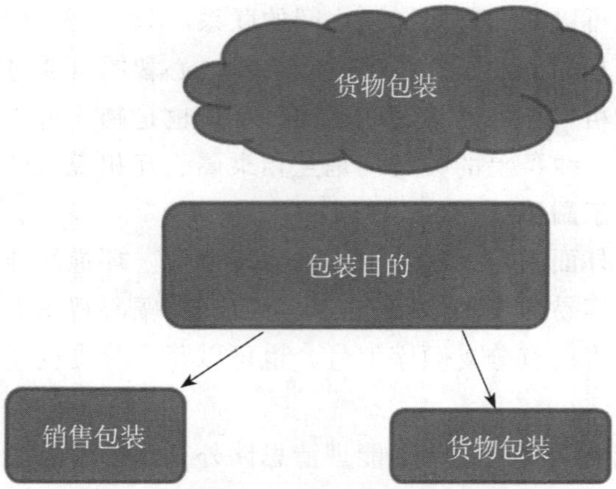

图 10-1　按照包装目的进行归类之后的两个层级

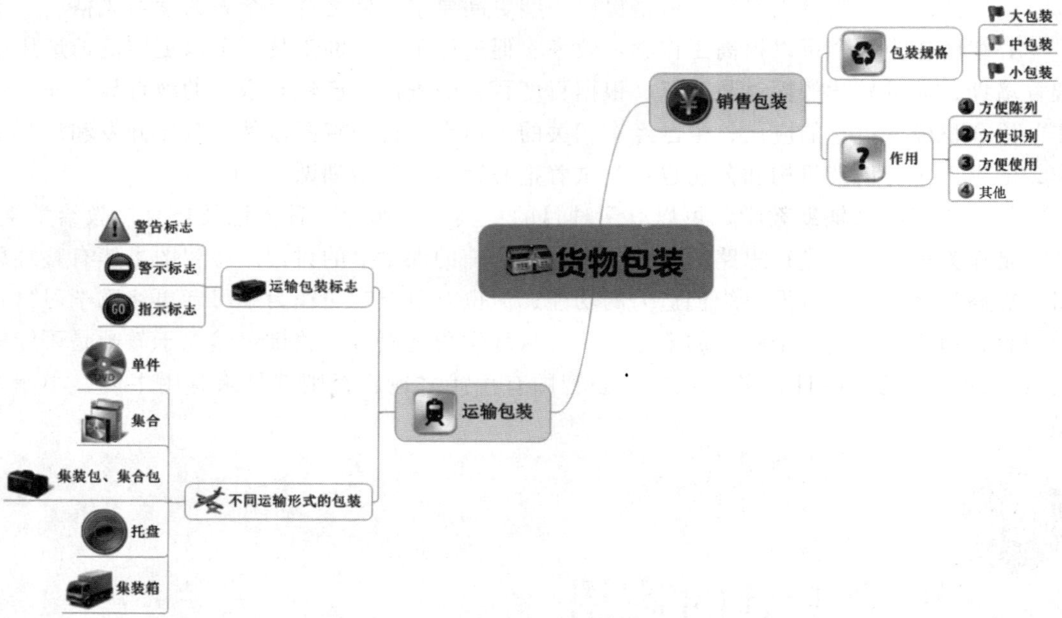

图 10-2　货物包装各层级主题的关系

组织学生参与讨论、深化理解、巩固记忆，通过结构化的工具帮助学生从认知乃至元认知的层面呈现、梳理思维过程，从而达到授人以鱼，更授人以渔的双重教育目的，即对内容的理解以及对学习能力的培养。

思考：

1.结合之前的教学案例，您觉得哪一个教学案例可以使用心智图或者张贴板组织教学讨论？

2.请您与同学合作设计一个方案。

结语

通过对之前众多教学方法及教学案例的呈现与分析，我们可以发现专业教学设计的方法运用呈现出一些共同特点：比如在说课稿或者教学设计意图的阐释中，教师都表现出相当开明的教学理念和良好的教育教学意图，比如都认同、强调学生在学习或课堂教学中的主体作用，这是众多课例中常见的标志性理念之一。教师们都会从知识、技能、情感等方面全面考虑培养教学目标，也尽量在教学方法的设计中体现这些意图。但是教学设计与教学意图之间常常会出现明显的距离。所谓知易行难，说的正是这一现象。

通过以上教学案例的呈现和分析，国际经济与贸易专业学生要思考如何利用教学方法促进国际经贸类职业领域内专业内容、技术内容和师范领域内教学内容的学习，促成国际经贸类职业领域内专业能力、技术能力和师范领域内教学能力的成长，需要国际经济与贸易专业职教师资本学生进一步研究方法的本质、理论基础、目的、应用范围、各种方法之间的关系。同时，更需要教师加强学科暨职业领域的修养，更深入地钻研学生。这样才有利于避免在方法运用中得其形却失其神的趋势。

对教学方法选择与应用的分析也让我们发现师生课堂活动的重要背景乃是由教师设计的学习任务所决定。因此，从思考教学中运用的学习任务入手，通过改善学习任务的设计与处理，促进教师从讲授的计划规范向设计与处理智性学习任务的互动生成转换，对基于职校师生发展和生命价值提升这一价值取向的教学改革是一种值得提倡的思路。智性学习任务的设计与处理作为对智性思维的挑战，是教师职业创造性的典型表现，是帮助教师进行教学实践和反思的重要工具，应成为当前教学改革的重心。它也为对教学方法的丰富运用提供了背景。这一创造性的工作要求需要也促使教师更主动地研究学生，更深入地理解专业学科和劳动世界，需要教师转变工作方式，积极寻求与同事、研究人员的交流与合作。学校管理层也应该提供支持与鞭策：从工作体制上为教师的团队建设和合作方式提供条件，引导教师从学习任务设计与应用的角度进行教学实践的研究性探索，改变学校教学研究中理论培训、学历提升与教学实践脱离的状态。另一方面也应从教学管理与评价角度为教师的创造性工作提供可能的空间。

希望国际经济与贸易专业教学法提供的一些知识、技能和指导除了能使国际经济与贸易专业师资本学生培养和提升教学技能外，还能帮助未来成为中等职业学校国际商务类专业教师的他们有意识地反省自己和学生的处境，基于对教学法各元素的思考，基于教师这一职业道德的要求，选择合适的教学方法，并论证其合理性，来适应不同的学生、不同的内容。期待学生们在研究、思考自己教学能力的同时，为发展自身提供更丰富的可能。

附录1 运费计算——代理集装箱整箱

时间：2010年3月19日

地点：上海贸易学校

教师：谢富敏

师生例行问候。（PPT上面显示集装箱整箱运费的计算）

第一步：提问，让学生了解货运代理的双向代理性质（2分钟）

教师：我们上两周大致讲了货运代理工作的一些内容。老师的第一个问题是货运代理的工作是什么？（学生快速翻书）老师认为你们没有必要翻书也能回答上来。货运代理是做什么的？

学生：运货。

教师：对！给谁运货呢？

学生：给买方，给卖方……

教师：对！给买卖双方运货。好，这是他的第一个工作——代理货主办理运输事宜。那你们想一想，他把货送给船公司的时候，同时还完成了一项什么工作？

学生：（没反应）

教师：船公司是做什么的？

学生：运货。

教师：对！那么货运代理同时也给船公司带来什么？

学生：带来生意。

教师：已经很接近了，准确一点的说法是给船公司揽货。货运代理有双向代理的功能：一方面是代理货主的运输，另外一方面是代理船公司的揽货。货运代理是架起货主和船公司之间的桥梁，起着双向代理的作用。

第二步：模拟角色，布置报价任务

1.提问，让学生了解货主的需求（3分钟）

教师：大家来看一下（展示PPT）。这是老师，老师的角色是出口商。这是你们，你们的角色是货代员，你们代表不同的五家货代公司。老师向你们发出货运委托，要仔细看货运委托上有什么要求。老师发出的货运委托是委托你们运输床上用品。那么我的问题是，你们认为我作为出口商，最关心的问题是什么？

学生：价格。

教师：好！非常好！还有什么呢？

学生：效率。

教师：还有什么呢？

学生：信用。

教师：价格、效率、信用，还有什么呢？

学生：运输方式。

教师：还有呢？

学生：时间。

教师：其实已经差不多了。其实这里面价格也好，信用也好，它们体现的是货代公司的服务。你们作为五家不同的货代公司，根据我给你们的货运委托书，给我报价。我看哪一组是最先报上来，哪一组做得又快又好。

2.学生在小组内处理报价任务，教师巡视，并根据学生进展做提示（27分钟）

（学生上课之前已经被分成了五个小组）上海邦达天原国际货运有限公司 海捷物流（中国）有限公司 上海中太国际货运有限公司 恒杰货运 惠亚物流

教师：每个同学都要算，大家可以互相讨论，最后每组上来一个代表，把你们组的报价写在黑板上。

（学生开始自己计算，而且小组之间有讨论。期间老师到每个小组里面去检查学生的讨论情况，关于学生对价格的拆分方式、计算方式等方面给了建议和意见，而且分别回答了学生们提出的相关问题。整个讨论的过程中学生都非常积极主动，遇到问题都会同组成员之间互相讨论，最后拿出一个解决方案，有解决不了的问题会及时向老师提问寻求帮助）

（整个讨论环节进行了大约27分钟30秒）

第三步：学生在黑板上分区域写自己的报价结果，教师给学生一定的调整时间

教师：第1组先上来把你们的报价写在黑板上。（接着老师开始在黑板上写好组别）

第1组：老师，我们可以上来了吗？

教师：可以啊。

第1组代表在黑板上写报价，其他小组还在讨论中。

（两分半钟之后）第2组在黑板上写出自己小组的报价。

（因为教师是让同学们轮流在黑板上报价的，所以有三个小组都是看到其他小组的报价之后有改动，然后又到黑板上去改正，导致整个环节纪律又点乱，用了大约14分24秒才写好）

第四步：教师评价总结

教师：安静！其实老师手里备了几份资料，这个资料老师会在你们快用到的时候再发给你们。结果我发现，随着我们做的进程的发展，每个组的同学都从我手里把这个资料要走了。那么五组同学给我的报价对不对？我看了之后觉得这家报价（指第2组）还算比较专业。首先他说了FOB术语，你告诉大家，你们组谁说？（学生1站起来）你们这个费用组成考虑了什么因素？

学生1：我们这个主要是从出口商到装运港的价钱，里面包含了内陆费用、订舱费用、报关费用、单证费、AMS、操作费等。一共加起来是1 713.5元。

教师：那么我想问一下，你们组（第5组）也是FOB术语，你们两组的差异在哪儿？

第5组：拖车费、海运费。

教师：拖车费是什么意思？

第5组：从工厂到码头的费用。

教师：好，那你们（第2组）的拖车费是什么意思？

第2组：内陆费用。

教师：哦，你们是内陆费用，其实是叫的名称不一样，但意思是一样的。还有哪些差异呢？

第5组：海运费。

教师：那我想问一下，你们组（第2组）为什么没有海运费？

第2组：因为我们是FOB术语。

（此时第5组有异议）

教师：那学生2（第2组的）和学生3（第5组的）两位同学起来辩一下，大家静一下！学生2，你们组为什么没有海运费？你可以和大家说清楚吗？

学生2：因为FOB术语是把货物运到装运港船舷。然后……

教师：停！他说费用划分是到装运港船舷。（此时老师在黑板上画了一个简单的草图，上面标明“库”“港”“海”，并且在“港”处划了一道线）

学生2：如果加上海运费就组成CIF价格。

教师：好！那我问你，按照你的意思说FOB术语，出口商的代理付不付海运费？

学生2：不付！

教师：你们小组同意吗？（问第5组）

第5组：同意！

教师：经过学生2（第2组）这么一说，他们已经承认他们组错了。但是作为货主，我有个疑问，这是什么费用（指AMS，而且两组都有写）？

学生：自动舱单系统。

教师：好，那么自动舱单系统是属于哪一个费用里面的？

学生：附加费。

教师：好！那么附加费是附加在什么里面的？

学生：海运费。

教师：我来问你们（第5组）。附加费是附加在海运费里面的，（学生在下面说海运费已经没有了……）那海运费没有了，这个费用还有没有？（教师在两组同学写的AMS前面画叉）

第5组：没有。

教师：大家一定要注意附加费。所谓附加费，它是附加在海运费上的。你们在写这些费用的时候，这个数据是从哪里来的？看看你们两组的费用一样吗？订舱费200元，报关费110元，单证费150元（第2组的）。你们的操作费是都是132.5元。你们是怎么算出来的？（问第2组）还有你们是怎么算出来的呢？（问第5组）通过大家做，我想让大家知道，FOB有没有海运费？（没有……）第二个问题，附加费是附加在什么上的？（海运费上）基本海运费上的。第三个问题你们这些数据是怎么算出来的？

（这个过程用了大约12分半钟）

教师：老师经常跟你们说，没事的时候大家可以经常到网上看看，网上会有货代的一些问题，那么你们看看，他的费用是这样的（PPT展示的是：新手解释疑问）。订舱费420元，船公司单证费150元，卡车费1 800元，报关费115元，你们报关费是多少？（110元）110元是吧？单证费100元，一些杂费150元，还有一个码头操作费，你们有吗？（有）你们的是操作费132.5元，他们是多少啊？475元。还有场站费，这是一个新手说的，尤其卡车费我觉得偏高，杂费是否巧立名目？请大家探讨一下。

学生：报太高了你不会接受。

教师：好，同学们说了，报太高了没有人要。那你们怎么知道报110元低不低呢？（学生回答人数太多，听不清楚）好了，我们这一组同学站起来大点声告诉大家，你们为什么报这个数据？

学生4：因为我们是根据现在货代公司的基本价格定的，也就是平均价格。

教师：好！他说是根据货代公司的平均价格，那你这个平均价格是从哪里来的呢？（网上搜出来的）好，坐下！因为老师已经留这个作业了，这位同学他已经事先做过准备了，上网看看各家货代公司的报价，然后根据网上的价格得出来的。那我再问一个问题，你们看他（指第5组）的拖车费是700元，你们（第1组）的拖车费是946元。这个946元是怎么来的？

学生5：86公里乘以11元（每公里的费用）。

教师：好，坐下！有个组问我从松江到洋山港的距离是多少？那我告诉你，这是我从网上搜到的，86公里，那么每公里的运价是多少呢？（11元）对，11元。所以946元是这样算出来的。学生3（第5组）算得比较复杂，你（指第5组的）没有和我直述，对吧？你是怎么得出来的呢？（根据资料上的数据）他们是根据资料上的数据自己分析出来的，不管怎么说，他们两组都算出来了。再来看看其他小组的。非常好啊，在老师没有事先告诉大家这些费用由什么组成，怎么运算的情况下，第2组是错的最少的。而这一组（第5组）为什么错呢？忽略了网络资源。

教师：好了，第四组有谁上来解释下。

学生6：因为我们是CIF术语，所以就会有一个海运费。因为发票上面写的是24立方米，所以我们选择的20 GP的集装箱。

教师：非常好啊！

学生6：订舱费220元，THC 370元，港口安保费20元/柜，仓库集装箱500元。这些数据是我们在网上找的。我觉得货主让我来委托运输的话，有些费用要特别清楚，要让大家看得明白。像无商检是可以免收商检换单费，床上用品一般来说是要求商检的。而且像这种海运，我们征收的文件费是115元/票。还有THC，也就是操作费，然后是港口安保费，这是按照一个柜子来算的，20元/柜。仓库装箱费是500元。还有一个就是附加费320元。

教师：有仓库装箱费500元，为什么没有拖车费呢？

学生6：因为我觉得这些（费用）作为货代公司来说有一定的选择性，比如说有一些优惠政策，所以在这里没有列出来……

（下面学生开始笑起来，课堂纪律不是很好）

教师：好！你的思路很好，你不管做什么费用，都是从经营角度考虑的，而且还考虑到商检。报关费还有其他附加费，是什么附加？

学生6：我这个附加就是在海运上面，你如果要转运的话，会有一定的附加费用。

教师：大家现在来看啊，他是说如果中间转运的时候有附加费用，那么还缺什么费用？（操作费……）你们再看看你们的定价表。你们是在FOB术语下，那么，这个（基本海运费1 500元）肯定是错的了，这个（指旺季附加费）和这个（自运拖单系统）也错了的。（老师在订舱费200元后划了一个勾）

（第四组大约讲了5分钟）

学生：老师，还有一组没有讲。

教师：我问你们，我会选择这一组吗？（指第三组：黑板上只写下了：CNY164.4 CTN CIF LOS TOTAL CNY 12331）

学生：不会。

教师：你现在给我报个价，我都不知道是什么费用，而且你们看啊，国际贸易出口商对进口商报价的格式写到这里了，对不对？我们现在报的是贸易的价格还是运费的价格？

学生：运费的价格。

（这一组大约讲了1分钟）

总体梳理运费结构

教师：我们总结一下，把运费进行一个归纳总结，总结出非常清晰的一个脉络来。大家一起来思考一下，运费由哪几个部分组成？

（运费结构介绍，6分30秒）

教师：首先看一下图，他们这组做得是对的，他们事先画了一张非常清晰的图。这个图当然没有我这个清晰，但是通过这个图，老师告诉你们记忆大师有过这样一个考察，在你的头脑当中，形成对你印象深刻的不是数据，而是图。那么今天，老师就通过这张图把国际货物运输分成一段、两段、三段。那么这一段是谁来负责？

学生：卖方。

教师：卖方负责，那么卖方一般是自己来做还是委托其他公司来做？

学生：交给货代公司。

教师：它属于内陆运输，通过货代来完成。你们看看，这是集装箱堆场，这是码头，这是船，这一段是在哪个地方？港口、码头，一般是由谁来完成？

学生：船公司。

教师：那么现在船公司下面都设立港务局，我们把它单独分出来，我们叫出口港码头操作，它是由港务局来完成的。那么这一段大家看出来是什么？

学生：海运。

教师：海运是由船公司完成的。这样我们把整个运输分成了三个大块。根据这三个大块，我们看一下。货代公司负责内陆运输，产生费用吗？

学生：产生。

教师：老师在上个月去良友集团外包商处参观，我说你们让我上船看看，他们告诉我你不能上船，我说为什么，他们说你一旦上船，你就是出国了。我们的船舷就是关境，知道吗？那么既然它是关境，我们把这一段叫作本地费用。那么这一段呢，我们把它叫作海运费。

学生：基本海运费。

教师：还有这个是什么？

学生：附加费用。

教师：老师让你们回去查了，看一看BAF是什么？

学生：燃油附加费。

教师：PSS呢？

学生：旺季附加费。

教师：AMS是什么？

学生：自动舱单系统。

教师：CAF呢？

学生：币值附加费。

教师：非常好。我们再看看TCP。书上没有TCP的相关内容，老师告诉大家TCP叫港杂费。

学生：港杂费

教师：我们把本地费用分为两个部分：一个是内陆运输，一个是出口港码头。通过刚才大家说的，内陆运输产生的各种费用，一般常见的是订舱、制单、报关、电报、拖车等费用。如果我要进行商检的话，还有商检费用。我们这组还算了一个费用在里面。

学生：保险费。

教师：那么保险费是属于电付的，还是你们收取的？

学生：电付。

教师：内陆运输产生的费用，就是你代理哪些服务，你就可以收取哪些费用。那么大家看一下，本地费用用什么币种？

学生：人民币。

教师：海运费用，用什么币种？

学生：美元。

教师：如果FOB，我们不管基本海运费的话，管不管附加费呢？

学生：不管。

教师：附加费具有临时性和变动性。还有RR，它是费用恢复，也就是有许多附加费，它有时候收，有时候不收，收的时候即费用恢复。

第五步：学生在黑板上再次修订报价结果（10分钟）

教师：好，那么现在这个图像也出来了，刚才我们CIF术语和FOB术语也都做了，下面的任务就是重新修改你们的报价，使它尽量准确。

（大约6分钟时间）

教师：你们有一个非常棒的问题，有的用美元，有的用人民币。那我问一下第4组，海运费是给谁的，包括哪些附加费？

学生：海运费是付给船公司的。现实中货代公司是开两张发票的，付给船公司的，开出去的是美元发票，付给内陆公司的，开出去的是人民币发票。

教师：非常棒！

学生7：我有问题。

教师：有什么问题？

学生7：我的132.5元太便宜了。

教师：这132.5元是多少立方米的操作费？

学生7：2.246立方米。

教师：我们是多少立方米？

学生7：24立方米。

教师：乘起来是多少？

学生7：1 415.85元。

教师：那么老师刚刚让你们看的这个不超过多少？

学生7：475元。

教师：告诉大家，货代公司一般是靠拼箱赚钱的。你要选1 415.85元，行吗？不行。下一次课，我们讲拼箱，我们把这个问题怎么解决，留到下一次课。好，我们今天课就上到这儿，安静！

第七步：课堂总结，3分钟

教师：回想一下，我们今天讲了什么内容。

学生：运费核算。

教师：那么运费由哪几部分组成？

学生：内陆运费。

教师：内陆运输的费用、港务局操作的费用，还有船公司的费用。那么内陆运输的费用和港务局操作的费用叫什么费用？

学生：本地费用。

教师：本地费用用什么支付？

学生：人民币。

教师：海运呢？

学生：美元。

教师：FOB术语下，海运费是什么？

学生：没有。

教师：对了。FOB术语下的费用只有本地费用，CIF术语下的费用是本地费用加上海运费。下课后老师会把PPT发到你们的邮箱中。课堂上用FOB计算运费的，作业改为CIF术语，课堂上用CIF术语计算运费的，作业改为FOB术语。今天是星期五，星期一交作业。好，下课！

附录2 运费计算——代理集装箱整箱

课前情况：此次课是在普通教室中进行，班级的学生每6~8个人将桌子拼在一起成为一个小组，共5个小组。在正式上课前的3分半时间，学生大致已经各就各位，教师在教室里巡视着，做最后的协调工作。

00：06：10上课

教师：上课！

班长：起立！

全班起立。

教师：同学们早！

学生：老师早！

教师：请坐！

全体坐下。

00：06：26 进入课堂的导入部分

教师：我们前两周讲了货运代理的一些基本知识。

教师打开投影仪。

00：07：26 重新回到正题，继续讲课——温故而知新阶段

教师：我们回顾一下货运代理的工作是什么？

学生1：货运代理的工作是买方委托某个公司专门负责海运或其他运输方式，代卖方把货物运到买方目的港……

教师：好，坐下！我们这位同学回答的是正确的，但话语有点多。哪位同学能把她说的话再精练一下。

学生2：帮助买方……（学生的声音很轻）

教师：帮助买方干什么？

学生2：代理货物运输……（声音继续很轻）

教师：没事儿，不要紧张，放松点儿。回顾一下货运代理的工作是做什么的？

学生2：……代理运输货物……

教师：她说得比较精练。（停顿一下）从（打开PPT）出口商的仓库运输到船上。货运代理的工作是代理货主办理运输事宜，我们开始进行一个角色扮演。

耗时：3分05秒

00：10：05 设置情境任务——知识准备

教师：（打开PPT）我是一个出口商，你们是货代公司的货代员。现在我有一批货——床上用品要委托你们运输，教师的第一个问题是出口商最关心的是什么？也就是当我把货物委托给你们运输的时候，你们认为我最关心的是什么？

学生3积极举手回答：一个是货物的安全，一个是价格。

教师：好，坐下。他说一个是货物的安全，一个是价格。还有什么？

学生4：运输方式。

教师很高兴：运输方式！非常好！运输方式、运输价格、运输的安全性，还差一点，看谁能把这一点说出来？

学生5：保险。

学生6：服务态度。

教师又高兴了：好！服务态度！非常好！但是还差一点点。

教师：第四章里面很重要的一点，再想想。

学生7：质量。

教师：质量？

学生8：效率！

教师：效率？还有什么？把效率说得再准确点儿。

学生9：及时！

教师：对了！我们这位同学说出来了，及时性！也就是说，我作为货主所关心的是三点——价格、安全性、及时性，还有个同学说服务。告诉大家，价格再低服务不好，照样不行。同学们非常准确地说出来了，教师把它们归纳成两方面——一个是运输费用，一个是服务。你们说的安全性、及时性、服务态度，都归结在服务里了。

00：13：13 运输结构图分析

教师：我们看一下，运输费用由哪些费用构成？我们先看个图。我们先把运输结构分析一下。这是一张货物从买方工厂的仓库运到集装箱堆场，从堆场再到船边儿，我们叫码头，然后通过海运进入对方的图。那么在这里，教师画了两条线——关境、关境。什么叫关境呢？举个例子，当我去外高桥码头参观的时候，码头正在运输粮食，我跟工作人员说，我上船看看可以吗？他说不可以，一旦上船你就出国了。所以，国际货物运输的关境不是真实按地域划分的，它是以船舷为界的。在这种情况下，我们把运输分为三块——内部运输或者是本地运输、国外运输。

学生在下面很认真地听着教师的讲解。

教师：我们把本地运输和海运又分成了三个结构——第一个结构我们把它叫作内陆运输，它是由谁完成的？

学生：卖方。

教师：那么在实际应用当中卖方是从事内陆运输的吗？他会让谁来做？

部分学生：货代。

教师认同：货代。它是由货代公司来完成的。那么这一段，集装箱堆场到码头这一段的运输由谁来完成？

学生10：船公司（很小声）。

教师赞同：对！大点儿声，自信一点。由谁来完成？

学生11：船公司。

教师：船公司下属有分公司，我们把它叫作港务局。这一块我们由港务局来完成，这一块的操作叫作出口港码头操作。这一段海运由谁来完成？

学生：船公司。

教师：好，也是由船公司来完成的。有的同学会问，国外运输算哪部分呢？国外运输和国内运输差不多，一会儿你们就明白了。

00：17：20 开始分组讨论问题——关于运输费用的构成

教师：我们把运输结构分成三块之后，根据书上的内容来讨论，这三段有哪些费用，给5分钟的时间讨论。

学生开始热烈地讨论起来了。

教师：大家可以看这个图，你们在做的时候，这是我们集装箱班轮出口的内部流程图，你们可以根据这个内部流程图来分析，刚才我讲的本地运输、港口运输，它们都会产生哪些费用？

00：17：45 讨论正式开始

大家讨论的时候，教师在教室里巡视着，观察同学们的讨论状况。

教师：讨论结束后每个组派一个代表上来写一下。

2分钟后，讨论越发激烈了。教师在讨论过程中，会给某些小组一些提示和帮助。

4分钟左右的时候，教师又补充道：注意我的问题，本地运输会有哪些费用产生、海运会有哪些费用产生。

6分钟之后，教师说道：来，我们请同学上来写一下。

将近10分钟过后，两位小组代表已经完成了，其他小组还没有上去写答案，教师催促道：你们写完了吗？抓紧时间！

随后第3组、第4组、第5组分别给出了答案。

00：32：37 分组讨论结束，答案呈现完毕

00：32：38 评讲讨论结果

教师询问最前面的一组：你们组认为哪个组写得最好？

学生：第3组。

教师：教师也认为第3组写得最好，说明我们同学有一个非常客观的标准，那么为什么写得好呀？

学生12：详细。

教师：对，写得很清楚。第3组把运费分成海运费用和本地运输费用，非常清楚，海运费是基本海运费加上附加费，这一点非常好！附加费是AMS和PSS这两种吗？

学生：是。

教师：我们书上写了11种附加费。那么紧接着我们看本地费用，本地费用有单证费、运输费用，运输费用也叫拖车费或卡车费，当然我们也有叫内陆运输费用的。那么目前的问题就是附加费全不全？本地费用全不全？

教师开始分析另一组：内陆运输、制单费、订舱费、拖车费、报关费，多了一个保险费。这里还有商检费、文件费，文件费是什么呢？

学生：制单费。

教师：还有装卸费，当我们把货物从堆场到码头装到船上去的时候就需要有一个装卸费。

教师走向第4组的答案：单证费、内陆运输费、订舱费、报关费、拖车费、场地费，场地费是什么？

第4组代表：写错了。

教师：那你想写什么的？

学生沉默片刻后：操作费。

教师：我们大家都认为第3组最好，那我们来和第3组比较一下，所不同的是第2组和第3组多了港务局的装卸费和操作费，那么你们说该不该有这两个费用呀？

学生讨论了起来，其中一个学生的回答吸引了教师。

教师：我们的同学在下边小声地说出来了，都该谁收？操作费是哪一个地方的操作费？这个码头操作费其实在业界是有争论的——有些人认为不应该收，按照英国的法律是不该收的，因为这个操作费是包含在海运费里了，所以习惯是不收的。我问大家，保险费和商检费是不是一定要有的？

学生小声地说着，教师继续讲课。

教师：当这批货物需要商检的时候存在商检费。那么保险费是不是必须有？

学生：是！

教师又询问了其他组：买卖双方各自都找了货运代理，如果按FOB术语，它的保险由谁负责？

学生：买方。

教师重复问：FOB术语的保险由谁负责？

学生：买方。

教师：如果是买方负责，那还用我们卖方付费吗？

学生：不用。

教师：非常好！

教师：那出口商请代理管不管保险？

学生：不管。

教师：不管，记住了！如果是CIF术语保险由谁负责？

学生：卖方。

教师：卖方负责保险的情况下，保险费是不是一定存在？

学生：不一定。

教师：为什么不一定？

学生：如果是CIF的话，它的费用是预付的，如果是FOB的话就不该有了。

教师：我的问题是在卖方负责保险的前提下，货代给你做的报价表里是不是一定含保险费？

学生：不一定。

教师：为什么？

教师在各小组之间寻找着答案。

教师：保险是不是一定是请货代公司去投保？

学生：不是。

教师：贸易公司可以自己去投保，很多保险公司直接和贸易公司打交道。出口商让货代去投保的话，那么这个保险费是有的，不让他代理呢，是没有的。接下来，我们总结一下运费的结构。老师希望你们能把这个记在你们的书上或笔记本上。

学生纷纷拿出笔记本开始记录运费的结构。

耗时：42分43秒

00：52：48 布置情境任务

教师：既然现在我们知道了运费的结构，我就开始布置任务了！我代表东方国际集团有限公司，有一批床上用品从上海运往美国洛杉矶，最迟装运日为6/10，详见货运委托书，教师马上发给你们，现在你们分成5组，分别代表5家公司给教师报价。

教师开始给每个小组发放货运委托书。

教师：这个报价是每个同学都要写的，下课我要收上来！完成后每个组找一个代表上来展示。

00：56：39 资料发放完毕，学生开始制作报价表

学生很积极地在做任务，教师也在学生讨论的过程中四处走动，为有困难的同学给予及时的提示和帮助，并巡视学生报价表的完成情况。

01：13：25 教师宣布时间到，学生完成任务，分享任务成果

教师：现在请同学上来，把你们的结果写出来。

01：21：59 小组代表结果展示完毕

教师：我们先请第2组同学来宣读一下你们的报价。

第2组代表：这里是各项单据的费用，这是我们计算了各种单据的费用后所报的价格……我们得到14 000元的报价，考虑到为了得到这张单子，我们给了9.5折的优惠，最终价格是13 300元。

教师对第3组学生说：你们来为他们这组找错误。

学生：海运费。

教师：海运费，还有什么？

学生：AMS。

教师：AMS，还有什么？

学生：PSS。

教师：PSS，这是什么概念？

教师在黑板上写明了错误之后（货币单位弄错了），学生自己也发觉了！

教师：我们第2组的同学想得非常好！大家看看一下哪一组报价最精细？

学生：第3组！

学生：第4组！

教师：第3组报价是最精细的，但是有缺陷，没有进行总价的报价，其他组都需要调整。我作为出口商，要我选择的话，我肯定选择第3组！

耗时：34分15秒

01：27：03 总结并布置作业

教师：我们把今天上课的内容进行一个总结。运费构成是和贸易术语密切相关的，

FOB术语CIF术语都有本地海运。刚才有同学问我，老师，本地是人民币，海运是美元怎么办？没有关系，你给对方报价的时候就这么报。

今天的作业是课堂上算FOB术语的课下完成CIF术语，课堂上算CIF术语的课下完成FOB术语。星期三交给我！下课！

班长：起立！

学生起立：老师再见！

01：29：20

耗时：2分17秒

参考文献

[1] 布鲁克斯. 建构主义课堂教学案例 [M]. 范玮, 译. 北京: 中国轻工业出版社, 2005.

[2] 冯伟国. 职教名师能力提升的培养思想与探索实践上海 [M]. 上海: 上海三联书店出版社, 2011.

[3] 胡弼成, 段炼, 陈远位. 中等职业学校学生思维能力及发展现状调查与思考 [J]. 教育与职业, 2005 (14).

[4] 王清连, 张社字. 职业教育社会学 [M]. 北京: 教育科学出版社, 2007.

[5] 徐涵. 学习领域课程方案在德国的实施效果–基于最新职业能力测试结果的比较 [J]. 中国职业技术教育, 2010 (6): 24.

[6] 芬斯特马赫, 索尔蒂斯. 教学的方法 [M]. 胡咏梅, 译. 北京: 教育科学出版社, 2008.

[7] 卢乃桂, 操太圣. 中国教师的专业发展与变迁 [M]. 北京: 教育科学出版社, 2009.

[8] 丛立新. 讲授法的合理与合法 [J]. 教育研究, 2008 (7).

[9] 任长松. 探究式学习—学生知识的自主建构 [M]. 北京: 教育科学出版社, 2005.

[10] 叶澜. 基础教育改革与中国教育学理论重建研究 [M]. 北京: 经济科学出版社, 2009.